「李普曼儿童哲学三部曲」
Thinking In Education

教育中的思维
培养有智慧的儿童

[美] 马修·李普曼
（Matthew Lipman） 著

刘学良　汪功伟　译

华东师范大学出版社
·上海·

图书在版编目（CIP）数据

教育中的思维：培养有智慧的儿童 /（美）马修·李普曼著；刘学良，汪功伟译. —上海：华东师范大学出版社，2023
（李普曼儿童哲学三部曲）
ISBN 978-7-5760-3480-6

Ⅰ.①教… Ⅱ.①马…②刘…③汪… Ⅲ.①儿童教育 Ⅳ.①G61

中国国家版本馆 CIP 数据核字(2023)第 067834 号

李普曼儿童哲学三部曲

教育中的思维：培养有智慧的儿童

著　　者	［美］马修·李普曼
译　　者	刘学良　汪功伟
责任编辑	吴　伟
责任校对	董　亮　时东明
装帧设计	郝　钰

出版发行	华东师范大学出版社
社　　址	上海市中山北路 3663 号　邮编 200062
网　　址	www.ecnupress.com.cn
电　　话	021-60821666　行政传真 021-62572105
客服电话	021-62865537　门市(邮购)电话 021-62869887
地　　址	上海市中山北路 3663 号华东师范大学校内先锋路口
网　　店	http://hdsdcbs.tmall.com

印 刷 者	上海商务联西印刷有限公司
开　　本	787 毫米×1092 毫米　1/16
印　　张	19
字　　数	234 千字
版　　次	2023 年 6 月第 1 版
印　　次	2023 年 6 月第 1 次
书　　号	ISBN 978-7-5760-3480-6
定　　价	68.00 元

出版人　王　焰

（如发现本版图书有印订质量问题，请寄回本社客服中心调换或电话 021-62865537 联系）

This is a Simplified Chinese language edition of the following title published by Cambridge University Press: Thinking in Education(9780521012256).

This Simplified Chinese language edition for the People's Republic of China (excluding Hong Kong, Macau and Taiwan) is published by arrangement with the Press Syndicate of the University of Cambridge, Cambridge, United Kingdom.

© 2023 by East China Normal University Press Ltd.

This Simplified Chinese language edition is authorized for sale in the People's Republic of China (excluding Hong Kong, Macau and Taiwan) only. Unauthorized export of this Simplified Chinese language edition is a violation of the Copyright Act. No part of this publication may be reproduced or distributed by any means, or stored in a database or retrieval system, without the prior written permission of Cambridge University Press and East China Normal University Press Ltd.

Copies of this book sold without a Cambridge University Press sticker on the cover are unauthorized and illegal.

本书封面贴有 Cambridge University Press 防伪标签，无标签者不得销售。

上海市版权局著作权合同登记　图字：09-2021-0508号
All rights reserved.

推荐序

曹剑波
南强儿童哲学研究中心主任
厦门大学哲学系教授、博士生导师

得知刘学良、汪功伟两位博士翻译的《教育中的思维：培养有智慧的儿童》即将出版，我感到非常高兴。

"儿童哲学之父"李普曼的重要著作《教育中的思维：培养有智慧的儿童》于1991年初次出版，又于2003年再版，在全球教育界和儿童哲学界留下了深远的影响。尽管现在距离该书成书已经有二三十年的时间，但该书中译本的出版依然具有重大的意义。该书对于当下我国教育实践中存在的问题和需求，具有很强的针对性。

首先，当前我国教育现实中面临着思维教育的巨大需求。长期以来，不少学者和教育者指出：中国教育忽视思维能力的培养，中国学生强于记忆弱于思辨。2023年上半年，ChatGPT（Chat Generative Pre-trained Transformer，一款人工智能技术驱动的自然语言处理工具）的横空出世，更让人们深刻体会到：机械的知识记忆与低阶的认知技能已经不适合作为教育的重要目标加以强调。我们需要投入更多资源来培养那些人工智能无法替代或不应替代的，更加符合人类"类本质"的心智活动。人类作为理性主体的自我立法、作为道德主体的自律行动、作为审美主体的自发创造,这些活动的背后需要批判性思维、关怀性思维和创造性思维的协同运作。教育的主要任务应该是发展思维,而不是积累知识;"为思而教"应成为各门学科教学的基本价值取向。

其次,当前我国的思维教育探索中存在着对"批判性思维"的认识误区。一方面,有人将"批判性思维"吹捧为包治百病的良药,忽视了关怀性思维、创造性思维等其他思维形式的重要性;另一方面,也有人将"批判性思维"误解为"怀疑一切、否定一切"而对其加以否定。李普曼在本书中详细梳理了批判性思维的发展史,对这一概念提出了独到的见解,尤其指出批判性思维是防御性的,比培养批判性思维更重要的是培养批判性的思考者,而批判性思考者应当兼具关怀性的和创造性的思维。在李普曼看来,批判性思维是有利于判断力的、依赖于标准的、自我纠正的、对语境敏感的思维。当儿童能依赖于深思熟虑的标准,不断自我反思,并在某种语境下寻找对于该语境而言的最佳判断,又怎么会"怀疑一切、否定一切"呢?李普曼进一步指出:要培养这样的批判性思考者,儿童哲学"探究共同体"是最重要的方法,这为我国的思维教育和创新人才的培养指明了道路。

最后,当前我国儿童哲学教学与研究面临着"如何提升儿童哲学思维"的瓶颈。在儿童哲学倡导者的长期努力下,我国儿童哲学的发展正在从起步走向深入。无论是已经开设儿童哲学课程的教育者,还是在学科课堂中运用儿童哲学方法的各科教师,都已经不满足于仅仅当一位探究的组织者,而是更希望当好探究的促进者。因此,儿童哲学的践行者不仅需要儿童哲学的基本理念或基本流程介绍,更需要以专业哲学理论作为支撑的思维发展模型与思维培育策略。李普曼此书基于语言哲学、心灵哲学,对思维结构、思维技能培养和三种思维形式(批判性、创造性、关怀性思维)进行了细致入微的考察,能够帮助儿童哲学践行者"看见""听见"孩子的思维,并能够帮助孩子一点一点搭建起从心灵行为与状态到思维招式、思维技能、思维形式的复杂系统。

翻译一本好书,对译者的才华、视野和文采都是很大的考验。刘学良博士、汪功伟博士作为优秀的哲学学者,走上了儿童哲学教育的道路,在全国几十所中小学开展过儿童哲学、思维型课堂以及中学生哲学课堂等特色课程的研究与实践。他们对于教育现场的丰富经验,进一步加深了他们对李普曼原著的理解,使中文读者能够更加无障碍地领略李普曼对教育和思维关系的深刻认识。相信本书的出版能够进一步推动我国儿童哲学研究与实践的进步,让孩子们能在课堂中体会思想的乐趣。

译者序

儿童哲学（Philosophy for Children，简称 P4C）由李普曼在 20 世纪 60—70 年代提出，他当时任美国哥伦比亚大学哲学教授，从事逻辑学、美学和杜威哲学的研究。作为哲学教师，他发现当时大学生的思维素质非常差，思维规则混乱，不能进行正确的推理，时常有逻辑错误、论证漏洞的发言。出于哲学专业的直觉，李普曼意识到很多社会的混乱其实是出于人们思维的混乱，人们思维的有序是社会有序的前提条件。因此，提早对人们进行思维训练是必要的，然而当时美国的基础教育中并没有专门训练学生思维的课程，大众也不觉得思维训练很必要。很多中小学教学都集中于知识的灌输，忽略了学生思维的培养。而儿童阶段是思维发展的黄金时期，如果一个人没能在童年获得充分的思维训练，那么等他成年后再想提升思维能力将会困难重重。李普曼越来越强烈地感到一种教育变革的迫切性。

为了充分发展儿童的思维，需要对基础教育的课程体系和教育模式进行改革，将发展思维置于学校教育的关键地位。在李普曼看来，哲学本身具有极为重要的教育意义，哲学中所包含的概念、方法、观点、案例对于人们思维的发展具有极大的推动作用。因此，他提出"儿童哲学计划"，直接将哲学本身作为一种教育的内容和方式来对儿童进行教导，通过组建哲学的探究共同体，引导学生进入实际的思考和探究之中，在"自己做哲学"的过程中逐步提升思维能力和思想境界。儿童哲学自提出以来便迅速在世界各地传播，并与当地的文化、教育传统相结合，发展出了具有地域特色的儿童哲学形式。越来越多的学术研究者和教育工作者加入到这一领域中来，推动其内容和实践的多样化与丰富化。多项教育实验表明，儿童哲学对于学生的全面发展具有积极的影响，参加该项目的学生的思维品质与学习成绩有了显著的进步，同时他们的自尊、自信、道德、情感等方面也不断提高，学生的综合素质得到全面发展。

儿童哲学进入中国大陆已有三十多年的历史，经过长期的了解和摸索，进入了迅速发展的阶段，现在全国已有很多中小学、幼儿园开始实践和研发自己的儿童哲学课程，并且与学科课程相结合，对于课程资源的丰富、教学模式的改革、教师能力的培养等方面都起到极大的推动作用。另一方面，儿童哲学也进入中国的家庭之中，使家长更加关注儿童的智力成长，与孩子展开苏格拉底式的对话，成为家庭亲子生活的一种重要形式。儿童哲学的迅速发展与我国教育改革的加速推进是一致的。当前，我国教育正在由传统的"以知识为核心"走向"以素养为核心"，培养学生的核心素养成为教育发展的明确指向。深度推进课程改革与教学改革，促进学生核心素养的发展，需要有更为多样的借鉴和探索。能否将儿童哲学融入教育之中，使之成为发展学生核心素养的有效方式，成为当前很多教育工作者期待和致力于探索的领域。儿童哲学在中国的发展已进入新的阶段，我们希望儿童哲学能够真正融入中国的教育体系之中，解决当前教育中存在的问题，推动教学水平的深化与提升。为了更好地实现这一目标，需要提供更坚固的理论基础和更全面的方法指导。《教育中的思维：培养有智慧的儿童》这本书的翻译正是为了满足这一需求。

《教育中的思维：培养有智慧的儿童》是李普曼晚年最重要的儿童哲学

著作,是他关于儿童哲学教育实践的整体性总结和反思。在这本书中,李普曼集中探讨了"如何在学校中培养学生的思维?"这一关键问题。什么是好的思维?如何在学校中开展思维教育?如何在课堂上促进学生更好地思考?如何将思维的发展与学科知识的学习相结合?这些问题一直困扰着教育的实践者,李普曼在本书中对这些问题进行了深入的探索。他从十分流行的批判性思维入手,作为批判性思维教学运动的直接参与者,李普曼对于批判性思维的发展有直接的了解和深刻的思考。如今批判性思维虽然已经被广泛接受,很多学校开设了相关的课程,但是效果并不好,并没有带来人们期望的教育飞跃。李普曼指出,虽然确实存在一些来自外部或内部的干扰因素,但根本原因在于,批判性思维教育运动本身就存在一些局限,其对思维的定义是狭隘的并且在方法上也一直没有突破,因此无法兑现其承诺。

批判性思维虽然没有实现人们的期望,但无疑开了一个好头,为接下来思维教育的发展奠定了基础,具有更丰富的理论基础和更明确的教学方法的儿童哲学应运而生。在这个意义上,儿童哲学可以看作是批判性思维的进一步完善和发展。在这本书中,李普曼探讨儿童哲学如何作为一种理念和方法来推动学校中的思维教育的发展,以促进学生更好地思考。为此,他提出了三个重要的主张:第一,哲学对于培养学生的思维是至关重要的,通过对哲学进行恰当的重构和教授,可以显著提升教育中的思维;第二,探究共同体的教学法应该成为批判性思维的核心方法。第三,要想培养学生的批判性思维,必须关注标准、价值等因素,引导学生进行实际的推理、评价和判断活动。

在第一章中,李普曼提出了一个奇怪的现象:"儿童刚进幼儿园时是活泼好奇、想象丰富、渴望探究的,并在一段时间内保持着这些品质。但在上学后,这些美好的品质逐渐消失了,他们开始变得被动消极。"造成这一问题的主要原因在于学校。当前的学校教学实践都是被这种"常规的""一般性的教育范式"所统治。学校的生活循规蹈矩、稳定单调、强调知识,不利于学生的好奇心和想象力,无法激发学生们进行思考。因此,需要对学校的实践进行重构,教师要做到以下四点:(1)对同事的实践进行批评,(2)自我批评,(3)纠正他人的实践,(4)自我纠正。从而将常规的学校实践转变为"批判的"学校实践,建立一种"反思性的教学范式"。这种反思性的教学范式的核心特征在于将教育作为探究,通过引导学生建立探究共同体,激发学生对问题的敏感性,开展彼此深入的交谈,引导学生在学科中进行自主思考,进行应用判断力的练习,让他们在思考其对象的同时也思考其流程,从而让学生逐步成为理性的公民。并且李普曼指出,学生思维的发展是一项整体性的过程,要关注它的关怀性、批判性和创造性等多项维度,而哲学是实现这一目标的良方,将哲学引入中小学教育体系之中以激发思考,从而强化学科内的和跨学科的思维。

在第二章中,李普曼对于思维教育的发展历史进行了讨论,特别是对批判性思维的定义、对象、发展、局限等做出了细致的分析。传统学校教育处于巨大的危机之中,人们试图做出改变,但是如果不改变强调知识灌输的传统教育模式,一切努力都是徒劳。在这种形势下,思维教育开始受到关注,很多人开始将思维作为教育的核心任务之一。杜威、罗伊斯、布莱克、比尔兹利、史密斯、恩尼斯等很多哲学家、逻辑学家、心理学家都对批判性思维的发展作出了巨大的贡献。彼得斯、哈姆林、赖尔、赫斯特等所主张的"分析教育哲学"思潮以及布鲁姆等人关于教育目标的研究,推动了认知技能融入教育的进程。此外,还有"非形式逻辑"的研究、"解决问题导向"的教育模式、应用哲学等众多理论探究,这些探索共同推进了批判性思维的发展,在一定程度上影响了教育的变革,尽管其影响程度还远没有达到人们所期望的那样。

在论述了批判性思维的发展历史后,李普曼对"批判性思维"概念本身进行分析,他不赞成批判性思维是帮人确定"要相信什么、做什么",而认为它是防御性的——批判性思维让学生形成一种暂时性的怀疑态度,拒绝那些缺乏可靠性的信念,帮助我们决定不相信哪些主张。为了培养这种思维,需要关注标准、理由、假设与结果,培养学生进行联结、迁移和翻译的策略。但是,不能把批判性思维仅仅看作是一种认知算法。因为思维是复杂的,批判性思维与关怀性思维、创造性思维是紧密关联、相互渗透的,我们不可能孤立地对其进行培养。而且,批判性思维需要通过批判性思考者来体现,因此不能只是强调培养批判性思维,更重要的是培养批判性的思考者。为此,需要建立一套全面的教学方法,把这些解决问题的决策方法都包含于其中,着力提高儿童在探究、推理、组织信息、沟通交流等方面的技能,才更有可能取得成功。在李普曼看来,要建立这种全面的方法离不开哲学,哲学的涵盖面非常广,可以将各种强调解决问题的项目都融合起来,为思维教育的发展提供重要的理论基础和方法支持。

第三章对那些妨碍学生思维发展的诸多观念进行探讨。关于发展学生的思维,人们在理论上和实践上存在很多混淆的、有争议的观念,涉及思维的性质、心理学的方法、哲学的作用、教育的方法等方面,这些观念造成了人们对思维的错误认识,严重妨碍了思维教育的开展。本章对这些有争议的观点进行了分析,并且设想了多个体现错误观念的教育实践场景,这些观念是教师们在接触思维教育时经常产生的,李普曼对此进行了评论和厘清,揭示出思维教育的诸多要求和条件。深刻地认识到这些错误的观念,能够帮助我们在开展思维教育的过程中少走弯路。

第四章阐述了作为思维教育的核心方法——探究共同体。在李普曼看来，之前很多思维教育的尝试之所以不成功，原因在于未找到合适的方法，如果能够坚持以探究共同体为教育的主要方法，那么学生的思维将会得到极大的发展。探究共同体强调社会性是人们进行认知的前提条件，通过社会性的交往推进人们认知的共同进步，从而将"探究"与"共同体"结合在一起。在探究共同体中，儿童能够成为活动的主体，而不是被动接受的客体。探究共同体将问题置于优先地位（将答案置于次要地位），鼓励学生进行思考和提问，促使他们进入对话、自我批评和自我纠正的过程。学生不是漫无目的地聊天，而是为了追求共同的目标而进行对话，各个成员通过彼此交流建立深度的联结，通过"一颗心灵对另一颗心灵的作用和反应"，借助他人的经验来补充、支持或反驳自己的经验，从而将个人的观点建立在共同认知的基础之上。

探究共同体形成了一种氛围和程序，推动成员的对话和思考"跟着论证走"。探究共同体的一个特征是受到逻辑约束的对话，人们必须进行逻辑推理，才能跟上探究共同体的进展。当探究共同体对问题进行探讨时，每进行一个步骤，都会产生某种新的要求或新的问题，限制或引导下一步探究的方向。当这些问题得到解决，共同体的探究方向将更加清晰和明确，探究也将以新的活力继续进行。李普曼在此刻画了探究共同体的一般性特征，并给出了进行探究的主要步骤：提供文本、构建议程、巩固共同体、练习和讨论、鼓励进一步的回应。由此让学生亲身参与到探究的过程中，如同"滚雪球"一般，让学生内化探究的程序和策略，推动他们实现反思平衡，促进批判性思维、创造性思维和关怀性思维的共同发展。

第五章探讨了教育中的一个重要主题——和平教育，同时也描述了探究共同体的运用方式。以往那种单纯地颂扬和平、谴责暴力的说教或灌输无法起到真正的教育作用,知道关于和平的知识或掌握道德的概念,并不能教会学生实际地去减少暴力。学生除了要知道这些知识或概念,更需要知道其背后的理由,需要具有实际进行价值判断的能力。因为,要让学生认同减少暴力、建立和平的教育,就需要带领他们进行语言的、逻辑的和概念的分析,让他们对是非善恶进行实际的判断,进行"认知做功"。探究共同体正是进行这种训练的理想场所,它本身既是价值教育的重要内容,同时又是开展价值教育的关键条件。探究共同体创立了一个强调平等自由、排除了暴力威胁的环境,使学生们能够全身心地投入到思考和探究中。与此同时,它本身也是一种化解冲突、避免暴力的流程,学生进行伦理探究的过程即是对该流程的实践,这使得他们有机会尝试通过非暴力的手段来探讨争端、化解冲突,从而将共同体的流程内化为自己的行为方式,逐步成为和平、理性的公民。

第六章主要探讨了情感教育的问题。传统观点认为,情感并不具有认知的作用,甚至会干扰人们的认知,而且认为情感是不可教的。李普曼对此表示否定,他认为情感具有重要的认识论功能,对于某事物产生情绪反应本身就表达了人们对该事物的判断。在这种意义上,情感可以被看作是一种思维的形式,关怀性思维是情感思维的典型范式。情感也是可教的,但"教情感"并不意味着让学生去压抑情感,而是引导他们学会如何调节情感。李普曼认为,情感教育需要凭借语言,要让学生掌握关于情感的诸多词汇。因为语言是帮助人们把握自己内在情感的重要中介,缺少了相应的情感性词汇,学生就无法理解自己的内在感受,不能恰当地表达自己的冲动或压力,由此往往会产生破坏性的情况。通过在探究共同体中使用这些词汇来表达自己的情感、谈论他人的情感,可以引导学生把一种情感和其他情感、观念、概念、个人、群体等联系起来,从而更好地认识和调节自己的情感,成为更通情达理之人。

第七章是本书中最有难度、最为深刻的一部分,也是最为重要的。要想更好地开展思维教育,首先就要对思维的结构有所了解,要"对思维进行思维",也就是要反思思维本身。我可以反思自己为什么做错了一道练习题,可以反思自己为什么和朋友闹矛盾,但是这些都是对于有形的、具体的事物的反思,而"思维"本身是看不见、摸不着的,我们"反思思维"时,是"要反思什么?""要如何反思?"这些问题一直困扰着人们,也是开展思维教育的根本问题。因此,本章要从元认知的层面对思维进行分析,李普曼主要基于语言哲学、心灵哲学的研究对思维进行深度考察。

思维是人们心灵的活动,心灵的活动跟人外在的活动一样,可以分为"行为"和"状态"两个方面,心灵行为就是心灵进行了一次运作,如做出一次决定、发现一个问题、推断一个观点、猜测某个答案等,其中的"决定""发现""推断""猜测"就是心灵行为。人们的外在行为往往会伴随不同的状态,同样,心灵活动也有很多不同的状态,比如对于同一个观点,人们可以知道它、相信它、怀疑它、猜测它,"知道""相信""怀疑""猜测"这些就是心灵的状态。心灵不断运作,将各种心灵行为和状态以一定的方式编排为不同的招式,这些招式进一步组合成各种技能(第八章将进一步分析"思维技能")。例如在篮球场上,拍球、跑动都只是一些简单的动作,当拍球和跑动结合起来,就构成"运球"这个招式,这个招式与其他动作和招式结合,就形成了某种技能,例如胯下运球、急停投篮等,这些技能又组合构成了篮球这项运动。思维技能也是如此,它由一系列更加基础的心理行为、状态、招式所构成,并进一步构成某种思维(如批判性思维、创造性思维等)。但是,心灵活动是如此迅速、隐蔽地进行,人们在大部分时候意识不到它们,因此当人们得出结论或处于某种状态时,往往不知道自己是如何做出判断的或自己为何会处于这种状态。而反思就是引导人们去关注心灵的各种行为、状态、招式,考察这些元素的组合方式或编排方式,权衡其背后的原因和理由,也就是在考察自己思维的运作方式。只有对思维的构成和运作有更深刻的认识和体验,才能够更好地推动他们进行探究。

第八章在第七章的基础上进一步谈论思维技能的培养。李普曼在本章中列举并阐述了那些重要的思维技能,特别是探究技能、推理技能、组织信息的技能和翻译技能,这些技能对于学生来说至关重要,与听、说、读、写等学习能力是紧密相关的,是推动教育发展的关键契机。李普曼反对那种把人与技能相分离的二元论观点。技能并不只是为了实现目的的手段,技能体现着人,正如对于小提琴手来说,他的技能与他的演奏是分不开的,思维技能与人的思考也是分不开的。在李普曼看来,掌握技能意味着规则被实践者完全内化并融于技能本身,它符合义务的要求并出于义务的要求。因此,培养技能的过程本身就是对人的培养。

思维技能不可能单独孤立地被培养,必须要与其他思维技能彼此协作。这就需要建立一套综合性的教学方法。在李普曼看来,这种教学方法就是探究共同体。第七、八章中都对如何应用探究共同体发展学生的思维做了重要论述。首先,探究共同体为学生提供了适合的探究内容(李普曼主要指的是哲学小说),提供了一些刺激思考的材料,这些材料能够激发学生的好奇和困惑,同时也展示了对心灵行为、推理技能、命题态度、提问与追问、判断等理智工具的运用;其次,探究共同体创造了一个促进探究的环境,提供了类似的生态支持,它例示了概念的形成,也示范了推理与探究方面的技能;然后,探究共同体提供了一个主体间的探究平台,为共享的探究提供了多样的视角,为反思平衡的形成提供了认知情境。学生自己很难进行这种深入的思考,但是在探究共同体中,单纯的说话转化为交谈、讨论、对话,学生可以从别人的视角来了解自己的思考(在一定程度上也受到了同辈的压力),从而参与到共享的探究之中,这不再是个人的思考,而是形成分布式思维。如此一来,每个参与者可以从他人那里获得材料或力量来进行深入的反思,探究共同体的方法是系统地自我纠正,教学需要促进学生内化这些方法、程序,帮助他们建立认知的倾向。

第九章中,李普曼进一步从思维技能拓展到各种思维形式。李普曼强调,思维不是单一的,也不是笛卡尔式的二元对立的,而是多维度交织的,思维是各种不同形式的心灵行为(批判、创造和关怀)相互渗透、彼此交融的结果。批判性、创造性、关怀性就是思维的三种重要维度,分别呈现为批判性思维、创造性思维、关怀性思维三种形式。正如上一章所讲,思维技能无法孤立地被培养,各种形式的思维也不能孤立地进行发展,批判性、创造性和关怀性三种维度是相互渗透、密不可分的。因此,思维的培养要注重在认知与情感之间、感知与概念之间、身体与心灵之间、受规则支配的领域与不受规则支配的领域之间取得平衡。儿童有获得思维发展的权利,不仅仅是在批判性思维上得到发展,同样也要在创造和情感上得到强化,以便能够进行可靠而机智的思考,并以更多的毅力和韧性去迎接生活的考验。因此,教育活动不能只是一个进行纯粹理智活动的工厂,而是要成为批判的共同体、关怀的共同体和创新的共同体,在共同体探究中实现学生多维度的全面发展。

经过前面几章对于思维的整体论述,接下来李普曼开始分别对批判性思维、创造性思维、关怀性思维三个维度进行探讨。第十章主要论述了批判性思维,对于批判性思维的性质、特征以及培养的条件、方式等进行了探索。批判性思维是教育改革的关键,人们希望学生不仅能够思考,还能够运用良好的判断力,这是批判性思维的教育目标。在李普曼看来,批判性思维是有利于判断力的、依赖于标准的、自我纠正的、对语境敏感的思维,这是批判性思维的四项基本特征,决定着人们判断的能力和水平。标准对于批判性思维十分重要,标准(以及元标准)作为价值原则,既决定了相关思维技能的运用,同时又对思维进行评估。李普曼对于非形式谬误及其违反有效性原则进行了列举和分析,指出这些谬误就是违反逻辑规则和价值标准的后果,因此借助于那些谬误,人们可以更好地理解什么是正确的思维。批判性思维例示了认知上的问责制,让人们为自己的思维承担责任。因此在培养批判性思维时,教师要严格地遵循标准、要求和理由,引导学生为他们自己的教育承担责任。

培养批判性思维要重视学生在探究、语言、思维等方面的其他技能,培养学生熟练的推理技能、探究技能、概念形成技能、沟通与翻译技能。为了实现这个目标,哲学成为重要的途径。批判性思维实践中的任何东西都以某种形式存在于哲学的实践中,只有哲学能够提供现有课程体系所缺乏的逻辑与认识论标准,确保学生更负责任地思考。需要指出的是,这里的"哲学"不是大学里的学院哲学,而是强调对话、审辨、判断力和共同体的叙事性哲学。而且李普曼强调,不仅要在学科中培养批判性思维,更应该把批判性思维当作一门独立的课程纳入课程体系,以用来展现和教授批判性思维的一般方面,从而为批判性思维在学科中的应用奠定基础。

第十一章集中讨论了创造性思维,分析了其性质、特征、表现并探索了其培养方式。创造性思维是扩展性、启发性、反抗性的思维,具有问题性、新颖性和可理解性等特征,让人们思考应该如何去说那些值得说的言辞、造那些值得造的器物、做那些值得做的事情。创造性思维不仅体现在艺术创作中,同时也存在于生活的方方面面。当人们对自我以及世界有新的发现时,就会产生惊异,继而进行探究。探究就是一个批判性思维、创造性思维、关怀性思维相互交织、共同发展的过程,进行创造离不开批判性活动,需要通过批判性的思考获得对事物的全面认识并批判性地去进行实践。但是两种思维是截然不同的,批判性思维是为了寻求确定的信念,以消除怀疑、困惑的状态,而创造性思维恰恰相反,它对于常规、稳定的状态感到痛苦,努力去发现新的问题,为进一步的探究创造新的情境。由此可见,创造性为探究提供动力,使人们不会在自己暂时的成果上沾沾自喜,推动探究的持续发展。另一方面,创造性思维和关怀性思维紧密相关,具有创造性的人往往具有强烈的情感,而具有关怀性的人也需要通过创造来表达自己的情感。培养创造性思维的关键途径就是鼓励学生进行独立思考,独立思考的本质是对话性的,因此,强调对话的探究共同体对于培养学生的创造性思维具有非常重要的教育作用。

第十二章接着对关怀性思维进行探讨。关怀性思维很容易引发别人的质疑,在传统观点看来,关怀、情感不是一种思维,甚至会干扰思维。但李普曼强调,情感在人们进行思考的过程中发挥着关键的作用,为思想提供框架、视角和动力。没有情感,思维就会变得平淡无奇。关怀意味着热切地思考某个对象,同时也意味着关心思考所采取的方式。关怀就是专注于人们所尊重的事物,欣赏其优点,珍视其价值。这种欣赏和珍视就体现了一个人的判断,欣赏一个东西就说明你认同其价值,珍视一个东西就说明你判断它是珍贵的,当你看到一个行为而感到十分愤慨,这种愤慨就体现了你认为这个行为是不道德的。所以关怀本身就包含着判断,它不只是思维的一个因果条件,而是思维本身的一个模式、一个维度或一个方面。关怀性思维体现为欣赏性思维、情感性思维、行动性思维、规范性思维、同情性思维等,影响着人们的思考、交往、道德、创造等方方面面。由此可见,关怀本身也是一项重要的认知活动,缺少了关怀,思维就缺失了价值成分。如果思维不包含重视或评价的环节，它就会冷漠地、满不在乎地对待思维的内容，而这意味着思维没有真正地投入于探究。因此，要推动思维教育，就必须把关怀性思维融入批判性思维和创造性思维中去。

第十三章是对全文的总结，思维教育的目的是培养学生更好的判断力。判断体现出人的风格，宽泛地体现了一个人的人格，一个能够做出明智判断的人，往往也就是一个明智的人。人生中充满不确定性，很多问题没有现成的或固定的答案，因此需要诉诸判断力以求取平衡。多一些判断力，人们就多一些获得成功的把握。因此，我们要为判断力而教学，这是家庭和学校共同的责任。李普曼认为，现在的教育过分强调学生对信息的获取，这是不充分的，教育还应该同时锻炼学生的判断力。他对判断进行分析，将判断分为三个层次：通用判断、中介判断和最终判断。通用判断和中介判断往往比较抽象，容易被人忽略，但是它们是做出最终判断的基础。因此，如果想要提高儿童的推理能力和判断能力，应当进行通用判断和中介判断的训练，从而使他们能够做出更明智的最终判断。

李普曼指出，当前很多人也认识到了教育中的问题并试图改进，但往往只是提出一些表面的修补措施，无法做出根本性的改变。如果将教育局限于灌输知识，必然是笨拙的、草率的、徒劳的，但仅仅鼓励不同看法、公开讨论和辩论，也并不能有效提高思维。为了培养儿童推理和判断的能力，需要借由一系列的哲学课程。哲学的核心是一系列概念，这些概念在所有人文学科中都得到了体现或例示，正是在哲学中，它们被分析、讨论、解释和澄清。学校课程中的哲学提供了一个平台，供儿童在反思行为的同时反思自身，帮助学生获得探究的工具、推理的方法和原则、概念分析的训练、批判性读写的经验、创造性描述和叙事的机会、论证和解释的机会以及共同体的环境，由此培养学生良好的判断力，促进他们的全面发展。儿童哲学是一项深刻彻底、极具创造性的教育改革实践，对其理论理念和教学方法进行充分的理解和有效的应用，将会为我国当前的教育改革提供至关重要的支撑与推动。

作为李普曼晚年儿童哲学理论研究的集大成之作，《教育中的思维：培养有智慧的儿童》中的思想观点非常深刻，涉及哲学、教育学、心理学等多个学科的知识，所应用的语言也比较抽象晦涩，这给本书的翻译带来了一定的困难。在翻译此书的过程中，我和汪功伟博士进行了频繁的交流，对于那些复杂、难以理解的文本做了重新表述，历时一年多的时间，前后经历了五次大规模的修改，终于将本书呈现给读者。但其中仍难免会有错误或有待改进之处，欢迎读者批评指正。在研究儿童哲学和翻译本书的过程中，王武杰、刘丹、吴洋等人先后提供了重要的帮助，吴伟编辑为本书的翻译和出版作出了关键贡献，在此一并感谢。

刘学良

2023 年 5 月 6 日

目 录

第二版序言 / 1

第一部分 思 维 教 育

第一章 教育实践的反思模式 / 3

作为组织原则的合理性 / 4

缺少思维的学校教育 / 6

常规的学校实践与批判的学校实践 / 8

重构教育实践 / 11

  作为探究的教育 / 13

  探究共同体 / 13

  对问题的敏感性 / 14

  理性 / 14

  关系和判断 / 15

  在学科中思考 / 16

  交谈训练 / 17

  自主性 / 18

  反思性思维 / 19

第二章　思维教育的方法 / 21

　　走进批判性思维运动 / 21
　　　　美国如何走到了今天这一步 / 22
　　　　批判性思维的一些新近起源 / 24
　　　　杜威和杜威主义者 / 26
　　　　分析技能和认知目标 / 30
　　　　非形式逻辑的出现 / 33
　　　　其他讨论，其他声音 / 35
　　　　教育对批判性思维的吸收 / 37
　　批判性思维和信念的灌输 / 38
　　实践推理教学的替代方法 / 41
　　　　理由对实践的指导 / 42
　　　　标准对实践的指导 / 43
　　　　假设和结果对实践的指导 / 44
　　为联结、迁移、翻译而教 / 47
　　关于批判性思维的一些描述 / 48

第三章　思维教育中的阻碍和误解 / 56

　　阻碍思维提高的观念 / 56
　　　　关于思维性质的争论 / 56
　　　　关于心理学方法的争论 / 58
　　　　关于哲学作用的争论 / 59
　　　　关于选择何种教育方法的争论 / 61
　　对于批判性思维教育的一些误解 / 62
　　　　误解一：思维教育等同于批判性思维教育 / 63

误解二：反思性的教育活动必然会催生反思性的学习活动 / 64

误解三：教授批判性思维的理论等同于教授批判性思维 / 65

误解四：批判性思维教育要求训练思维技能 / 66

误解五：逻辑思维教育等同于批判性思维教育 / 68

误解六：知识教育和批判性思维教育一样有效 / 69

第二部分 探究共同体

第四章 在共同体中思考 / 73

什么产生了共同体？共同体产生了什么？/ 73

跟着论证走 / 74

交谈的逻辑 / 77

交谈的艺术 / 79

对话的结构 / 80

对话与共同体 / 82

从他人的经验中学习 / 84

探究共同体在教育中的作用 / 85

通往课堂探究共同体 / 90

讨论在探究共同体中的认识论地位 / 93

第五章 通过探究共同体来减少暴力 / 95

教育，而非灌输 / 95

可以参考哪些标准？/ 98

我们可以引用自己的经验 / 98

我们可以参考儿童的经验 / 99

我们可以试图说服儿童 / 99
　　我们可以利用理性 / 100
　　以上都是 / 100
　暴力与辩护 / 101
　通过"认知做功"来增强判断力 / 105
　通过探究共同体进行价值教育和意义教育 / 108
　减少学校环境中的暴力 / 110

第三部分　思维要素的编排

第六章　思维中的情感和教育中的情感 / 115
　情感与教育 / 115
　是否存在情感思维的范式？/ 118
　能进行情感方面的教育吗？/ 119
　情感和语言 / 120
　有利于流畅表述情感的词汇 / 122

第七章　心灵行为 / 126
　意识和对心灵行为的运作 / 126
　察觉到我们的心灵行为 / 128
　作为运作的心灵行为 / 130
　命题态度 / 132
　认知运动：心灵行为和心灵状态可以发展为思维技能 / 135
　心灵的招式发展为哲学对话 / 137
　透过放大镜：进一步观察哲学如何提高思维 / 142

第八章　思维技能 / 148
　　面向儿童的思维技能教育 / 148
　　技能和意义 / 156
　　四种主要的思维技能 / 160
　　　　探究技能 / 161
　　　　推理技能 / 161
　　　　组织信息的技能 / 162
　　　　翻译技能 / 167
　　推理值得教吗？/ 168
　　技能及其编排 / 168
　　从基本技能到小学科目 / 171
　　技能的边界 / 172

第四部分　旨在提高思维能力的教育

第九章　交互的思维维度 / 179
　　基于多维度思维的方法 / 179
　　培养思维能力的权利 / 183

第十章　批判性思维教育 / 186
　　批判性思维：它可以是什么 / 186
　　批判性思维的结果是判断 / 190
　　批判性思维依赖于标准 / 192
　　元标准和超标准 / 195
　　作为比较基础的标准 / 196

　　　　要求的不可或缺性 / 197
　　　　批判性思维是自我纠正的 / 198
　　　　批判性思维表现出对语境的敏感 / 199
　　标志性的实际推理行为 / 202
　　专业教育和判断力的培养 / 205
　　批判性思维和非形式谬论 / 208
　　　　作为推理缺陷的谬误 / 208
　　　　价值原则的重要性 / 208
　　　　使用有效性来建立对理性的要求 / 214
　　　　有效性列表 / 215
　　　　价值原则的练习在批判性思维教育中的作用 / 217

第十一章　创造性思维教育 / 220

　　艺术作品的首要方面作为作品的标准 / 220
　　批判性视角下的创造性思维 / 221
　　新颖性、问题性和可理解性 / 223
　　扩展性思维 / 225
　　反抗性思维 / 226
　　启发性思维 / 227
　　创造性和关怀性思维 / 228
　　创造性和批判性思维 / 229
　　创造性思想过程中的认知招式 / 230
　　探究共同体中的创造性和对话 / 231
　　创造性和独立思考 / 232

第十二章　关怀性思维教育 / 236

情感在思维中的地位 / 236

关怀性思维是对重要事项的关心 / 237

关怀性思维的某些类型 / 238

 欣赏性思维 / 239

 情感性思维 / 240

 行动性思维 / 242

 规范性思维 / 243

 同情性思维 / 244

第十三章　提高判断力 / 247

为更好的判断力而教学 / 247

批判性、创造性和关怀性的判断力 / 248

普遍和特殊的结合 / 251

判断的三个层次 / 253

 通用判断 / 255

 中介或流程判断 / 257

 最终判断 / 261

教育环境中作为摆轮的判断力 / 261

判断是对人的体现 / 264

第二版序言

　　如果说有什么机构是世界性的,那肯定非学校莫属。无论文化差异有多大,各地的学校都是非常相似的。学校的教育体制规定了儿童的学习内容,他们在学校中学习阅读、写作、算术等基本技能,还学习地理、历史和文学等学科内容。

　　曾有评论家指出,人类发明语言是为了掩盖他们的思想。他或许还会说,人们把孩子送到学校学习,是为了不让他们思考。如果是这样的话,那这一策略也很难完全实现。对于我们来说,学生时代最珍贵的回忆往往就是那些独立思考的时刻,尽管这些独立思考并非由学校体系所培养。

　　然而,也有一种教育思想主张:培养儿童思维应该是学校的主要工作,而不只是一种偶然的结果。有很多人支持这一教育思想,他们中有些人认为,要想培养未来社会的公民,就必须让他们变得理性,这可以通过培养儿童的推理和判断来实现。另一些人认为,社会制度——特别是经济、行政和法律制度——具有合理性,通过在学校中培养儿童的理性能力,能够让儿童在长大后以最佳状态去面对世界。还有一些人认为,之所以有必要帮助儿童进行卓越和独立的思考,不仅基于社会效用方面的理由,还因为这些本身就是属于儿童的权利。

　　自20世纪70年代中期以来,越来越多的人强调在大中小学进行思维教育。他们打出的旗号是"批判性思维",尽管他们及其反对者可能都不太清楚批判性思维意味着什么,但呼声不断高涨。直至今日,教育工作者已经意识到:必须采取一些措施来提高课堂上的思维水平。

思维由什么而构成?有的专家认为好的思维是准确、一致、连贯的思维,有的专家则认为好的思维是扩展性、想象性、创造性的思维;有的学者举出了文学作品中的良好思维,有的学者举出了科学史中的例子,将好的思维视为对科学方法论的运用;有的哲学家认为好的思维就是体现了逻辑性和合理性的思维,有的则认为是体现了审辨性和判断力的思维;有的教育工作者认为好的思维会帮助人们明确信念,有的则认为不应该在学校中给予明确的信念,而要帮助学生基于充分的证据去进行探索。

所以,当学校管理者打算提升学校的教育水平时,他们面临的情况是十分复杂的。是否应该对教师进行再培训?如果应该,那要采用什么方法?为了做出这些决定,他们需要以明确的定义为指导,这些定义如何表明思维的显著提升?以及实现步骤是什么?教研人员需要通过哪些标准来评估这些步骤的有效性?

《教育中的思维:培养有智慧的儿童》就是这个方向上的一次探索。本书试图提出一些需要认真对待的问题,并为早期阶段的思维教育提供了一些答案。其中有些论述也只是一家之言,不敢标榜为绝对权威。本书认为,通过对哲学进行恰当的重构和教授,可以显著提升教育活动中学生的思维水平。之前还没有人为这一主张提出理由,本书愿抛砖引玉。

本书第二个重要的主张是:"探究共同体"的教学法(无论是否与哲学相关)应该成为批判性思维的主要教学方法。第三个主张是,批判性思维与"批评""标准"等同源词具有非常紧密的联系,这些词语与推理、评价和判断有关,进而与学生思维的提升有关。判断是一项技艺,而探究共同体提供了一个练习和掌握它的环境。斯宾诺莎说：一切优秀的事物都是难得一见的。这句话太悲观了。为了让优秀的事物越来越多样、越来越丰富，必须建立一个适宜的社会，而增强教育中的反思性元素是建立该社会的合理起点。

在过去的十年，人们一直努力将"思维技能"引入学校，而学校却一直以来都把教育视为获取信息。根据教育部门的说法，他们正在努力推动学生获得"知识"，或者更浮夸地说，推动学生"理解"。这些都是关于教育目标的传统观点。而现在，各地的学校都试图让学生获得"批判性思维"。如今，"批判性思维"成了优秀的教师在优秀的学校里所教授内容的关键词。"批判性思维"被认为是更聪明学生的典型特征，无论他们是后天被教会的、还是天生就具有这种思考方式。确实，有些学生天生就是清晰的思考者，但如何对待其他学生，人们就不太清楚了。

人们期待批判性思维运动能够在20世纪的最后十年间蓬勃发展。期待有更多专门讨论这个话题的教科书，供大学本科生和预备教师使用；期待有更多的全国性和国际性会议，专门讨论批判性思维、论证、非形式逻辑以及合作式学习；期待有更多的批判性思维学位项目，更多面向在职教师的小型培训课程；期待有更多的哲学家和教育心理学家支持批判性思维成为一门学科，从而提高这门学科的学术性。其中一些已经发生了，另一些则没有。现在，关于思维及其教育意义的大型会议已经没那么多了。一些曾因研究批判性思维而著名的期刊，如今也在苦苦挣扎。至于大学里的学者，人们原本期待他们会对教育更加感兴趣，但很少有人再去深化批判性思维的理论框架。甚至连历史学者都不愿花时间去考察批判性思维运动的重要史料，可如果没有这方面的考察，就很难声称批判性思维是一门学科。

不过，这些黯淡的描述并不代表全部情况。出版商推出了越来越多有关批判性思维的教科书。教师被要求参加培训课程，而其中的批判性思维课程非常受欢迎。流行的教育类报纸和期刊,如教育领导(*Educational Leadership*),在20世纪70年代和80年代,投入了较多的篇幅用于关注教学与思维,虽然这一趋势在90年代有所回落,但现在大家又重新显示出对这个话题的兴趣,甚至重新显示出对结果的责任。在学校中,批判性思维在一定程度上被**制度化**了,不过这些迹象是很微弱的。考虑到大环境,也许我们只能希冀这些。这就是被认为成功的教育运动所遭遇的情况——它成了众所皆知的事情,但其效果相当不好。

对于绝大多数的小学生来说,批判性思维并未实现预期的效果。诚然,这是因为它之前做出了过多的承诺,以至于很多难以兑现。但更重要的是,批判性思维本身就存在一些不足之处,从一开始就预示了它的失败。

1. 批判性思维的方法本身很狭隘、很简陋。实际上,批判性思维需要更牢固地建立在非形式逻辑、形式逻辑、教育心理学、发展心理学和哲学的基础上,但在现实情况中,它很少做到这一点。

2. 尽管提供了针对批判性思维的若干指导,但对教师的培养工作仍然是不充分的。

3. 未能设计出一个创造性思维的板块(作为方法的一部分),来促进学生进行富于想象力的思考以及关于想象力的思考。

4. 同样,未能认真地建构一个关于价值的板块,供学生一起自由地讨论不同类型的价值以及把握价值的方式。

5. 很少有针对判断力的教学,也几乎没有关于"判断力教学"的明确定义。这大概因为教育工作者不认为判断力是一项重要的教育目标,或是觉得判断力是无法教授的。

6. 这场运动中的大多数教学法是不恰当的。唯一完全恰当的教学法是"探究共同体方法",而真正能够运用这种方法的教师少之又少。

7. 人们没有将思维的各个维度(批判性、创造性和关怀性维度)连接成一个概念性和发展性的整体。批判性思维被当成一个孤立的片段来改进整个教育。

《教育中的思维：培养有智慧的儿童》第二版保留了第一版的许多内容，也增加了新的内容，其中第三部分和第四部分几乎是全新的，这些新的部分提供了一种比批判性思维更加全面的教育观。本书将情感、关怀性思维、心灵行为和非形式谬误等一些新的元素引入了基础教育中，我将试图把这些新的元素和旧的元素融合起来，形成一个综合的发展序列，从而显示出我们要走的方向。我希望这样的教育能够起到充实、启迪、解放的作用，培养理解能力，提升判断和推理的能力，使人们意识到探究对于拓展人性的重要意义。幸运的是，现在已经有一些教育方法确凿地表明这些目标是可行的。

第一部分

思 维 教 育

第一章 教育实践的反思模式

在众多私人的和公共的社会机构中,有三种关键的机构形态:家庭,政府,学校。其中,家庭代表着制度化的私人价值,政府代表着制度化的公共价值,学校则是这两者的融合。学校结合了私人利益和公共利益,其重要性不亚于纯粹私人或纯粹公共的机构。在某些方面,学校才是最重要的机构,因为一代又一代的人通过学校去筹划未来。然而,三种机构在实践上的、政策上的冲突比比皆是,因为每个家庭、每个政府都想按照自己的意愿来塑造后代,但社会的各种变化(发展、倒退、偏移等)不断阻碍着这些愿望。

学校是一个"战场",相较于其他社会机构,学校才是未来社会的缔造者。因此,很多社会群体或社会集团都渴望控制学校,以满足自己的目的。这一点没有被大众认识到,一般观点会认为学校反映着时代公认的价值,他们不会挑战这些价值,也不会倡议其他的价值。许多家长对于由学校引发社会变革的想法感到恐惧,因为他们担心学校将受制于某个只顾推行自己意志的社会集团。

学校要体现对公平的追求,要代表着所有人、而非少数社会集团的意愿,只有这样才能够确保学校在社会中的正当性。但是,在这种情况下,学校往往又容易变得保守、僵化。

事实上,当下的学校就是这副样子。至于培养未来教师的师范院校,它们大概不认为自己是在向学区供给专业人才。学区规定了教材和教学方式,而且几乎不会雇用那些非常有想法的教师,因为他们会以不同的方式讲授不同的课本。尽管有很多教授都对当前培养教师的方法表示担忧,但师范院校仍然会以"如果用其他方法培养教师,会对他们造成伤害"这一理由来抵制变革。不止师范院校这么做,学区也为自己开脱,理由是教材和考试的出版商让它们别无选择;出版商则指出,自己受制于教育部门的监管,同时又立足于师范院校的研究。于是,每个环节都认为自己毫无空间、无力变革。因此,就实践上的一切目的而言,来自外部的批评等于白费口舌。考试、教材、职权等方面的理由——简而言之,经济上和行政上的理由——已经锁住了这个系统,它就像一艘被卡住舵的船,只能原地打转。

　　这些只是部分的考量,实际情况比其表象更为复杂。把家庭成员紧密结合在一起的纽带是亲缘关系、繁衍需求、经济分工等方面的相互依赖。政府的运行则主要依赖于共识,在共识的名义下,几乎一切军事政策或经济政策都可以是正当的(法院会有部分情况例外,因为还必须考虑到合宪性和先例,但法院所遵循的法律也是基于共识的)。而学校则需要诉诸一个非常不同的标准,那就是**合理性**(rationality)。

作为组织原则的合理性

　　当然,合理性有很多种。有一种是"手段—目的"合理性,如公司将利润视为最终目的,把各项决策作为利润最大化的手段。另一种合理性涉及到权威的分配,往往体现在各种等级组织中,如军队、教会和政府。当然,也可以认为它们兼有以上两种。例如,军队是等级制组织,同时又时刻准备战胜敌人。学校也是如此,它是科层制机构,有着合理的权威分配,同时又旨在教书育人——培养学识渊博、通情达理之人。

理性(reasonableness)不完全等于合理性,它是经由判断力调节的合理性。学校和法院一样都服从合理性的约束,但一个民主的社会最需要的是理性的公民。那么,怎样培养理性之人呢?[1]

诚然,学校本身必须被合理地组织起来,以便向教育部门表明其组织和流程的正当性。学校的运作是为了满足其所服务对象的利益(这一点和企业有所不同,企业的运作是为了满足企业拥有者或管理者的利益)。学校必须以理性的方式来对待学生,努力把他们培养成更加理性之人。这意味着学校教育的各个方面必须在原则上是合理的。无论是要选择某套课程、教材、考试,还是决定采用哪种教学方法,必然是因为这些选择有更充分的理由。总而言之,其根本理由就是——在理性环境中长大的孩子比在非理性环境中长大的孩子更有可能成为理性之人。非理性的环境中更可能培养出非理性的人,这些人以后也会以非理性的方式抚养自己的孩子。只有当学校变得更加理性,才会有更多理性的家长、公民和价值观。

能否在不进行思维教育的情况下培养理性之人?这就是康德所思考的问题。他真诚地希望人们独立思考,并希望从娃娃抓起。但是,康德心目中的独立思考并不是我们今天所倡导的全面探究,而是每一个个体自觉地服从那些普遍化的原则。[2] 因此,康德所认为的理性与苏格拉底、亚里士多德、洛克或杜威所认为的理性是截然不同的。

---

1 在此提请读者注意 reasonableness 与 rationality 之间的区别,前者译为"理性",其对应的形容词 reasonable 译为"理性的",因为本书中作者在使用"理性"时,不仅强调计算、演绎这种狭窄意义的理性思维,还强调涉及关怀、情感方面的思维,因此,译文中有些地方也会使用"通情达理"一词。rationality 一词译为"合理性",其对应的形容词 rational 译为"合理的"。从本书的论述中不难推断,合理性强调对于客观原则或普遍规则的遵循,而理性则在合理性的基础上加入了个人的判断。——译者注
2 在 1784 年的论文《什么是启蒙?》(*What Is Enlightenment?*)中,康德一开始就有力地阐述了下述社会的必要性——在这个社会中,每个人都独立思考,而不是由管理者替自己思考。但随着论文的展开,康德显然没有把握到民主制度中自我批评的必要性。他后来的《道德形而上学基础》(*Foundations of the Metaphysic of Morals*)延续并系统化了这个思路。

缺少思维的学校教育

人们常常会讨论这个事实,儿童刚进幼儿园时是活泼好奇、想象丰富、渴望探究的,并在一段时间内保持着这些品质。但在上小学后,这些美好的品质就逐渐消失了,他们开始变得消极被动。对许多孩子来说,学校的社会维度(与同龄人在一起)令他们喜爱,但学校的教育维度则是可怕的折磨。

在上学之前的五、六年间,儿童都是在家里度过的,他们的智力发展并未因此受到影响。所以,儿童好奇心和想象力的消泯不应该被归咎于家庭背景,而可能是学校教育造成的。即便有些家庭或托儿所的氛围不友好,但儿童的智力依然活跃、敏锐;而教室的氛围很稳定融洽,儿童的智力却变得迟钝。这一点该如何解释呢?

一个值得考虑的解释是,牙牙学语的幼童比身处异国文化的移民要面临更加神秘、更加难以捉摸的情形。移民仍然可以使用母语,幼童则完全没有掌握语言。儿童的世界充满了疑问,这个世界中的各种事情都会引起他们的探究、反思、提问,既激发他们的惊异与行动,也指引他们进行思考。对于儿童来说,在所有令人困惑的事情当中,最费解的莫过于在自己的家庭中,会有一些要求家庭成员都要遵守的并且强制儿童必须遵守的规则制度。儿童觉得这个世界是不同寻常的,其中的秘密引人深思,这刺激儿童言语和思想的发展。当儿童习得言语后,他们会更充分地融入家庭的生活和实践,这又进一步推动了其言语和思想的发展。

家庭环境包含了很多有待学习和体验的东西,不断挑战着年幼的孩子。儿童期待学校会是另一个家,一个能持续激发思想和言语的环境。但是,上了小学之后,他们会发现学校是一个秩序井然的环境,严格稳定的时间表取代了变动不居的事件流;统一的、脱离情境的、缺乏神秘感的语言取代了那些在整体情境中才能得到解释的句子;稳定有序的学校环境取代了天然神秘的家庭环境,一切都是规规矩矩、明明白白的。这样的环境无法让他们打起精神,白白消耗了儿童们的主动性、创造力和思维力。学校耗费了他们的精力,却没有给他们什么回报。孩子们很快就察觉到,学校教育不会激发自己的精神和理智,只会令他们感到厌烦。简而言之,不同于家庭环境,学校教育几乎没有提供刺激物来推动思考,他们的学习兴趣也就逐渐消泯了。

对于那些勤劳努力的专业教师来说,这些话可能很刺耳,但这些话不是想指责他们。教师只是基于自己所受到的训练去做的,而且基本上都做得很好,但很有可能他们所接受的训练本身就是有问题的。尽管这些训练往往被当成是理所当然的,一般也不会遭到质疑,很少会被重新评估。

事实上,许多教师现在已经意识到,一味地坚持秩序和纪律会让人感到窒息,会破坏他们最想培养和保护的儿童自发性。一张一弛(比如一段时间的书面练习搭配一段时间的自由游戏)并非解决之道,而是要发现一些既强调秩序又鼓励创造的做法,比如让孩子们编故事并讲述给同学。正如约翰·杜威所言:"培养反思习惯的**方法**在于确立那些唤醒和引导**好奇心**的**条件**,也就是说,在经验到的事物当中设立一些联系,这些联系之后会让人产生**丰富的联想**并创造出有利于思想**持续**流动的问题和目的。"[1] 一门课程如果不利于思想的持续流动,就不适合那些正在形成"序列"意识的儿童。儿

---

[1] *How We Think* (New York: Heath, 1933), pp. 56–7. 杜威最重要的教育学著作是《儿童与课程》(*The Child and the Curriculum* (Chicago: University of Chicago Press, 1902))、《民主与教育》(*Democracy and Education* (New York: Macmillan, 1916))和《经验与教育》(*Experience and Education* (New York: Macmillan, 1938))。不过,他在一些没那么知名的地方也有过重要的论述,例如他对同时代的先锋教育的批判,参见 Joseph Ratner (ed.), *Intelligence in the Modern World: John Dewey's Philosophy* (New York: Random House, 1939), pp. 616–26.

童能够敏锐地感知到正在发生的事情，但不一定能够敏锐地理解事件的序列，更别说事件本身的发展轨迹了。正因如此，儿童需要叙事的、而非资料汇编类的课本，让事件的发展轨迹（包括一些反复出现的主题及其变化）持续呈现在他们眼前。儿童所需的范例既要体现合理性，又要能够反映他们的成长，比起成年人的事情，同龄人所组成的群体以及课堂上所发生的事情或许更适合作为范例。

常规的学校实践与批判的学校实践

学校中的实践可以分为两类："常规的"（normal）实践和"批判的"（critical）实践。首先得指出，这里的"实践"（practice）指的是那些讲求方法的（methodical）活动。**"讲求方法的"**一词突出强调了实践不是随机的、无序的，固然它也可以被描述成约定俗成的、习以为常的、合乎传统的、不经反思的。一般来说，人们会相信自己的实践，就像相信自己的观点一样，但对别人的观点就没有这种感觉。**"实践之于行动，正如信念之于想法"**，这并不是夸张的说法。信念就是人们所确信的那些想法，它们一般不会受到质疑；实践是人们讲求方法、抱着确定的信念去实施的行动，尽管并非都具有探究性或反思性。

人们常常认为不经反思的实践是非理性的，甚至是危险的，其实不一定如此。不经反思的实践，就像在特定文化中的习俗和传统一样，只要背景不改变，就可能继续发挥作用。而且，即使背景发生了变化（哪怕是剧烈的变化），也可能如涂尔干所说，社会的凝聚仍然需要依靠这些习俗和传统。[1]

1　Emile Durkheim, *The Division of Labor in Society* (New York: Macmillan, 1933).

合乎传统的实践不一定会成功，不过还是可以继续，可能是因为不存在替代性的实践，或是某些替代性实践让人们感到难以接受，故而不被考虑。在教育领域中，人们常常说要对实践进行审查，但大都只是表面上的功夫，实践者却误以为得到了支持，他们认为自己做到了"未经省察的实践不值得去做"，实际上只是"做过的实践不值得省察"。

一般认为，如果一个社会斥巨资去研究某些实践模式，肯定是致力于改进它们，然而事实并不一定如此。许多教育研究只是为了证明或巩固现有的教育实践，还有很多教育研究即便不以此为目的，也会产生这样的效果。[1] 反之亦然，一些不试图改进教育实践的教育研究只会强化现有的教育实践，而许多意在改进教育的研究，最终却只起到了微不足道的作用，这些都十分常见。

尽管教师能够在相当广阔的范围内决定自己的教学行为，但他们的教学实践仍然受制于制度和传统。教师确实能够自主决定一些事情，并为此感到自豪，但他们所能决定的往往只是处在常规学校实践边缘的创造性活动，不足以给教师的行为带来重大改变。这也就是凡勃仑（Veblen）所说的"训练有素的无能"（trained incapacity）：教师无法重构师范学校强加给自己的角色。[2] 更重要的原因在于，教师队伍并非真正地团结，他们分散在各自的课堂之中，尽管个别教师的创新可能得到校长的赞扬乃至接纳，但大部分人都对这种创新活动并不抱希望，想当然地认为它们是无法推广的。因此，不要指望教师个人的创新活动能够变革常规的学校实践。

教师在课程创新方面的作用就这样被忽视了，他们对此感到不满，也认

1　Donald Schön, *The Reflective Practitioner* (New York: Basic, 1983).
2　参见 Thorstein Veblen, *The Higher Learning in America* (New York: Sagamore, 1957).

识到教材出版商和采购部门在这一过程中拥有很大的权力。尽管教材出版商在组织新教材时也会考虑到师资情况以及教师的经验,不过他们只找了那些最能代表常规学校实践的教师,结果就是教材往往由那些对实践掌握有限的教授、或是对理论掌握有限的教师、或是一群专职作者来编写,这样做的结果就是强化了常规的学校实践[1](考试的制定和出版也遵循相同的模式)。

要想把常规的实践转变为批判的实践,就需要对实践进行反思,具体包括以下四个步骤:(1) 对同事的实践进行批评,(2) 自我批评,(3) 纠正他人的实践,(4) 自我纠正。完成的步骤越多,常规的学校实践就越能转变为批判的学校实践。要对实践进行反思,需要人们对当前所遵行的假定与标准进行厘清,探讨这些原则和主流实践之间的一致性。在厘清的同时,还要对当前的假定和标准发起挑战,不只对变革提出设想,还要积极地实施相应的变革。因为对实践的反思构成了对实践的探究,而有效的探究包含着恰当的干预。

作为学校中的实践者,你需要在以下情形中进行批判性思考(排序不分先后):

- 阅读或评议同事的著作。
- 作为某个委员会的成员,对同事的提议加以判断。
- 有人提出申诉,或必须对此采取行动。
- 学生质疑课程的评分标准、教学材料或教学方法。
- 撰写或评议拨款提案。
- 对学校内的冲突(如学生与行政部门、行政部门与教学部门、教学部

---

[1] 托马斯·库恩[Thomas Kuhn]犀利地分析了科学教育如何对文本进行构建和使用。参见 *The Essential Tension* (Chicago: University of Chicago Press, 1977), pp. 228–39.

门与学生之间的冲突)加以判断。
- 对自己实际的职业表现和期望的职业表现进行比较,或是对自己实际身处的学校/职业和期望身处的学校/职业进行比较。
- 察觉到自己或别人的偏见或成见。
- 针对令人不满意的既定做法,搜寻替代方案。
- 发现别人认为没问题的事情其实存在问题。
- 通过实践来评价理论,又通过理论来评价实践。
- 承认自己的职业表现对别人的影响。

显然,这份清单可以继续列下去。通过对这些情境的思考,我们可以感受到批判性的思考必然是自我纠正的思考,它必须基于一定的理由,即使有时候这种自我纠正的尝试是不成功的。

重构教育实践

与常规的学校实践和批判的学校实践相对应,我假定有两种截然不同的教育实践范式——一般性范式和反思性范式。一般性教育范式的基本假定是:

1. 教育指的是将知识从知道的人传递给不知道的人。
2. 知识是关于世界的,关于世界的知识是明确的,既不含糊也不神秘。
3. 知识分布于互不重叠的各个学科,加在一起就构成了已知世界的全部。
4. 教师在教育过程中扮演着权威的角色,因为只有教师知道了,学生才能学到教师知道的东西。
5. 学生通过吸收信息(关于各种细节的资料)来获得知识;受过教育的

人就是储备了大量信息的人。

与此相反,反思性教育范式的基本假定是:

1. 接受教育就是参与由教师引导的探究共同体,从而形成理解并做出良好的判断。

2. 一旦关于世界的知识表现为含糊的、神秘的,学生对世界的思考就会被激发出来。

3. 从事探究的学科既不彼此隔绝,也没有穷尽一切,它们与探究对象之间的关系充满了疑问和不确定性。

4. 教师抱着试错的、而非权威的姿态,愿意承认错误。

5. 期待学生成为善于思考和反思的人,越来越通情达理、越来越具备判断力。

6. 教育过程的重点不在于获取信息,而在于探究对象内部以及对象之间的关系。

显而易见的是,反思性范式认为教育是探究,一般性范式则不然。因此,两者对于教育的条件和目标有着不同的看法,所要做的事情不一样,所采取的方式也不一样。例如,在一般性范式中,教师向学生提问;在反思性范式中,学生和教师相互提问。在一般性范式中,思考指的是学生学到了教师所教授的东西;在反思性范式中,思考指的是学生参与到探究共同体中进行探究。

以上对常规实践的一般性范式和批判实践的反思性范式进行了简要对比。现在,我将研究反思性范式的一些基本特征。在此我先给出粗略的概括,再用本书其余的篇幅去填补细节。我所使用的关键概念没那么精确严格,它们带有一定的模糊性,可能会引发争议,这些关键概念包括探究、共同体、合理性、判断、创造力、自主性等。这些"大概念"对于任何教育理论来说都是重要的,它们都带有传统哲学的意蕴,往往令人望而生畏。但我们最好直面它们,如果对它们避而不谈,我们将会陷入更大的困惑。

同时我要强调:诸如此类的概念、把它们联系起来的原则以及由它们衍生出来的意义,只是批判的实践中抽象的、理论的维度。批判的实践还有另一维度,即反思教育在课堂中的实际展开方式。仅关注实践维度而忽视理论维度,或是仅关注理论维度而忽略实践维度,都会使人陷入误区。

作为探究的教育

约翰·杜威深信,传统教育失败的一个根本原因在于犯了严重的范畴错误——混淆了探究成果和探究对象。前者是经过提炼、加工而获得的结果,后者则是未经处理的、原始的素材。就像科学家运用科学方法去探索那些引发疑问的情形一样,学生要想学会独立思考,也应该像科学家那样实际地进行探究,然而,他们却被要求去学习科学家所发现的最终成果。教师试图把解决问题的方案直接塞给学生,而不是让他们亲自去调查问题、参与探究。这种教学方式只关注产品,但忽略了过程。不让学生直面问题,他们就不会有兴趣或动力,所谓的"教育"也就变得虚伪、可笑。杜威坚信:课堂上应该发生的事情是思考——独立自主的、想象丰富的、机智灵活的思考,课堂教育的过程应该效法科学探究的过程。也正是在这一观点上,他的一些追随者和他分道扬镳了。

探究共同体

"探究共同体"这个词语由查尔斯·桑德斯·皮尔士(Charles Sanders Peirce)所创造,该词语一开始是用来描述从事科学探究的人,他们可以被视为一个共同体,因为他们都致力于运用类似的流程来追求相同的目标。[1]不过,这个词语后来被广泛地应用于描述其他类型的探究,无论是科学的还是非科学的。因此,我们现在可以说"**将课堂转变为一个探究共同体**",在这个共同体中,学生彼此尊重,互相倾听,相互发展对方的观点,要求对方为自己的观点给出理由(否则就得不到支持),帮助彼此从已知的事情中得出推论,并试图辨明各自的假定。探究共同体不受当下学科边界的约束,探究进行到哪里,探究共同体就延伸到哪里。一段试图遵循逻辑的对话就像一艘逆风航行的船那样曲折地前行,在这个过程中,对话的展开接近于思维本身的展开。参与者一旦内化了对话的过程,就会遵循这个**流程**来进行思考。这个过程如何展开,他们就如何思考。

对问题的敏感性

在一般的课堂问答中,往往由教师提问,让学生回答。可是在这个过程中,双方都没有感受到丝毫的疑惑与不解,也没有进行任何真正的思考,整个过程是机械的、刻意的。探究则截然不同,它起源于我们所遇到的不同的、异常的或无法视作理所当然的东西,这些东西吸引了我们的兴趣,要求我们进行反思和调查。如果希望在课堂上看到思考,那么课程就不能是明明白白、确定无疑的,因为这会麻痹思考。课程应该凸显探究对象中不确定的、有疑问的方面,以吸引学生的注意力,刺激他们形成探究共同体。

理性

科学试图成为合理性的典范。它对未来的事件做出预测,并建立法则

---

[1] C. S. Peirce, "The Fixation of Belief," in Justus Buchler (ed.), Philosophical Writings of Peirce (New York: Dover, 1955), pp. 5–22.

以对发生的事件加以解释。它甚至强调自己的道德功能,指出那些需要改变的地方并进行干预,从而让事情变得更好。但科学的这种精确性不是普遍适用的,在世界的许多方面,尤其是那些涉及人类行为的方面,就无法以科学的方式来处理或规划。很多时候,**近似**也是必要的,我们必须明白什么是适合的、恰当的,而不是期望人们的全部思想能够与事物的形态一一对应。我们需要达成一个公平的解决方案,尽管它不一定在每个细节上都正确;我们需要一个讲得通的结果,即使它并不完全合理。在道德纠纷中尤其如此,这些案例中的争议无法得到彻底解决,因此人们需要做出妥协,用折中的方式让每一方参与者都能保住名誉和尊严。教育诚然可以被视为合理性的实验场,但更现实的做法是将其作为一种境脉,让儿童在此通过学习而变得理性,从而成长为通情达理的公民、伙伴和父母。

关系和判断

判断是对关系的判断,人们要么通过发现关系来判断,要么通过发明关系来判断。想必很多读者都还记得,在许多论文类的考试中,都会用"比较和对比"这种词语来提出要求,从而引出判断。例如"比较和对比美国革命和法国革命的历史影响。""比较和对比皮亚杰和维果斯基的心理学理论。""比较和对比文艺复兴时期和巴洛克时期的绘画艺术风格。"在这些例子中,判断的标准显然是**相似**与**差异**,而相似与差异正如部分与整体、手段与目的、原因与结果等,都属于关系的范畴。每一种分类法都为经验性的存在物确立了形式上的关系,每一条法则或原则都与其对象之间存在着关系(更准确地说,存在着一组关系)。各个学科都包含信息,但单纯的信息并不重要,真正重要的是通过关系结构把信息组织起来的过程,这也就是人类的理解过程。

> **说　明**
>
> **判断**是指解决或确定先前未解决的、不确定的或有疑问的问题。**探究**和**判断**一般作为过程和结果而关联在一起。但也存在例外的情况,有些探究不以判断结束,有些判断也不是探究的结果。通常情况下,探究的结果体现了探究过程的价值:评估活动得出评估,描述活动得出描述,分析活动得出分析。至于**好的**判断,则是在判断活动中很好地融合了批判性与创造性。从长远来看,好的判断之所以是好的,是因为它们塑造着**未来的**经验,是人们可以用于生活的判断,是那种让未来的生活更加充实的判断。
>
> **关系**。思考是一个寻找或建立事物之间关联/区别的过程。世界是由复杂事物组成的(显然没有简单事物),如分子、椅子、人、观点;这些复杂事物与一些事物相关联,与另一些事物相区别,关联与区别统称为关系。复杂事物的意义在于它与其他复杂事物的关系,因此,每种关系在被发现或被发明的时候都构成一种意义,庞大的关系网络构成了庞大的意义体系。

在学科中思考

杜威认为探究过程的逻辑具有重大的教育意义,但赫斯特(Hirst)却有不同的观点。赫斯特认为,教育应该从科学中获取结果、而非过程。科学知识是合理性的典范,一切科学知识都是有条件的,都需要通过证据或理由来证明其合理性。应该教学生去追求这样的知识。知识作为探究过程的最终产物,本身就具有逻辑的结构,学生通过学习这些知识就可以掌握逻辑结构。因此,他们就不会在没有证据的情况下断言事实,不会在没有理由的情况下给出观点,不会在没有合适标准的情况下做出判断。[1]

然而,赫斯特承认,正如学习外语的学生必须学会用外语来思考(而不是先用母语思考,然后将母语机械地翻译成其他语言),接受博雅教育(liberal education)的人也必须学会用各个学科的语言来思考。光了解历史事件还不够,还必须能够按照历史的方式来思考。"我们希望学生尽早开始按照历史的、科学的或数学的方式来思考,按照某一相关学科的特定方式来思考。"[2] 这显然是赫斯特在"有效思考"的方向上所做的最大努力。1946年,哈佛委员会的报告《自由社会中的通识教育》[3](*General Education in a Free Society*)指出了通识教育的本质特征:有效思维的能力、交流思想的能力、做出相关判断的能力和甄别价值的能力。自此之后,赫斯特便不再强调"思考",转而诉诸"知识形式的公共特征"[4]。

交谈训练

在家庭生活中,幼儿往往觉得家人之间的交谈十分有趣,他们学会了"识别声音"和"区分适当的说话时机",从而逐渐掌握了这种持续对话的"技巧和配合"。到了接受正式教育的时候,正如迈克尔·奥克肖特(Michael Oakeshott)所言,我们再次"接触到这种交谈的技巧和配合,在交谈中学会识别声音,区分适当的说话时机……培养出适用于交谈的理智习惯与道德

---

1 Paul H. Hirst, "The Logical and Psychological Aspects of Teaching a Subject," in R. S. Peters (ed.), *The Concept of Education* (New York: Humanities Press, 1967), pp. 44-60.
2 同上, p. 45.
3 London: Oxford University Press, 1946.
4 Paul H. Hirst, "Liberal Education and the Nature of Knowledge," in R. F. Dearden, P. H. Hirst, and R. S. Peters (eds.), *Education and the Development of Reason* (London: Routledge and Kegan Paul, 1972), p. 397.

习惯。正是这种交谈最终规定了所有人的活动与言说"。[1] 另一方面，马丁·布伯(Martin Buber)推崇对话(dialogue)而非交谈(conversation)，他将对话区别于交谈、辩论、闲聊和情话。只有当参与者"确实在心中惦记着那个或那些当下的、特殊的他者，并意图与他者建立一种活生生的相互关系"时，[2] 真正的对话才会发生。理想情况下，师生关系具有这种面对面对话的特点。这种对话既体现于学徒制中，也体现于相互尊重的共同体中，对话贯穿于各种工作坊，使传统技能得以代代相传。尽管奥克肖特和布伯明显倾向于传统，但他们的教育观对1985年以来的教育改革产生了相当大的影响。

自主性

通常来说，反思性教育范式与一般教育范式的根本区别在于，前者强调培养学习者的自主性。自主思考者指的是那些能够"独立思考"的人，他们不会人云亦云，而是基于证据做出自己的判断，形成自己关于世界的理解，并对自我和世界提出自己的设想。遗憾的是，自主性经常让人联想到一种粗野的个人主义，人们怀有偏见地认为，独立的批判性思考者都是骄傲自大、自以为是的人，只会通过论证来标榜自己。实际上，反思性教育范式非常强调社会性，这种范式试图阐明共同体中那些导致摩擦的分歧，鼓励学习者提出支持观点的论证，进行深入的讨论活动，从而获得更宏观的理解，做出更客观的判断。

可能有些人认为，只要让人们接受好的判断，反思性教育范式的目的就

---

[1] "The Voice of Poetry in the Conversation of Mankind," *Rationalism in Politics* (New York: Basic, 1962), p.199.

[2] Martin Buber, *Between Man and Man* (London: Kegan Paul, 1947).

实现了。这种观点是错误的,颠倒了主次。判断本身并不是教育的最终目的,教育的目的是帮助人们做出更好的判断,进而能够更明智地去改善自己的生活。正如体验艺术作品不是为了对它们做出判断,恰恰相反,做出判断是为了获得更丰富的审美体验。道德判断本身也不是目的,而是提高生活质量的手段。

反思性思维

反思是个体提升思维水平的途径之一。每个人都懂得以下两者的区别:持有可靠的信念但不知道其背后的理由或依据,持有可靠的信念且知道支持它的理由或依据。后者更具有反思性,而且从长远来看,它是更卓越的思维形态。**反思性思维**会使个体意识到自身的假定和推论,发现支持结论的理由和证据,考量自己的方法、流程、视角和观点,并辨别那些导致偏见、成见和自欺的因素。反思性思维要求个体在**思考其对象的同时也思考其流程**。正如在立法机构中,人们讨论实质内容的同时,也会关注会议的流程。课堂中的审辨性探究也是如此,人们讨论实质内容的同时,也必须持续意识到探究方法的重要性。如果忽略了对流程、方法的思考,偏见和自欺就会在课堂辩论中频频出现,由此产生的交谈也仅仅局限于输出浅薄的见解,我们无法称之为审辨性的探究。

简单的思维形态要么只是依照流程,要么只是关注内容,做不到两者兼得。对逻辑或数学的思考——更准确地说,按照逻辑的要求去思考逻辑或按照数学的要求去思考数学——体现了单纯按流程或方法的思维。另一种简单的思维则只关注内容,而把流程完全视作理所当然。如果能够结合这两种简单的形态,就会形成反思性思维。这里所谓的反思性思维包括递归性思维(recursive thinking)、元认知性思维(metacognitive thinking)、自我纠正性思维(self-corrective thinking)，以及其他一切在考察内容的同时也对方法进行反思的思维形态。

　　思维的提升不仅需要发掘它的反思性，还需要发掘它的关怀性、批判性和创造性。但这就引发了一些问题：怎样才能产生这样的思维？怎样才能让教育更具有批判性、创造性、关怀性，让它能够评估自身的流程？为了实现这个目标，我建议把哲学加入中小学课程，从而强化学科内的和跨学科的思维。当然，这只是开始，后续还需要做更多的工作。这里需要强调的是，我所说的中小学阶段的哲学，并不是那些由大学开设的枯燥的、传统的学院哲学。

　　无疑有人会说，这剂"药方"听上去比"疾病"本身更糟糕。对于这种质疑，我们不禁要问，这些人最近是否探望过"病人"。诚然，如果学生学到的知识太少，学校就会受到指责。但更糟糕的是，学生对那一点儿知识的掌握都是未经批判的（就算经过反思，他们的反思也非常蹩脚），这样的学生无法成为健全社会所需要的有思想的公民，也无法成为有创造力和自尊心的个体。人们无疑有能力做出必要的改变，但人们是否有意愿这么做？这还很不清楚。但足够清楚的是，我们必须更彻底地重新审视现在正在做的事情，对实践的这种反思是改进实践的前提，得到改进的实践反过来又会推动进一步的反思。

第二章 思维教育的方法

走进批判性思维运动

在 20 世纪 80 年代的美国,教育不断受到很多权威人士的批评。

当然,这些声音并非来自抨击社会经济不公的左翼人士,而是批判现有机构的保守派。他们不同于通常的保守派,可以说,他们是教育原教旨主义者。他们抱怨美国人从教育系统中得到的服务很差,这个系统培养出来的人并没有获得什么真正的知识。因此他们认为,整个学校教育系统都处于危机之中。

教育界的基层人士(教师和行政人员)则团结起来,与批评者针锋相对。他们嘲笑那些列出受教育者必知项目的幼稚清单[小赫希(E. D. Hirsch)曾拟定过这样的清单],并引用大量的教育研究来为自己做的事情辩护。简而言之,他们认为自己的实践没什么问题,有问题的是实践的环境。

另一方面,学校也在为自己开脱:危机如果真的存在,那么问题也不在于学校,而在于整个社会。学校已经把正确的东西以正确的方式教给学生了,可学生就是不去学习。他们被电视、毒品、性、家庭纷争、同辈压力分散了注意力。教材编写者努力把一个庞大学科的要点都涵盖在一本书的篇幅内,教师则努力把这些要点传授给学生。许多教师遗憾地认为,在这个时代,有越来越多的干扰因素,这让知识显得无关紧要,教育不再因其本身而受到重视。今天,大多数学生似乎都觉得,教育的价值仅仅在于让自己获得几张证书,从而有资格进入就业市场。教育就像一次性纸杯——人们只在有需要的时候才去获取它,用完就扔掉。学生觉得自己在学校获得的知识与生活无关,只与那些考试有关。一旦通过考试,就会毫无遗憾地忘掉为考试所准备的知识,就像扔掉纸杯一样。

这就是许多教师在面对教育原教旨主义者的指责时所给出的辩护。原教旨主义者指责说:"你教得不好,因为你对自己的学科不够了解!你只知道师范学校那些可悲的课程教给你的东西!"教师提起胸脯,高傲地回答:"谢谢,我们对自己的科目了解得很清楚。可今天的我们和一百年前的拉丁文教师、希腊文教师面临着一样的处境,我们正在被时代所抛弃。在音乐短片的时代,谁还需要为了获得意义而阅读、按照语法规则来写作?连学生的父母都懒得投票了,罗马和希腊的历史在学生眼里怎么可能重要呢?迷失方向的不是我们,而是这个世界。"

学校的捍卫者和批评者都有一个基本假定:教育的目的是灌输知识。他们理所当然地认为,庞大的知识体系是客观存在的,这些知识可以经总结而传授给学生。教育原教旨主义者和教师都认为,教育的达成度与知识传授工作的质量有关,他们的争议点在于是什么原因导致知识传授这一工作做得不好。从某种意义上说,参与这场争论的人持有相似的假定,其实属于同一个教育传统。与此同时,在20世纪80年代,还有一些事情正在发生。

美国如何走到了今天这一步

在美国,从肯尼迪政府到卡特政府时期,国家教育研究所(National

Institute of Education)获得了大量的研究资金。但到了 20 世纪 80 年代初,资金的使用权限收紧了。该研究所的教学部门预感到一个时代即将落幕,希望趁着一切还不算晚,做出一些重要的事情。人们开始对占正统地位的皮亚杰思想感到不满,特别是维果斯基(Vygotsky)和布鲁纳(Bruner)的研究产生了令人振奋的影响,他们教育思想的关键是**思维**、**认知技能**和**元认知**。

美国国家教育研究所的全体成员曾在匹兹堡大学的学习研究和发展中心召开了一次会议,目标是"审视与学生的理解、推理、解题、学习等能力有关的教育实践和科学研究。会议把认知研究者、项目开发者和认知技能教师聚集在一起,彼此提供建议,讨论他们的理论、发现和建议"。[1] 出席会议的还有项目开发者、认知心理学家、教育心理学家以及相关领域的专家学者。对所有与会者来说,这都是一次具有开创性的、令人振奋的经历,人们希望它会开启一个新时代——思维在教育过程中起主导作用的时代。

这次会议确实开启了一个新时代,也结束了一个旧时代。越来越多的人开始谈论思维教育,起初许多人认为这只是知识教育的辅助手段,然而没过多久,就有一些人[比如劳伦·雷斯尼克(Lauren Resnick)]把思维当成教育事业的核心任务,尽管他们还是不愿意让知识扮演配角。

思维教育的理念确实在一些地方产生了影响,以《教育领导力》(*Educational Leadership*)期刊为例。该期刊面向教育管理者,具有强大的舆论影响力。其编辑部欢迎关于思维技能教学的文章,他们于 1984 年首次围绕着这一主题出版了一期杂志,[2] 之后还有数次,随后几乎所有的教育类

---

[1] Robert Glaser, preface to Judith W. Segal, Susan F. Chipman, and Robert Glaser (eds.), *Thinking and Learning Skills*, vol. 1 (Hillsdale, N. J.: Erlbaum, 1985), p. x.

[2] "Thinking Skills in the Curriculum," *Educational Leadership* 42: 1 (September 1984).

期刊都开始认可并欢迎这一教育主题。然而,很快就有教师和教授坚称自己一直以来都在从事思维教育,并认为对他们来说这不是什么新的要求。当然,也有一些教育工作者意识到问题不止于此,他们承认传统教育中确实包含着思维,但这种思维是有缺陷的、低质量的。我们需要的不单纯是思维教学,而是**批判性**思维教学。

批判性思维的一些新近起源

批判性思维到底是什么?似乎无人知道这个词的起源,也无人在意这个问题。有些人猜测,它与马克斯·布莱克(Max Black)于1952年出版的教材《批判性思维》(*Critical Thinking*)有关,[1] 这本书体现了一位逻辑学家为了让逻辑学更容易被学生接受而做出的努力。还有人猜测,它与苏珊·斯泰宾(Susan Stebbing)(一位同样受人尊敬的英国逻辑学家)的《思考的目的》(*Thinking to Some Purpose*)有关,这本书试图展现逻辑思维的实用价值。[2]

同时期,门罗·比尔兹利(Monroe Beardsley)的《实用逻辑》(*Practical Logic*)或许起到了更大的推动作用。[3] 比尔兹利是一位对文学价值非常敏锐的哲学家,他同时也对弗雷格(Frege)和维特根斯坦(Wittgenstein)基于语言的逻辑学方法颇感兴趣,他还担任过英语教师。所以毫不意外,比尔兹利的书巧妙地融合了逻辑、语法、修辞和写作,对教育产生了广泛的影响。当然,这也是意料之中的事情,毕竟他十分推崇杜威的工作。当时的逻辑练

---

1   2d ed., Englewood Cliffs, N. J.: Prentice-Hall, 1952. 同样值得一提的是一本更早的里程碑式的著作: Edward Glaser's *Experiment in the Development of Critical Thinking* (New York: Columbia University Press, 1941).
2   Harmondsworth: Penguin, 1939.
3   Englewood Cliffs, N. J.: Prentice-Hall, 1950.

习和示例都陈腐老旧，让学生感到沉闷、厌烦，比尔兹利则带来了一股新鲜空气，通过新颖生动的练习让逻辑训练成了有趣的挑战。比尔兹利的工作关注到了学生的兴趣、语言以及他们所生活的世界。

很多逻辑学教材的作者往往过分关注命题的真假，并对真值表很着迷，可在许多学生看来，真值表有时非常反直觉。相较于命题的真假，比尔兹利更关注意义（毕竟他潜心于美学的问题）。出于这个原因，他相当重视以意义为导向的翻译，而非仅仅关注以真值为导向的推论（可以这么说：演绎推理的结论保留了前提的**真值**，好的翻译则保留了原文的**意义**）。比尔兹利所强调的翻译技能和流程非常重要，尤其对于那些试图改进阅读理解的人很有帮助，因为阅读要求把作者的思想和语言翻译成读者自己的思想和语言。

比尔兹利和布莱克为发展批判性思维作出了重要贡献，但他们还不是美国最早主张批判性思维的人。这一荣誉应该属于乔西亚·罗伊斯（Josiah Royce），一位杰出的哲学家，他早先是唯心主义者，晚年则是实用主义者。罗伊斯的《学生作文的逻辑分析入门》（*Primer of Logical Analysis for the Use of Composition Students*）于1881年出版，它对形式逻辑的把握令人欣赏，但练习很枯燥，对学生作文几乎没有什么帮助，因此也没有激起任何水花。然而，跟批判性思维领域的大多数人一样，罗伊斯有着强烈的社会责任感，他想表明逻辑学对教育是有用处的。在这一点上，他借鉴了德国逻辑学家西格瓦特（Sigwart）和英国逻辑学家韦恩（Venn）的早期成果（后者发明了著名的韦恩图）。此外，罗伊斯关于共同体的哲学思考（部分源自柏拉图和黑格尔，部分源自皮尔士）对教育也有着强大的影响。在罗伊斯看来，共同体是诠释的共同体，是分享意义、创造意义的共同体。正如在皮尔士看来，共同体是探究共同体，甚至把逻辑本身也当成社会性的事业。一个世代之后，米德继承了这些有关社会起源和社会责任的思想，并将它们融汇成一个关于沟通和自我的共同体理论。米德的社会行为主义影响着批判性思维运动和非形式逻辑运动,使人们认识到儿童的社会性冲动是儿童接受教育、变得理性的最有力动机。[1]

杜威和杜威主义者

在19世纪70年代,杜威跟随皮尔士在约翰·霍普金斯大学学习。皮尔士发明的"实用主义"概念一直指导着杜威的哲学研究(直到20世纪中叶)。皮尔士是一个富有创造力的人,他一直都在创造,以至于没有时间去构建一个体系或者去阐明自己思想的实用价值(尽管他强调自己思想的意义恰恰在于其实用价值)。杜威从皮尔士那里学到的不是一种学说,而是一种方法,他把这种方法运用于科学、艺术、逻辑、教育以及其他许多知识领域。

杜威很早就开始对教育感兴趣,始于19世纪的80—90年代。哲学史家往往喜欢大谈特谈杜威最初对黑格尔的信奉,但杜威的早期专著表明,莱布尼茨和达尔文等人的作品给了他极大的启发。在19世纪中期的教育领域,古典学日趋衰落,科学极力要求在课程中占据一席之地。对杜威来说,这意味着灵活的、适应性强的探究方法战胜了对于古典人文主义的敬仰(这种敬仰虽然得到过改进,可还是很僵化)。此后,他一直坚持将科学作为"理智的方法",坚持将科学探究等同于一般的探究,坚信探究的路线是重建教育的理想方式。杜威认为,除非学生被引向探究,继而参与到一个探究型的社会(该社会也将探究当作解决问题的首要方法)中,否则社会不可能完全文明,学校也不可能完全令人满意。

1　*Mind, Self and Society* (Chicago: University of Chicago Press, 1934).

杜威也是一位心理学家,在谈及教育事务时,他总是将基于心理学的教育方法和基于哲学的教育方法巧妙地融合在一起。1903年首次出版的《我们怎样思维》(*How We Think*)最直接地呈现了杜威的心理学方法。在这本书中,他回溯了科学探究的历史,认识到**对日常问题的解决**是科学探究的源头。杜威表明:当古人受到阻碍时,他们能够演化出一种解决问题的算法,这是从成功运用这种算法的过往经历中提炼出来的。在遇到困难时,古人会意识到自己之前一直视为理所当然的事物或信以为真的信念都不是完全可靠的。因此,他们需要去定义问题,将愿望转化为预期的结果,构造能够实现预期目标的假设,设想基于这些假设的行动可能导致的后果,然后实验它们,直到解决问题,从而清除阻碍,确立新的信念。这种解决问题的算法来源于**对人们日常行为的描述**,当它与科学探究相结合时,便获得了**规范性**,从而不知不觉地使我们**从实然走向了应然**。难怪当代认知心理学家在寻求解决问题的范式时会欣然接受杜威的模型,就像中世纪基督教欣然接受亚里士多德的自然主义哲学一样!

在《我们怎样思维》这本书中,杜威区分了"常规思维"和"反思性思维",后者指的是意识到自身的原因和结果的思维。一旦了解观念产生的原因(思考它们的条件),个体就能够使自己摆脱理智上的狭隘,获得在不同的选项中进行选择和行动的能力,从而使理智得到解放。一旦个体了解观念造成的结果,就了解了观念的意义,因为正如杜威所坚信的那样,观念的意义在于它们所能够产生的实际影响,即它们对人们的实践、对世界产生的作用。杜威对反思性思维的强调预示了20世纪批判性思维的产生。

十多年后,杜威的教育名著《民主与教育》(*Democracy and Education*)问世了。该书继续倡导要按照科学探究的模式来组织教育活动,并且强调教育中的思维。该书提出,如果想实现一种值得拥有的民主,就必须教孩子们进行独立思考,善于思考的个人与强调探究的社会是同样重要的。杜威已经开始意识到民主和探究并非天然的盟友,尽管人们可以努力让它们相容。

杜威对于民主和教育之间关系的看法很有说服力,他认为民主和科学并非天然的盟友,而共同体可以作为结合科学方法和民主实践的中间环节。但是,杜威的方法中潜藏着一个问题,这个问题直到很久以后才显现出来。这个问题就是:思维和科学也不是天然的盟友。这两者之间的差异在《我们怎样思维》中被掩盖了。如果回溯到柏拉图那里,优秀的思维等于哲学思维,而哲学和科学是无法相互还原的两项独立事业。因此,如果优秀的思维要成为课堂的首要目标,那么它是沿着科学探究的路线,还是沿着哲学探究的路线?

杜威从未处理过这个问题。无疑,杜威是爱哲学的,但他很少探讨哲学到底是什么,最多不过是写过一篇论文或随口说过哲学是"教育的一般理论"。一些受到杜威观点启发的人认为,学校中的哲学是改善学生思维的途径。但是很多人,包括很多杜威主义者,都拒绝了这种方法,转而采用了其他的途径。

在这些尝试中,最不顺利的是"进步主义教育"(progressive education),它发轫于20世纪20年代,在之后的十年内让杜威非常失望,所以他写了《经验与教育》(*Experience and Education*)一书来谴责它。另一个忠实于杜威思想的尝试是20世纪50年代的"反思性教育"运动,由欧内斯特·贝尔斯(Ernest Bayles)、戈登·赫尔菲什(H. Gordon Hullfish)、劳伦斯·梅特卡夫(Lawrence Metcalf)等人领导。从某种角度来说,这是一场失败的运动,因为它并没有提供能将教师的思考传递给学生的课程。但从另一种角度来说,我们也可以认为它成功了,因为一些师范院校采用了这种方法,并宣称自己正在从事"批判性思维教育",它们开始关注反思型教师的培养,尽管忽略了思维过程是否被他们的学生所内化。一个典型的例子是教育家路易斯·拉斯(Louis Raths),他试图把杜威提出的解决问题的算法用作"思维教育"的模式(这也不是没道理的)。[1] 对杜威和拉斯来说,这种方法有助于区分价值的优劣。但是,当拉斯由于健康原因而无法继续工作时,他的接替者将其方法转变为"价值澄清"(values clarification),后者认为没有任何价值优于或劣于其他价值。故而,最初的批判性思维模式没过多久就变成了一种非批判性思维模式。

另一个很重要的贡献来自奥萨内尔·史密斯(B. Othanel Smith)和罗伯特·恩尼斯(Robert Ennis),他们的《教育的语言和概念》(*Language and Concepts of Education*),[2] 加上伊斯雷尔·谢夫勒(Israel Scheffler)的《教育的语言》(*The Language of Education*),[3] 较早地考察了美国教育中的语言与逻辑。1963 年,恩尼斯在《哈佛教育评论》(*Harvard Educational Review*)上发表了《批判性思维的定义》("A Definition of Critical Thinking"),[4] 这篇文章对于正在发展的"思维教育"运动产生了深远影响。恩尼斯有很强的逻辑学背景[他的《写给教师的逻辑学》(*Logic for Teachers*)[5]是一本优秀的逻辑学著作],他一直在完善自己对批判性思维的定义,为批判性思维赋予了逻辑的力量和教育的意义。他把"批判性思维"定义为"理性的、合理的思维,帮助人们决定要相信什么、做什么"。这个提法至今仍然比其他任何提法都更受欢迎,尤其对哲学家以外的人来说,似乎

---

1. Louis E. Raths, Selma Wassermann, Arthur Jones, and Arnold Rothstein, *Teaching for Thinking* (1967), 2d ed. (New York: Teachers College Press, 1986).
2. Chicago: Rand McNally, 1961.
3. Springfield, Ill.: C. C. Thomas, 1978.
4. 32: 1 (1962), 81–111.
5. Englewood Cliffs, N. J.: Prentice-Hall, 1969.

一针见血。

在探讨杜威对批判性思维运动的独特贡献时,不能局限于他关于反思性思维的思想。不要忘了杜威在《经验与自然》(*Experience and Nature*)[1]中论证了哲学可以被构想为批评[这一构想在比尔兹利于1958年出版的《美学:批评哲学中的问题》(*Aesthetics: Problems in the Philosophy of Criticism*)中得到了沿用]。杜威把哲学定位成一种特殊的、非科学的认知形式,认为它作为一种独特的探究形式而关注对价值的判断,所以是对判断的判断,"对批评的批评"(第398页)。那些认为批判性思维和哲学之间没什么关联的人,最好重读一下刚才那本书(也是杜威在形而上学领域的主要著作)的最后一章。

分析技能和认知目标

与此同时,英国人试图发展出一种关于教育的分析哲学,但他们肯定没有看到这一想法与美国的批判性思维之间的关联,也没有意识到自己的哲学工作会具有怎样的实际影响。直到1988年,英国才出现第一本关于批判性思维的著作,是由亚历克·费舍尔(Alec Fisher)编辑的《批判性思维:第一届英国非形式逻辑和批判性思维会议记录》(*Critical Thinking: Proceedings of the First British Conference on Informal Logic and Critical Thinking*)。[2]

不过,伦敦大学于1965年初举办了一系列公开讲座,这些讲座致力于研究教学与学习中的概念与逻辑,主讲人都是对教育过程进行哲学反思的代表人物:彼得斯(R. S. Peters)、哈姆林(D. W. Hamlyn)、吉尔伯特·赖

---

[1] 2d ed., La Salle, Ill.: Open Court, 1929.
[2] Norwich: University of East Anglia, 1988.

尔(Gilbert Ryle)和迈克尔·奥克肖特(Michael Oakeshott)。两年后,彼得斯编辑了一本名为"教育的概念"的文集(*The Concept of Education*),[1]上述演讲是这本文集的核心内容,此外还包括保罗·赫斯特(Paul Hirst)、迪尔登(R. F. Dearden)、美国的伊斯雷尔·谢夫勒和马克斯·布莱克、澳大利亚的约翰·帕斯莫尔(John Passmore)等人的文章。帕斯莫尔的文章《指向批判性的教学》("On Teaching to Be Critical")是这本文集的最后一篇文章,但这篇文章首先认识到了需要把其他文章中的理论话语变成可操作的步骤。这篇文章有效地处理了认知技能的问题,以及更加有效地处理了批判性思考者需要拥有或培养的倾向,该文至今仍是批判性思维理论的一个光辉典范。

提到认知技能,就会想到批判性思维的学术运动中还有一个重要的组成部分。在20世纪50年代,课堂上的"行为目标"主导着教育的研讨和实践。在芝加哥大学,本杰明·布鲁姆(Benjamin Bloom)和他的同事自问:"认知的目标是什么?""实现这些目标需要哪些技能?"为此,布鲁姆等人编辑了《教育目标的分类(第1卷):认知领域》(*Taxonomy of Educational Objectives*, vol. 1: *Cognitive Domain*)[2],这被很多人认为是20世纪后半叶最有分量的教育著作。尽管此书明显缺失逻辑推理方面的目标,但很多观点直到今天依然有用。其最有影响力之处是它提出的等级结构——单纯的记忆(针对惰性知识)位于最底层,理解、分析、综合依次向上,评价位于金字塔的顶端。这是走向批判性思维的一个里程碑。知识的地位下降了,评价性思维的地位上升了,这很可能也是布鲁姆及其同事的初衷。虽然有人会挑剔这个等级结构的细节[尼尔森·古德曼(Nelson Goodman)后来认

1　New York: Humanities Press, 1967.
2　New York: McKay, 1956.

为,评价是一个发展性的、工具性的过程,而不是一个总结性的过程],[1]但重要的是,人们比以前更清楚地看到了如何把批判性思维当作教育系统的一个主要目标。

可是天有不测风云,教育领域尤其如此。布鲁姆的遭遇正如半个世纪前杜威的遭遇。在当时,面对着新兴的进步主义教育,杜威发现,当自己的思想进入了某个教育语境,而这个语境又没有做好迎接它们的准备时,自己的思想就会被解释得面目全非,完全背离了自己原本的意图。同样地,布鲁姆的思想进入了皮亚杰主义所主导的语境。皮亚杰主义主导着20世纪30年代至70年代的儿童心理学。在其一生的大部分时间内(晚年有所松动),皮亚杰都坚持认为幼儿的心灵是"具体的"——依靠感觉与情感,儿童无法掌握抽象概念,只会歪曲和误解它们。接受教育,就是花时间去摆脱幼稚的思维方式并默默接受真理,这也就是成年人理解事物的方式。可能要到中学后期甚至大学阶段,学生才能够真正把握到观念。

进入皮亚杰统治的教育领域之后,布鲁姆的概念获得了一种解释,这让它们与皮亚杰的思想完美地融合在一起:布鲁姆的等级结构被理解成一种皮亚杰式的发展阶段理论。儿童早年的具体思考过程只允许他们进行记忆的任务,但他们可以一个阶段一个阶段地上升,最后抵达成人水平,也就是整个过程的顶峰——评价阶段。

这种解释妨碍了面向儿童的批判性思维教育。根据这种"纵向发展"的解释,幼儿没有能力监控自己的思想,没有能力为自己的观点提供理由,也没有能力将逻辑运算付诸实践。直到20世纪70年代晚期,随着"回归根

---

1 *Languages of Art* (Indianapolis: Bobbs-Merrill, 1968), p. 262.

本"(back to basics)运动偃旗息鼓,教育工作者才愿意重新审视他们关于知识和思维的假定,心理学家才得以重新审视他们关于皮亚杰和维果斯基的假定。而且直到 70 年代,教育工作者才开始意识到学生的抽象活动其实是被剥夺了,补救方法则是通过哲学来教他们推理,同时通过推理来教他们哲学。

非形式逻辑的出现

随着"非形式逻辑"运动的兴起,批判性思维运动的势头在 20 世纪 70 年代后期明显增强。很多逻辑学家呼吁建立一种更适应自然语言的逻辑,这种逻辑将比经典逻辑或符号逻辑更适合帮助学生进行推理。1978 年,加拿大的温莎大学为此举办了一次会议,并出版了《非形式逻辑简报》(*Newsletter of Informal Logic*)[后来成为《非形式逻辑期刊》(*Journal of Informal Logic*)]。《简报》第一期就宣布了他们的信条:"我们的构想是广泛和开放的,从理论问题(关于谬误和论证的理论)到实践问题(比如如何最好地展示日常生活中的论证结构)再到教学问题(如何设计批判性思维课程,使用什么样的材料)。"[1] 参与温莎大学会议的一些学者是非形式逻辑的代表人物,例如拉尔夫·约翰逊(Ralph Johnson)和安东尼·布莱尔(J. Anthony Blair)(共同编辑了《简报》)、霍华德·卡恩(Howard Kahane)、迈克尔·斯克里文(Michael Scriven)、道格拉斯·沃尔顿(Douglas Walton)、罗伯特·恩尼斯和亚历克斯·米卡洛斯(Alex Michalos)。其中斯克里文在非形式逻辑运动中扮演着创始人的角色,在他的会议文章中,他认为这一运动将"拯救哲学",并"将改进基础技能的教学"。[2]

---

1 Ralph Johnson and J. Anthony Blair, in *Informal Logic* 1:1(July 1978), p.1.
2 Ralph Johnson and J. Anthony Blair, in *Informal Logic* 1:1(July 1978), p.5.

"非形式逻辑"这个词很可能是吉尔伯特·赖尔在他的文章《形式逻辑和非形式逻辑》(*Formal and Informal Logic*)中首先开始使用的，[1] 维特根斯坦、奥斯汀和赖尔对自然语言的分析为非形式逻辑运动做了大量的准备。这场运动的贡献者不胜枚举，他们试图通过非形式逻辑来连接语言分析和批判性思维，例如保罗·格里斯（Paul Grice）、斯蒂芬·图尔敏（Stephen Toulmin）、罗伯特·福格林（Robert Fogelin）、汉布林（C. L. Hamblin）和鲁伯特·克劳谢-威廉姆斯（Rupert Crawshay-Williams）以及迈克尔·斯克里文等。非形式逻辑现在仍然十分多产，每年都有相当数量的教材出版，它与批判性思维的亲缘关系也不断得到加强。

非形式逻辑在某些方面是很新颖的，但在另一些方面，它又很古老。我们暂且不提它在古代哲学中的根源，尤其是亚里士多德哲学的贡献（正如我们暂且不提批判性思维在苏格拉底和智者那里的根源）。不过，人们从古代就开始进行修辞学研究，它作为活生生的传统延续至今，批判性思维运动和非形式逻辑运动中的很多灵感和技能都源于修辞学的传统。事实上，大陆哲学与批判性思维之间也具有很深的关联，突出体现在柴姆·佩雷尔曼（Chaim Perelman）、保罗·利科（Paul Ricoeur）、阿恩·奈斯（Arne Naess）、汉斯·布鲁门伯格（Hans Blumenberg）、汉斯·格奥尔格·伽达默尔（Hans-Georg Gadamer）和雅克·德里达（Jacques Derrida）等人在修辞和论证方面的工作。

在某种意义上，非形式逻辑学家和修辞学家是从不同的方向钻研同一个问题，在最理想的情况下，他们有望在中间某个地方相遇，就像从河流两岸开挖隧道的两队工人一样。双方都在考察关于理性的主张（因此都关注

---

[1] Gilbert Ryle, "Formal and Informal Logic," in *Dilemmas* (Cambridge University Press, 1966), pp. 111-29.

合理性理论),但他们对理性有着不同的设想,非形式逻辑学家是通过拓展和完善"逻辑"这一概念,修辞学家则是通过考察那些在形式上不合逻辑或看似不合逻辑的写作(致力于确定有哪些理由可以表明文章的理性)。此外,两者都关注论证,但一方强调论证的逻辑性,另一方则强调论证的说服力。

其他讨论,其他声音

正如修辞学家和非形式逻辑学家从不同的角度去支持批判性思维,其他领域对于批判性思维的侧重也是不同的。哲学家倾向于强调批判性思维中的推理部分,其他人(尤其是科学家)则倾向于强调批判性思维中解决问题或进行决策的部分。在科学教育、职业教育和技术教育中,"以问题解决为导向的模式"并不新鲜,已经应用了数十年,在工程、数学、物理、化学、生物、医学等学院得到了广泛应用。最近又出现了一般化的(超越具体专业的)解决问题的课程和理论。1978年,"问题解决与教育"会议在卡内基-梅隆大学举办,汇聚了许多认知研究者,大家围绕问题解决的理论与方法进行探讨。一些很乐观的人认为,如果能够超越关于(依赖特定领域知识的)特定启发法的记忆,就有可能发现一般化的问题解决过程。雷蒙德·尼克尔森(Raymond Nickerson)、艾伦·柯林斯(Allan Collins)等认知心理学家对此满怀希望,他们一直在用计算机检验关于问题解决的理论,也正在构建关于"认知训练"的教育理论。

此外,我们还可以溯源批判性思维和应用哲学之间的联系,尽管不是很确凿。应用哲学运动直到20世纪80年代中期才成形。在英国,它吸引了理查德·黑尔(Richard Hare)和艾耶尔(A. J. Ayer)这样的杰出人士。但在美国,那些从事"纯哲学"的人似乎比较抗拒,不愿支持这样一个关注实际生活问题的哲学分支,甚至认为哲学由此遭到"玷污"。目前已有几本应用哲学类期刊,探讨哲学思维如何应用于教育、商业、法律、医疗、生态、政府等领域的问题。

批判性思维的某些形式适合放在应用哲学的范畴内,例如被称为"儿童哲学"(Philosophy for Children)的教育方法。这是将哲学应用于教育的明显例子,其目的在于提高学生的推理水平和判断能力。不过这两者之间也有一些显著的差异,哲学家借助应用哲学往往是为了澄清或解决其他人的问题,但儿童哲学是为了**让学生自己做哲学**。

最后,在批判性思维的第一批倡导者当中,有些人本身就来自教育领域。例如,希尔达·塔巴(Hilda Taba)、詹姆斯·谢弗(James Shaver)、菲利普·菲尼克斯(Philip Phenix)、弗里曼·巴特(Freeman Butts)和托马斯·格林(Thomas Greene),最近还有阿瑟·科斯塔(Arthur Costa)、罗恩·勃兰特(Ron Brandt)和巴里·贝耶(Barry Beyer)。

目前为止,我们所关注的都是一些为推动教育中的批判性思维作出了积极贡献的人,还没有提到那些站在对立面的人。如果要全面讲述批判性思维运动的历史,就必须涉及这些人。值得一提的是约翰·麦克佩克(John McPeck)的《批判性思维与教育》(*Critical Thinking and Education*),该书指责批判性思维将思维当成一个独立的学科来教授,作者认为,思维完全以学科为转移、只能在各个学科的语境内得到培养。因此,罗伯特·恩尼斯、理查德·保罗(Richard Paul)等人(他们赞同在独立课程中教授通用技能的想法[1])与麦克佩克展开了一场持续的辩论。虽然麦克佩克针对批判性思维

1　See John E. McPeck, *Critical Thinking and Education* (New York: St. Martin's, 1981); Richard W. Paul, "McPeck's Mistakes," *Informal Logic* 7: 1 (Winter 1985), pp. 35 – 43; John E. McPeck, "Paul's Critique of *Critical Thinking and Education*,"ibid., pp. 45 – 54.

提出的许多意见都有一定的道理,但他认为一切思维教育都必须以学科为转移,不存在专门的思维学科,这显然是错的。麦克佩克忽略了一个明显的反例,即哲学。哲学和逻辑都是独立的、规范性的学科,专注于表明卓越的思维应该是什么——这些事实本身就反驳了麦克佩克的反对意见。

教育对批判性思维的吸收

20世纪80年代末和90年代初,批判性思维的兴起得到了极大宣传。仅在1992年,就举办了多场批判性思维会议,如在芝加哥举行的"批判性读写和批判性思维"会议、北昆士兰举行的"思维"会议、加利福利亚州索诺玛举行的"批判性思维和教育改革"会议、新泽西州蒙特克莱尔举行的"批判性思维和教育"会议等。这类会议的数量每年都在增加,1992年之后似乎有所减少。非形式逻辑(批判性思维的一个重要理论分支)的会议也是如此,许多会议都在加拿大举行,并以加拿大的研究者为主。这一时期,美国批判性思维运动的两个主要基地是索诺玛和蒙特克莱尔;前者每年都举办会议,参与人数众多,但在20世纪90年代后半期减员严重;后者建立了一个资金充足的批判性思维研究所,该研究所致力于提高大学校园和周边学校的批判性思维水平。蒙特克莱尔的研究所曾在1989年举办一次会议,会议记录于1991年出版为《批判性思维:聚焦社会文化探究》(*Critical Thinking: Focus on Social and Cultural Inquiry*, 1991),1992年的会议记录于1993年出版为《作为教育理想的批判性思维》(*Critical Thinking as an Educational Ideal*)。另外还出版了一本教育学论文集《批判性思维与学习》(*Critical Thinking and Learning*, 1992)。此外,该研究所开始出版期刊《探究:跨学科的批判性思维》(*Inquiry: Critical Thinking Across the Disciplines*)。批判性思维的宣传抵达顶点的几年后,蒙特克莱尔的研究所就中止了运作,索诺玛的中心则将重点转移到教师培训上。但批判性思维成功走进了公众的视野，也被教育系统的各个层级所吸收。

然而，仔细观察当下的情况，就会发现，现实远没有那么乐观。虽然出版商会在年度或季度的书目中提供一本或几本关于批判性思维的教材，但这些书差别不大，而且主要用来做批判性思维的练习。我们还是很难见到一套面向所有学科的课程体系——能以批判性的方式进行教授、以共同体的方式进行学习。尽管批判性思维已经得到了认可，几乎没有教育工作者会公开反对它，但它失去了自己的锋芒。

不过，我们仍然可以抱有希望。《非形式逻辑》(*Informal Logic*)期刊一直保持着很高的水准，现在每期都有部分内容专门讨论教学问题。蒙特克莱尔州立大学也在所有教师培训课程中加入批判性思维的内容，并开设了儿童哲学研究生教育项目，可以授予儿童哲学硕士和博士学位。它还与基洛沃格勒国立师范大学(乌克兰)进行合作，将批判性思维引入该大学的高等教育课程中，并将小学哲学引入其低年级课程中。当师范院校开始在教师培训课程中融入多维度的思维时，对批判性思维的短暂兴趣就会转变成更具实质性、更有意义的关系。

以上仅仅概述了批判性思维运动的起源和发展。这场运动在决定自己身份时遇到了一定的困难。例如，它一方面与哲学有关系，另一方面又与创造性思维有关系。批判性思维也正在试图克服这一困难，这对我们来说十分有价值。

批判性思维和信念的灌输

罗伯特·恩尼斯为推进批判性思维做了极大的努力，他说批判性思维的目的在于帮助人们决定"要相信什么、做什么",这具有非常重要的意义。他提出**"相信"**和**"做"**这两点很有启发性,因为这两点恰好是常规学校实践的目标。在学校(以及在其他一些地方)中,人们学会应该相信那些正确的事情,并学会做出适当的行动。即是说,学校是人们学习正确知识的地方,当人们被动地知道了一些事情,他们就不得不选择相信这个事情,也将依靠这些信念来行动。在阅读恩尼斯对批判性思维的定义时,人们有一种不舒服的感觉,这是因为他所使用的正是20世纪晚期美国社会在让学生接受官方意识形态时所使用的口吻。这个社会口口声声要帮助学生独立思考、变得更加理性,等等,实则说一套做一套。

要把常规的学校实践转变为以探究为范式的学校实践,就不能再灌输给学生一套实质性的信念(通过"知识"来呈现),而是要求他们暂时性地接受探究的方法,即探究共同体所采用的流程。对那些有疑问的情境进行探究,得出各种各样的观点或判定,从中找到更可靠的、更有理由去断定的东西。生活中存在很多这类引发疑问的议题,例如学龄儿童可能对友谊和成绩感到困惑,成年人可能对经济通胀和社会环境产生疑问。所以,每个人都需要批判性思维,去区别可靠的与不可靠的断言,从而帮助自己对断言进行评估。但这与恩尼斯所说的运用批判性思维来决定"要相信什么"相去甚远,批判性思维只是帮助人们避免非批判性的思考和非反思性的行动。

比起那些公认的决策程序,本质上有争议的概念和持久的论辩更能体现出批判性思维的价值。刚怀上的胎儿算不算人?人类对待自然界的动物及自然界其他部分的态度应该是什么?一个人结束自己的生命是否正当?在围绕这类问题进行论辩时,进展可能极其缓慢、不易观察,但在这个过程中,批判性思维的确会有很大的推进。

如果批判性思维并不是为了帮助人们决定相信什么,那它是什么呢?

就知识和信念的问题而言,我认为批判性思维起着防御性作用:对于那些别人让我们相信而我们又没机会去探究的东西,批判性思维可以保护我们不被胁迫或洗脑。每个社会中都存在着压制个人的强大力量(政治、军事和经济是最明显的例子),它们想要人们不加反思地接受它们的观点。就任何个人而言,批判性思维所提供的怀疑态度并不是坚不可摧的,但它却具有决定性的意义。**我认为最好这样理解批判性思维:它让学生形成一种暂时性的怀疑态度,而不是让他们接受一套可能缺乏长期可靠性的信念。批判性思维可以帮助我们决定不相信哪些主张。**

恩尼斯的双重目标(信念和行动)是对教育本质的一种误解,典型地体现出人们对于教育和学校教育的普遍混淆。学校教育要求学生在思想上和行为上都循规蹈矩。与之相反,教育则要求学生具有理性,能够运用良好的判断力,同时对信念保持审慎和开放的态度。

有人会说,我们没理由断言探究和信念互不相容(当然,对探究本身的信念除外)。但事实上,探究的对象不能被理所当然地作为信念。探究开始以后,怀疑态度一直占据主导地位,随着证据的不断出现,人们有理由中止之前的信念,通过探究进行逐步的自我纠正,在探究过程中不断达成定论,从而逐步减少怀疑。随着探究告一段落,问题得到解决,个体就会获得新的信念——探究过程中所生成的、经过重构和修正的信念。

有些人会把理性和判断视为"纯粹的过程"或"纯粹的方法",谴责它们不关注"内容"。必须承认,内容对于培养良好的判断力是不可或缺的。如果希望学生拥有良好的历史判断力,就必须让他们接触历史;如果希望学生拥有良好的文学判断力,就必须让他们接触文学;如果希望学生拥有良好的生态判断力,就必须让他们接触生态。但只有内容是不够的,关键在于教学的方式——批判性的教育模式。如果只是让学生了解历史、文学或生态,那就别指望能提高他们的判断力。但是,如果批判性地教授历史是为了提高学习者的历史判断力,而不是纯粹为了给他们一些爱国的理由,那么内容就应该与方法拥有同样重要的地位。

事实上,不教授具体学科内容是不可能的(除非在学科**内**教学之外还进行学科**间**教学)。如果批判性思维本质上**对语境敏感**,那么只有通过与特定内容的直接接触,人们才能发现自己应当对之敏感的语境。只有直面特定内容的具体性——不可否认的、不可避免的"**此性**"(thisness)——人们才能对某个事物有所敏感。具体学科内容有着不可还原的特殊性或个体性,这要求学生仔细关注。因此,我们必须教会学生把自我纠正的探究方法应用于对这些具体内容的认识。

最后,从事学术实践的学生要明白:一切探究都依赖于判断,而一切判断都依赖于标准。人们往往认为标准是某种秘传的逻辑工具,零星地存在于某处遥远的认识论圣地。事实上,标准适用于每一个心灵活动,即使人们在活动的过程中并未有意识地使用标准。例如,当有人感叹"莎士比亚的诗歌很华丽"时,他可能意识到、也可能没意识到莎士比亚和培根之间、诗歌和散文之间、"现在"和"曾经"之间、"华丽"和"浮夸"之间的差异。这些辅助判断是命题所表达的判断的基础,而每个辅助判断本身又受到适当标准的引导。名词主要用于分类,形容词和副词主要用于评价,动词则兼具二者;但不管怎样,不管是分类还是评价,这些用法都是判断,都依赖于标准。

实践推理教学的替代方法

从枯燥的、无须动脑的习惯到枯燥的、机器般的技能,这些都属于单纯的实践。然而,当实践中渗透着批判性思维时,人们就会批判性地反思在实践之前、之中和之后所做的事情，单纯的实践就变成了自我纠正的实践，而自我纠正的实践就是探究。

在教育实践中，不同的项目有不同的目的。有一些项目致力于通过加强逻辑性和合理性来提高学生的认知；有一些项目旨在提高学生的技能水平，如学术成就、体育成就、艺术成就、道德成就等；还有一些项目试图提高学生认识问题和解决问题的能力。当然，并不是说这三种项目有着截然不同的目的以及截然不同的路径。其实它们之间有很大的交集，不过第一类项目强调的是可靠的推理，第二类项目强调的是满足明确标准的精湛表现，第三类项目强调的是目的和手段的协调。换句话说，有些项目强调理由对实践的指导，有些项目强调标准对实践的指导，还有一些项目强调假设和结果对实践的指导。

理由对实践的指导

儿童非常清楚，有些行为能够得到社会的认可，而有些行为是不被允许的。他们也很清楚，教师具有道德权威，并且自己没有资格去质疑这种权威，在这种课堂中，伦理探究（要求对道德议题进行一定程度的独立思考）就很难实现。例如，如果一个孩子打了另一个孩子，学生完全清楚打人是不对的，也完全清楚老师会谴责这种行为，如此一来，他们就缺失了探究这一行为原因的机会。让我们考虑另一种情况：教师不再聚焦于打架这个行为和自己的权威，而是邀请全班同学去思考发生了什么，继而邀请他们为自己的决定承担一定的责任。教师不是立即谴责这一行为，而是以不偏不倚的方式询问孩子为什么打人。假如这个孩子说"我不喜欢他的长相"，老师便可以向全班同学问道："这是一个好的理由吗？"学生们便开始**权衡理由，而不是行为**。他们很可能齐声说："不，那不是一个好的理由。"或者，打人的孩子说:"他拿刀指着我!"然后由全班同学一起商讨这个理由。如此一来,学生会认识到:所有的伦理行为都必须有理由,并且,在实施某个行为之前最好先想好理由,因为如果不这样做,就必然会遭到伙伴们的道德抨击。这样,学生所做出的决定就不是被迫遵循某种共识,而是得到一个批判性共同体的指引,这个共同体权衡的是行为的理由,而不只是行为本身。

对于这种伦理探究的方法,我们常常会听到这样的反驳:它将道德权威的基础从强势的教师转移到弱势的学生。在某种意义上确实如此,这样做的目的是减轻教师的道德责任,至少是分散一部分。事实上,在学生眼中,教师的地位并不像看起来的那样强势,教师不是什么伦理决策的专家,他们的道德权威仅仅来源于他们的成年人身份。但是,如果教师能够为赞美或谴责某个行为提供合理的辩护,学生就会因此更加尊敬教师。

每个人都非常熟悉教师的这种处境,因为我们每天也都会身处于这种处境中。我们可能一遍又一遍地对自己说暴饮暴食不对、吸烟不对、喝酒不对,但还是日复一日地做着这些被谴责的事情。儿童也是如此。他们和老师一样清楚,说谎、偷窃、打人都是错误行为,他们也不反对这种判断,问题在于怎样**避免去做**这些不对的事情。光禁止某些行为是不够的,只说明原因也是不够的,必须鼓励儿童去讨论和思索这种行为为什么有问题,这样他们就能基于合理的辩护来判定事物的对错。

标准对实践的指导

现在我们来考虑另一种情境:学校游泳队的一名运动员要参加全国跳水比赛,她已经训练了几个月,并与教练一起复盘训练过程。她一直按照评委的标准来准备,她认识到必须严格要求自己才能满足各项标准。这名运动员以这些标准为引导,她的表现都是为了满足这些标准。这也是一种探究方法,这种探究集中体现在整个队伍与教练作为一个共同体,一起讨论相关标准与跳水训练之间的关系。

假设和结果对实践的指导

假设和结果也对实践产生指导作用,杜威在《我们怎样思维》一书中探讨了这种情况,它充分地体现在杜威所说的"问题解决"的流程中。它的一个当代版本如下。

解决问题的八个步骤:

1. 鼓励儿童去留意和表达不同的感受。例如:"我感到沮丧。"

2. 帮助儿童把问题概括成一句陈述。例如:"我感到沮丧,**因为托德在取笑我**。"

3. 协助儿童确定一个目标。例如:"我希望托德别再捉弄我。"

4. 不要提供答案,而是引导儿童自己列出多种解决方案。例如:"我可以揍他或吼他。"

5. 引导儿童预测每种方法可能产生的后果。例如,问:"如果你揍托德,会发生什么?"答:"我会惹上更多的麻烦,或者托德可能会受伤。"

6. 帮助儿童确定最佳的解决方案。例如他可能会说"我会吼托德"。如果儿童运用不恰当的方法,要在不压制孩子创造力的情况下提出你的看法,不要等到决定做出之后再表达反对意见。

7. 协助儿童做计划,确定何时或如何执行该计划,并且帮助他预测可能出现的阻碍。例如可以问他:"如果吼托德不起作用,该怎么办?"孩子如果能预见潜在的问题,就不会对可能出现的阻碍感到气馁。

8. 让儿童尝试执行解决方案并评估效果。最后请他解释他的方案是如何起作用的。[1]

注意每一个步骤涉及的事项：

1. 表达对于某个问题的**感受**。
2. 确定产生上述感受的**原因**（陈述问题）。
3. 选择想要达到的**最终状态**或**目标**（提出目的）。
4. 确定**手段**（构造假设）。
5. 预测**后果**。
6. 在**不同选项中进行选择**。
7. 构造操作**计划**。
8. **评估**效果。

这是一种理性的算法，在处理有疑问的情境时需要依次采取这八个步骤。遵循这个算法可以有效地体现出行为的合理性。

对许多人来说，这样的思维似乎很自然。但对其他许多人来说，这比看上去要困难得多。以上八个步骤中的每一步都要求执行者具有一定的水平，把它们正确地结合起来则要求更高的水平。虽然这个算法看起来讲得通也很合乎常识，但日常生活是否真的用到了它，其实并不容易看出来。对于那些冲动的、不擅于反思的孩子来说，施行起来可能会更加困难。不过，根据倡导这种方法的埃利亚斯（Elias）和克拉比（Clabby）的实验，该方法确实有效。

总的来说，对于这类认知算法，无论是将它们运用于医疗还是教育，都应该把它们整合到更广泛的工作中，以增强反思、唤醒意识、锻炼思维技能，

---

[1] 这个问题解决流程引自"How to Teach Decision‐Making to Kids," *U. S. News and World Report*, April 21, 1986, p. 64，该文讨论了莫里斯·埃利亚斯[Maurice J. Elias]和约翰·克拉比[John F. Clabby]的问题解决方法。也参见 Elias and Clabby, "Teaching Social Decision Making," *Educational Leadership* (March 1988), 52‐5, 以及 George Spivack and Myrna Shure, *The Social Adjustment of Young Children* (San Francisco: Jossey‐Bass, 1974).

而不是单独使用它们。该算法的某些阶段明确要求推理，而几乎所有阶段都要求判断。我们将在本书的最后一部分看到，如果不对批判性、创造性和关怀性思维进行持续的训练，该算法就远远实现不了它的预期价值。

在我看来，只有建立一套全面的教学方法，将这些解决问题的决策方法都包含其中，着力提高儿童在探究、推理、组织信息、沟通交流等方面的技能，这些决策方法才更有可能取得成功。哲学所提供的正是这种全面的方法，哲学的涵盖面非常广，各种强调问题解决的项目都可以很好地融入哲学，但哲学本身并不能充当任何课程的组成部分。一些持怀疑态度的人认为这是一种"课程帝国主义"（curricular imperialism）。然而，制造这种恐慌并没有什么好处。人们已经见识过没有哲学的教育是怎样的，现在是时候见识一下有哲学的教育是怎样的了。

上述考察的各种方法更偏重于认知，它们不同于"格式塔"的方法，后者更关注行为是否合适、而非行为的理由。实践推理的一切案例都具有"自我纠正"和"对语境敏感"这两点特征。在伦理探究中，可以将"自我纠正"理解为探究的一个特定方面，即对于理由，以及对于更好理由的寻求，进而强调理性——强调对行为的辩护、而非行为本身。可以说，作为对更好理由的寻求，"自我纠正"从句法的角度切入伦理判断，而"对语境敏感"则是从语义的角度切入，它以实际情况及其意义为根据，要求行为适合于其所处的情境。格式塔的方法可以说明"对语境敏感"这一特点。根据格式塔的方法，不完整的情境有着非常明显的特点，这些特点唤起适合该情境的行为。在伦理探究中，对语境的敏感展现了一种**关于自我实现的伦理学**，一个人投射出理想的自我，然后对有望实现这一理想的不同行为模式进行判断。另一方面，强调"自我纠正"展现了一种**基于好的理由的伦理学**。这两方面对于道德教育都十分重要，应该训练学生使用这两种方法，让他们在应对现实生活中实际的、特殊的情况时能够理解自己的选项。

为联结、迁移、翻译而教

当今教育的一个问题在于,学生获得的知识是碎片化的,就像冻在盘子上的冰块一样,动弹不得、无法交流。因此,教育改革者应该帮助孩子联结不同的知识领域,比如通过发现各领域之间的变量、中项、缺失的环节来把它们关联起来。此外还应该重视培养通用技能,通用技能不涉及任何领域的具体内容,能够从一个领域迁移到另一个领域。最后,各个领域都有着自身的符号系统、语言体系或共同体,因此学生需要学习那些能够将一个领域的内容翻译到另一个领域的流程。

我们可以从分类推理中找到关于联结的例子。让学生做下面这种填空练习:"所有伦敦人都是_____;所有_____都是英国人;因此,所有的伦敦人都是英国人。"他们可以给出不止一个答案,但最终都要找到一个中项把伦敦人和英国人联系起来。或者,在让学生练习联结时,可以给他们一个词项(如"英国居民"),再问他们这个词项联结了哪些领域。这种方法也可以应用于其他概念,提出诸如"太阳黑子活动和降水有什么共同点?"和"物物交易连接了哪些领域?"这样的问题。

戴维·珀金斯(David N. Perkins)和加布里埃尔·萨洛蒙(Gavriel Salomon)提供了大量关于迁移的例子,他们区分了"低路"(low road)迁移和"高路"(high road)迁移。[1] 能够熟练驾驶轿车的人可以较为轻松地学习驾驶卡车,这时他们就在进行低路迁移。驾驶卡车所需的技能与驾驶轿车

---

1 "Teaching for Transfer," *Educational Leadership* (September 1988), pp. 22-32.

所需的技能基本一致,人们完全可以从一种情境推断出另一种情境。高路迁移是指两个领域并不密切相关,甚至可能相距甚远,需要通过隐喻来建立它们之间的关联。当莎士比亚使用"夏日的租约"这个短语时,就把夏日在一年中的期限与一个人租住的公寓关联起来。当然,比起轿车和卡车之间的联系,这些不同领域之间的联系有着更丰富(也可能更模糊)的意蕴。

至于翻译,其范例是自然语言之间的翻译。人们发现一旦掌握了像拉丁语这样的根源语言,就能更轻松地学习法语或西班牙语。还有亚里士多德的逻辑,它旨在提供一种高度简化的普遍语言。还有平行的构造,例如在艺术领域里,可以比较音乐与诗歌的结构,或比较绘画和摄影对自然的处理,或比较建筑和雕塑在空间中对物质材料的处理。

毫无疑问,联结、迁移、翻译这三种策略,都需要学生具备类比推理能力。建立的联系可能是显而易见的,也可能是牵强附会的,建立联系可能具有很高的难度,因此需要大量的类比训练来做准备。类比推理是一种在艺术、人文和科学领域都会得到培养的技能,它是最通用的创造性技能和最具想象力的分析技能。我们只有热情地投身于类比训练当中(就像练习数学那样),才能拥有足够灵活敏锐的理智去进行翻译和迁移。

关于批判性思维的一些描述

20世纪的最后十年,"批判性思维"已经成功地传播至教育界的各个角落,并且形成了一定的机制。批判性思维的基本主张是:一个人可以通过仔细地、积极地思考自己的思维来改善思维。所以许多心理学家采用"元认知"一词来强调它。具有批判性思维的人经常被认为是"分析敏锐""一丝不苟""头脑清晰"的。近年来,人们认为:那些能够使人们的思考更加有效、可靠的思维,就叫做批判性思维。另外,人们也对批判性思维做出了一系列描述,下面是一些例子。

以下关于什么是批判性思维的观点,大多数代表着特定作者的立场。

1. 理性的反思思维,致力于决定要相信什么、做什么(恩尼斯)。

2. 这种思维帮助人们解决问题、做出决定(斯滕伯格)。

3. 这种思维能够让批判性的技能迁移至各个学科(麦克佩克)。

4. 这种思维包含赋能的技能(如推理原则、逻辑技能)和跨专业领域的技能(雷斯尼克)。

5. 当人们察觉到问题时出现的或可能出现的思维(麦克佩克)。

6. 这种思维体现着关于 x 的哲学,因为在理想情况下,对 x 的了解必然包含着关于 x 的哲学(麦克佩克)。

7. 这种思维帮助学生理解英语中的逻辑连接词[阿德勒(Adler)]。

8. 对思维形式的关注[加维(Garver)]。

9. 针对传统人文作品中涉及论证的内容而展开的讨论(加维,阿德勒)。

10. 那些基于适当理由的人所进行的思考[哈维·西格尔(Harvey Siegel)]。

11. 这种思维旨在克服偏差、成见和刻板印象(保罗)。

12. 这种思维旨在保护我们不受他人或自我的欺骗(保罗)。

13. 反思性的怀疑态度(麦克佩克)。

14. 读写能力[大卫·奥尔森(David Olson)]。

15. 对陈述的正确评估(恩尼斯)。

16. 对自己的思维有所意识,从而能够把它从熟悉的语境迁移到不熟悉的语境[阿隆斯(Arons)]。

17. 这种思维旨在整合思想和行动[J·R·马丁(J. R. Martin)]。

18. 关于思维的思维。

19. 对人类的产物(无论是说出的、造出的还是做出的)进行评价性的思考。

20. 思考者主动制定理智标准并将其运用于自己思维的能力(保罗)。

21. 说明性和解释性的思维,比如评论家的工作。

22. 将理论思维应用于实际的、有疑问的情境。

23. 对事件的前因后果进行反思。

24. 对实践的反思性评估。

25. 这种思维考虑如何促进专家与世界之间的沟通。

26. 系统地寻找能够为自己的思考提供辩护的理由。

27. 这种思维主张一切解释都是论证,同时试图展示一切解释的说服作用。

28. 这种思维考察因语境、概念框架和视角的不同而导致的解释差异。

29. 浅显版的哲学。

30. 对观点的检验。

31. 这种思维参照现有的证据和论证,如实地评估不同的选项,之后才得出判断[哈奇尔(Hatcher)]。

毫无疑问,还有很多同样值得一提的描述。其中,大多数描述给人的印象是:批判性思维是努力做到**公平、准确、仔细、清晰、真实、抽象、融贯和实用**的思维。批判性思维的实用性指的是它**得到了运用**,人们可以将这种思维应用于各种抽象或具体的议题上。

以上从许多不同的(大多数是权威的)视角来考察批判性思维,但这种考察方式也有问题,它缺少某个贯通这些描述的组织原则。刚刚列出的描述当中,有一些与另一些相重叠,有一些又与另一些相矛盾,还有一些则从属于另一些。因此,我们想知道有没有更好的方式。

在处理这些条目时,我们需要保证自己拥有单一的组织原则,确定自己基于单一的权威视角对条目进行筛选、添加或删除。因此,首先必须选择一个特定的视角来作为权威视角。我们选择雷蒙德·尼克尔森,他在批判性思维领域做出了卓越的工作。[1] 如果要列出那些探讨"什么构成了优秀的思维"这一话题的可靠作者,尼克尔森一定是个中翘楚。下面的清单是尼克尔森为我们提供的,其中每一条描述都很可能被批判性思维的其他权威人士所接受,对此我们大可放心。不过,我不想按照尼克尔森的顺序来重复这些描述,而是要把它们分成两组:第一组是标准的或我们熟悉的描述,第二组是我们不太熟悉的描述。换句话说,我建议将清单区分为常规的描述和非常规的、体现出认知创造性的描述。

表 2.1 列出的是我们比较熟悉的描述,表 2.2 列出的是更加专业的、我们不太熟悉的描述。

表 2.1　关于批判性思维的常规描述

1. 熟练而公平地使用论据;
2. 组织想法,并且简洁而连贯地表达想法;
3. 区分逻辑上有效的和逻辑上无效的推论;
4. 如果没有充分的证据去支持某个决定,就要悬置判断;
5. 尝试预测不同行动可能导致的后果,再做选择;
6. 从某个领域中习得解决问题的技巧,然后把它恰当地运用于其他领域;
7. 认真听取他人的想法;

---

[1] 参见尼克尔森的论文"Why Teach Thinking?" in J. B. Baron, and R. J. Sternberg (eds.), *Teaching Thinking Skills: Theory and Practice* (New York: W. H. Freeman and Co., 1986), pp. 29–30.

续 表

8. 寻找非常规的方法来处理复杂的问题;
9. 理解结论、假定和假设之间的区别;
10. 习惯性地质疑自己的观点,并且尝试理解这些观点的关键假定和隐含意义;
11. 认识到自己的看法是试错性的,可能包含偏差,认识到根据个人偏好来差别对待证据是危险的。

表 2.2　关于批判性思维的非常规描述

1. 理解推理(reasoning)和合理化(rationalizing)之间的区别;
2. 理解"可信度"的概念;
3. 对信息的价值和成本有一定的认识,知道如何寻找信息,并且在适当的时候这么做;
4. 发现不明显的相似和类比;
5. 能够独立学习,并且对独立学习有持久的兴趣;
6. 能够对非形式的问题进行重述,以便运用形式的技术(例如数学)来解决它们;
7. 理解赢得争论和获得正确答案之间的区别;
8. 认识到现实世界的大多数问题都有不止一个解决方案,这些方案可能在许多方面存在差异,也很难用单一的标准去比较;
9. 能够从口头的论证中剔除不相关的东西,根据其中的要点来表述它;
10. 能够敏锐地意识到"信念的有效性"与"相信的程度"之间的差异;
11. 能够以不歪曲、不夸大、不定性的方式再现不同的观点;
12. 意识到自己的理解总是有局限的,而且与不抱探究态度的人相比,怀有探究态度的人更能看到问题的严重性。

大家可能都认为表 2.2 的条目不如表 2.1 那样常用,要如何解释这一点呢？显然,仅仅说表 2.2 的条目更有"创造性"是行不通的。毋宁说,表 2.2 的条目说明了尼克尔森特别仔细地考察了自己处于探究情境时的**经**

验，而且他有足够的**想象力**去认识到这些描述的重要性。

之后考察创造性思维的性质时，会再度看到这种思维如何体现了**经验和想象力的相互渗透**。没有经验，想象力就会变得无关紧要；而没有想象力，经验就容易变得乏味无趣。一旦结合起来（比如在隐喻和类比中），它们便能够开创出一系列新的可能性。

尼克尔森对批判性思维的描述相对宽泛。哈维·西格尔则给出了一个简洁优美的定义——批判性思维是"被理由适当地推动"（appropriately moved by reasons）的思维。它虽然只用了四个单词，但触及了这个主题的若干重要方面。考虑一下这个说法：

1. 西格尔强调批判性思维是适当的——只有考虑了语境，思维才有可能是正确的。

2. 西格尔诉诸理由的推动力量，从而确保了批判性思维是合理的。

3. 西格尔肯定这种思维是在理由的推动下出现的，从而大胆地承认了情感的关键作用。对他来说，批判性思维包含着对合理性的热情追求。

西格尔的定义显然是一个简洁而睿智的定义，尽管有人会质疑它是否完全覆盖了批判性思维的各个方面。不过，我在此引用这个定义，还有另一个目的，即指出我们在谈论批判性**思维**和谈论批判性**思考者**时可能会产生的混淆。恩尼斯、斯滕伯格、麦克佩克等人坚定地认为自己在谈论一种思想方式，而西格尔、加维和阿隆斯似乎指向的是一类思考者。

批判性思考者所做的事情与批判性思维之间有很强的相似性，但它们之间也有很大的差异性。这些相似性或许太强了，以至于人们忘记了思考者和思维是两个独立的事物。爱默生（Emerson）宣称自己"既是怀疑者，也是怀疑本身"，叶芝（Yeats）说道"我们无法把舞者和舞蹈区分开"。我们听到一小段音乐，然后断言"那是舒伯特"，而非"那是舒伯特的作品"。而且说这话的时候我们是很认真的,仿佛生产者和产品享有共同的性质。斯宾诺莎曾言:"心灵是身体的形式。"对于这句话我们该如何理解呢?难道只能设想心灵和身体拥有相同的形式?

这就带来一个问题:个人自身和他的思维方式之间会有怎样的联系?低调的莎士比亚似乎与他的作品有着天壤之别。但他特有的思维方式呢?难道莎士比亚的思维方式和莎士比亚本人不是相同一的吗?很明显,这是一个有争议的问题。不管怎样,有些描述可以用于艺术品,但不能用于人类,反过来也一样。当西格尔说批判性思维是"被理由适当地推动"的思维时,他指的是思考者被推动,而不是思想被推动。正是思考者受到理由的驱使,在情感上受到它们的推动,被它们所感动、激发。批判性思考者享受并欣赏所读内容的条理性与说服力,然后把这种条理性和说服力融入自己的批判性思想之中。

前文把四个决定性特征归于批判性思维,现在我认为它们属于批判性思考者,是思考者(而非思维)做出判断,受到标准和要求的引导,对语境敏感并且自我纠正。

严格说来,作曲家的创造性技能造就了具有音乐价值的曲目,而批判性思考者的认知技能造就了思维的逻辑性、语法性、修辞性、说明性、叙述性等性质。尽管如此,在谈论思考者及其思想时,我们意识到其中的区别,在言说时也有不同的表达。我们明白"维瓦尔第是有韵律的"说的是维瓦尔第的音乐有韵律,而不是他本人。"被理由适当地推动"说的可能是批判性思考者的思考,也可能是批判性思考者本人,具体是哪个则取决于语境。绘画中有两种极端的情况,一个极端是绘画的某些性质是画家本人此类行为的沉淀(比如蒙克的一幅画具有焦虑不安的、甚至歇斯底里的性质);另一个极端是绘画的某些性质与画家本人行为的性质几乎没有相似之处。一方面,一个人的思想可以具有哲学或文学的性质，这种性质是由心灵活动的独特组合构成的；另一方面，一个人的思想可以具有心理性质（平静或焦虑），这种性质可能不会出现在其思维中。在读莎士比亚的十四行诗时，其风格的文学和哲学性质非常明显，可是人们不满足于这些性质，还想从诗歌中重建其个人的心理性质，但令人头疼的是这些性质很难被发现。

在本书的第四部分，我将提供一份针对批判性思维的描述，认为它既可以适用于思维，也可以适用于思考者。用于思考者时，它是一份"功能性的描述"；用于思考者的思想时，它指的是认知上/情感上的性质或价值（类似于音乐价值、绘画价值或建筑的空间价值）。

第三章　思维教育中的阻碍和误解

阻碍思维提高的观念

本章将首先探讨有哪些观念妨碍了学生的思维发展（包括小学和大学的学生），之后将从实践的角度来探讨这个问题。

关于思维性质的争论

如果不确定生活、经验、人是什么，我们也就无法确定思维是什么。当出现诸如堕胎这样的议题时，公众会发现这是每个人都会面对和商讨的事情。他们在学校时就应该做好面对这些议题的准备，因此，必须让思维成为教育的一个基本方面。围绕着"如何做才能明确思维教育"这个问题，大家产生了一些分歧。而为了实现和明确教育中的思维教育，我们需要了解正在发生的争论。

争论一：① 思维的核心在于**解决问题**。

② 思维的核心在于**发现问题**。

评论：上述差异体现了科学教育与人文教育之间的根本区别。科学类教科书一般将科学知识视为定论，先让学生学习解决问题的标准方法，再给出一些或多或少偏离标准的问题，要求学生从既定的方法中推断出答案。

人文学科则认为自身的内容在本质上是有疑问的,鼓励学生寻找有待解释或有待思索的新问题。

争论二:① 思维的目标在于产生信念。

② 思维强调**探究过程**,认为信念只是没有特殊认知价值的最终心灵状态。

评论:当人们发现自己的信念不再可靠时,就开始探究;当人们获得了更可靠的信念时,就停止探究。因此,信念是一种先于探究又伴随着探究的心灵状态,但信念本身不属于探究(除了探究者对探究过程抱有的信念)。诚然,人们可以通过批判性思维来减少自己的偏见和成见,清理那些荒唐的信念。但不同于假定、假设、演绎、解释等,相信本身并不属于批判性思维。信念作为一种心灵状态,它并不对所相信的内容做进一步的担保。

争论三:① 批判性思维、创造性思维和关怀性思维就像长宽高一样,是三个密切相关的维度。

② 批判性思维、创造性思维和关怀性思维是无关的,甚至是对立的。

评论:该如何描述批判性思维、创造性思维与关怀性思维?大家观点各异,有人认为三者相辅相成,有人认为它们彼此分离,有人则认为它们根本上相互对立。我认为,一个可行的方法是把它们视为探究的三种形式,这些形式能够改进对思维的理解,这种得到改进的理解反过来又会促进这些形式的发展。

争论四:① 让学生思考。

② 学生已经在思考了,但需要让学生学会更好地思考。

评论:我们常常以为自己在让学生更好地思考,事实上只是在要求他们按照我们的思考方式来思考,并让他们思考我们的思考对象。这只是思考内容的转变,而不是思维水平的提高。学生的思维可能没有变多或变好。

争论五:① 把各种思维操作按等级排序。

② 避免整体排序,坚持纯粹描述性的分类方法。

评论:这里给出一个折中方案,即在特定情境下可以根据功能进行排序,但不存在全面的等级划分。例如某个情境要求人们进行证明,那么给出理由要比给出定义更重要。但在别的情境下,顺序可能正好相反。

争论六:① 在思维教育中,具体优先于抽象。

② 在思维教育中,抽象优先于具体。

评论:要想分析这一争论,就得结合当前教育实践的预设。人们往往假定,具体的事物应该在幼儿教育中占主导地位,因为幼儿"无法处理抽象的事物";抽象的事物应该在高等教育中占主导地位,因为大学生需要"有知识",不需要"做判断"。但是,这两个预设显然都是没有根据的。

关于心理学方法的争论

对于心理学的各种研究主题,心理学家之间也存在着大量的争论,特别是关于学习的性质、记忆的作用、概念的形成、智力的本质、情感的本质等问题。教育工作者密切关注心理学的研究,因为这些主题会对教育产生影响。当教育工作者打算使学校教育更具反思性时,他们的行为和想法则很大程度上取决于他们所认为的正确的心理学方法。关于以下两个问题,决不能混淆。

争论一:① 为了理解儿童的认知发展,去研究儿童**在不受干预的情况下不能做什么**。

② 为了理解儿童的认知发展,去研究儿童**在受到干预的情况下能做什么**。

评论:这在一定程度上是皮亚杰和维果斯基之间的争论。几乎所有的教育情境都需要成人充当儿童与文化之间的中介,中介的方式多种多样,所以这些方式对儿童的学习各有不同的影响。不应该把皮亚杰的方法当成课程建设或教学设计的唯一标准。皮亚杰致力于展示某个阶段的儿童不能独立地做什么,没关注儿童在得到帮助的情况下能够做什么。

争论二:① 强调一切类型的人类智力(数学、音乐、语言等),旨在培养多元智力。

② 只强调某些类型的人类智力。

评论: 从长远来看,霍华德·加德纳(Howard Gardner)对多元智力的强调是正确的、必要的,它为教育过程提供了一个公平的、人性化的目标。但是,这尚不能安慰那些语言能力有所不足、却又发现语言和数学是课堂硬性要求的人。儿童的一切潜在智力类型都应该得到培养,学校也应该提高各方面的能力,而为了实现这一目标,必须先要对整个课程体系进行重新评估(早应该这么做了)。

关于哲学作用的争论

一些教育工作者试图把哲学纳入教育,但他们之间也存在分歧(这些分歧也出现在哲学家当中)。应该鼓励儿童去学习哲学还是实际地做哲学?教师和行政人员几乎都会选择后者。但是**教师应该**去学习哲学还是实际地做哲学,还是两者都做?很多人对此尚不清楚。对我来说,答案已经很清晰了:除非教师**学会了哲学并且能做哲学**,否则思维的培养在教育当中不会有什么前景。

争论一:① 强调形式逻辑或非形式逻辑或修辞。

② 试图在不诉诸形式逻辑、非形式逻辑、修辞的情况下将批判性思维引入课堂。

评论：由于批判性思维必然要求熟练地运用标准，而哲学关注标准的确立，所以如果不在一定程度上借鉴哲学实践，就很难进行严肃的批判性思考。只有借助于适度的逻辑，才有望克服非批判性的思考。

争论二：① 认为哲学与卓越的思维有特殊的联系。

② 认为哲学与卓越的思维没有特殊的联系。

评论：有一种哲学传统认为哲学与卓越的思维是同一的。另一种较为温和的传统则声称，哲学能够对思维进行直接反思，而心理学探究缺乏这种直接性。如果哲学一直声称只有自己才能够批判性地反思思维，上述分歧或许就得不到解决。

争论三：① 以描述性的方式看待思维。

② 以规范性的方式看待思维。

评论：从某种意义上说，这种二分法是错误的。所有的规范都以描述为前提，所有的描述也都以规范或标准为前提。就形式逻辑而言，我们也不清楚其原则应当被视为纯粹描述性的还是纯粹规范性的。然而，教育不仅要求学生能够传递描述性信息，还要求他们给出恰当的建议。因此，学生需要熟悉那些把批判性思维和非批判性思维区别开的标准，这样才能从事更具批判性的思考，从而给出形式上和经验上都有价值的建议。

争论四：① 主张科学是良好思维的唯一典范。

② 主张哲学是思维教育的合适基础，正如文学是写作教育的合适基础一样。

评论：科学、哲学和文学都可以孕育人文价值并指导实践。不过，文学太庞杂、太多样，无法充当思维教育的主要支撑，而科学又太单一。哲学一方面讲求逻辑的严格性，另一方面又有着灵活丰富的内容，所以更适合作为思维教育的基础。

关于选择何种教育方法的争论

除了哲学上和心理学方法上的分歧,教育工作者在教育事项上也存在分歧。存在不同的教育事项,有的事项完全是教育领域内部的,有的事项则涉及哲学或心理学,需要与哲学或心理学一起面对这些问题。

争论一:① 任何思维都带有特定的学科特色。
② 存在一些能适用于一切学科的通用思维技能。

评论:有人主张任何思维都带有特定的学科特色,他们认为批判性思维本身是没法教的,只能在特定的学科背景下进行教授。反对者认为,存在一些通用的思维技能(比如形式逻辑中的否定后件推理),这些技能不受制于学科背景,所以他们主张建立一门独立的批判性思维课程来专门教授这些通用技能。我认为,哲学与其他学科有着独特的关系,因为哲学能够帮助学生在其他学科中进行思考。在小学低年级阶段,哲学训练儿童进行推理、形成概念、做出判断,这些技能在中学阶段也是不可或缺的。学生在小学通过哲学获得的观念——适用于课堂讨论的一整套基础人文观念——对于他们的中学、大学阶段乃至公民生活都是至关重要的,更别说将来为人父母了。所谓"老人才需要哲学"的说法是很有害的。哲学在本质上是一种**准备**,其他学科对这一点认识得越早,教育中的思维往往就发展得越好。

争论二:① 在课程的每一章加入批判性思维练习,让各个学科更具反思性。
② 把所有的认知训练都归入独立的批判性思维课程。

评论:两种方法都有风险,前者可能流于肤浅,后者可能与其他学科相脱节。不过,还有一个中间方案:既需要独立的批判性思维课程,也需要在不同的学科中融入和强化批判性思维。这个中间方案把在独立的课程中学到的技能导向阅读和写作这样的基础技能。如果阅读和写作能更具批判性,学生自己就会把这种反思性渗透到特定的学科当中。

争论三:① 通过教授理论来教授批判性思维。

② 通过进行实践来教授批判性思维。

评论:没有证据表明,通过研究批判性思维的理论可以让师范生成为更好的批判性思考者;而对于那些实践的方法,往往也只适用于刚开始接受培训的教师。对于那些已经接受过大量培训的教师,他们应该更多地参与那些理论与实践相结合的探究活动。

争论四:① 认知技能的获取依赖于教师,因为他们会影响到学生。

② 既要发挥教师对学生的作用,又要为学生提供课程中的思维典范,以补充教师的示范作用。

评论:第二种方法似乎更可取:给学生讲述一群儿童自己形成思维探究共同体的故事,以此作为"课程中的思维典范",这是一种有力的激励手段。但遗憾的是,当前培养批判性思维的大多数方法都没有提供这类东西,所以对于那些本来就对强化推理和判断不感兴趣的学生来说,他们始终得不到激励。

争论五:① 使用说教式的教学法,如讲课。

② 试图将课堂变成一个共享的、合作的探究共同体。

评论:只有第二种方法承认交谈和对话能够卓有成效地强化推理和判断,也只有第二种方法有助于构建一个民主的、鼓励参与的社群。当然,第一种方法不一定与这个宏大的目标相抵触。但是,我们在选择使用何种手段时,要与我们期望实现的目标相一致。

对于批判性思维教育的一些误解

面对某种罕见的流行病,调查人员通常要先建立**标准**,以此区分病例和非病例。他们首先要对此提供一个可修正的有效定义。旨在提高思维的教育诚然是教育健康发展的一个表现，但也存在一些令人困惑的地方。我们需要仔细审视关于教学、思维、技能、内容、标准的种种**假定**。下面，让我们考察一些错误的假定，它们单独看起来也许站得住脚，但叠加在一起时可能就不成立了。

误解一：思维教育等同于批判性思维教育

如果思维教育和批判性思维教育是一回事儿，那些从事思维教育的人就可以理直气壮地说："批判性思维教育？我们已经在做了！"但真的是这样吗？如果不是，为什么不是？

让我们想象一下，有位 A 先生，他是一名敏锐、强势、精力充沛的教师。他的心思一直放在自己的学科上，对自己的学科进行孜孜不倦的思考。他希望自己的学生能像他一样，带着相同的兴趣、关怀和激情来思考自己的学科。他知道提问能让学生思考，所以他不讲课，而是连珠炮一般向学生提问，他布置的家庭作业也要求学生反思。如果向他询问学生的理智表现，他可能会说：学生们往往心不在焉，所以需要一个极富表现力的老师来吸引他们的注意，推动他们更多地思考问题，不让他们漫无目的地神游。

评论： 也许 A 先生想要增加学生思考的数量，并觉得这会提高思考的质量。也许他觉得不应该幻想学生会思考得更好，只能尝试让他们思考得更多。在某种程度上，他当然是对的——课堂上的思考总归是多多益善。但是，A 先生觉得学生得不到指导就只会漫无目的地神游，这个假定对吗？或许他的意思是学生的思想是不集中的，而他成功地集中了他们的思想；又或许他认为学生的思想集中在别处，而他成功地把学生的思想集中在面前的事情上。

尽管讲课可以作为一种让学生进行思考的手段，且有一定的优点，可是讲课无法让学生进行批判性思考，这一点上，A先生是对的。但是A先生的做法也存在问题，他垄断了提问的过程，没有鼓励学生自己提出问题。这样一来，他确实让学生思考了，但没让他们独立思考——这是回答问题和提出问题之间的关键区别。即使他让学生提出问题，如果学生认为只有老师能提供答案，自己只能提问，那这也不会有多少进步。

误解二：反思性的教育活动必然会催生反思性的学习活动

在真正的教育活动中，教师和学生都进行思考，就如同买卖双方共同进行商业交易。但这并不意味着反思型的教师一定会培养出反思型的学生，正如聪明的教师不一定会培养出聪明的学生。

考虑一下B女士的情况。作为一名教师，她精通自己的学科，并要求学生在她的课上尽可能多地掌握学科知识，她因此声名卓著并以此为骄傲。许多学生觉得她的课很难，似乎有太多的材料要阅读、记忆和掌握。有些学生认为，必须借助某些技能才能处理这些复杂而专业的课题，但之前的课程并没有教他们这些技能。这位老师尽管大概同意这个观点，但她也会认为，之前的老师应该把工作做得更好，而不是由她来教授技能并缩减课程内容。

评论：毋庸置疑，B女士是学科知识方面的权威。她还仔细考察过同事（以及她自己）通常做出的假定，不得不承认她对学科的把握建立在大量的批判性思考之上。一般而言，思考是对经验进行有意识地处理。我还假定，批判性思维始于对实践活动的反思、终于判断。这些事情B女士都做了。她处理了工作当中"原始的、粗糙的、宏观的经验"（借用杜威的术语），并把它加工为成品，即知识。在这个过程中，她不得不进行批判性思考。但是，这并不意味学生会通过学习这些知识而获得批判性思考的能力。要想提高学生的批判性思维能力,至少得让他们得接触到一些粗糙的、原始的、有疑问的材料,这样才能像B女士一样对这些材料进行加工。

还要评论一下B女士的态度:为了掌握她课堂中的内容,学生必须事先获得一些技能,但她自己不会抽出时间来锻炼学生的这些技能。当然,单独抽时间来锻炼这些技能并不是弥补技能缺陷的唯一方法,仍然有其他方法来培养学生的技能。如果她愿意把自己学科的内容当成疑问而非定论,当成探究的起点而非终点,就会发现学生的认知水平会随着探究的展开而提高。

我完全承认,教师对于良好的思维有着重要的示范作用,但并没有证据表明,仅凭这一点就能够明显改善学生的思维方式。很多从事教师教育工作的人会坚持认为,只要教师的思维更具批判性,学生的思维就会逐渐发生变化。而我认为,如果不对教材、考试和课堂管理方法进行大刀阔斧的改革,我们很可能会看到的情况是:教师的思维更具批判性,学生却无法从中受益。

误解三:教授批判性思维的理论等同于教授批判性思维

把教授关于批判性思维的理论和教授批判性思维相等同,这是我们所能想到的一切错误假定中最隐蔽且最重要的一个,因为它本身又基于一些更深层次的错误假定,后者针对的是价值在教育中的作用。我在此无法详细考察这些根本性的假定,或许下面这句话已经足够了:**除非我们教学生运用一些标准和要求,让他们去独立地评估自己的思维,否则就无法让学生思考得更好**。当前的思路和做法认为教授批判性思维的理论能够实现这一点,我对此持否定的态度。

可以考虑C女士的案例。作为一名教师,C女士对"我们如何思考"这一问题非常感兴趣,也很想让学生对此感兴趣。因此,她经常向同事、学生和家长介绍关于思维过程及其条件的最新研究成果,并根据这些研究来组织教学。她根据学生的认知风格、左/右脑优势、道德发展阶段、性别或体型来区分学生。她首先按照经验研究所得出的差异来划分和描述学生,接下来则是尽可能恰当地对待各个学生,她认为必须着眼于个体,这样才能有效地处理个体的差异。

评论:关于教和学的经验研究对教师来说是有用的,而且每个学生有其特殊性,因此关注个体无疑也是必须的,但不应该以差异为由而把班级分割成一个个孤立的个体。尽管个体之间存在差异,教师仍应当努力在课堂中建立探究共同体,而不是以差异为理由建立一个杂乱无章的个体集合。如果一看到多样性就试图解散和分割课堂共同体,那么一个公正的多元社会便没什么指望了。

如果认为教授关于批判性思维的理论就能培养出批判性思考者,那无疑等于说,让学生了解关于自行车运动的研究成果就能培养出自行车骑手。这并不是说小学生不应该学习心理学的知识,而是说批判性思维要求人们进行**实际的推理**,只教授批判性思维**理论**收效甚微。

简而言之,知道得更多并不等于思考得更好。正如一般意义上的教育,批判性思维是一项干预措施,其目的不是让儿童的思维与其他人的思维如出一辙,而是让他们更具反思性、更加讲道理、更有判断力。教授关于某个学科的知识,只会让人对该学科持有疏远的、理论的态度,而非实践的态度。

误解四:批判性思维教育要求训练思维技能

儿童在家庭生活中学习母语时,很少接受语法和语用方面的训练。他们沉浸在一系列的情境中,每一个情境都有其独特的性质,其中的话语都有其独特的意义。言语行为和语言的意义受到语境的决定,如果脱离了语境,它们也就失去了意义,只靠单调的重复是无法提取意义的。意义越少(比如在背诵乘法表时),训练可能越有效;但如果意义在所学的内容中很重要,训练就会适得其反。因为在这种单调的训练中,人们的思维过程是脱离意义的,但所学的内容又会要求学习者对这些意义进行思考。如此训练出来的智力只会是一种异化的智力。

考虑一下 D 先生的例子。他是一位经验丰富的教师,非常明白实践在教育中的强大作用。以下是他的推理。很多时候,人们学会做某事是通过实际地去做,人们就是这样学习游泳、跳舞和滑冰的。技能关乎"知道如何"(knowing how),内容关乎"知道什么"(knowing that)。课程讲解可以把内容从一个人传递给另一个人,但只有实际地去做才能让人获得技能。所以 D 先生认为,因为思维水平是技能方面的事情,关乎"知道如何思考",又因为技能出自实践,所以要想提高学生的思维,只能通过让学生做大量特定的思维练习来进行训练。此外,D 先生认为,对于一些学生在他的课上需要具备的技能,如果之前的老师没有培养,那他自己就有责任去为学生提供这些技能。

评论:D 先生提出了教育工作者经常做出的一些假定。第一,如果学生缺乏用于掌握课程内容的必备技能,可以直接把这些技能纳入课程。第二,他认为训练是培养技能的最佳方法。第三,他认为技能以外的其余东西都不需要。

关于第一个假定,我们可以追问:有什么证据能够表明把技能纳入课程的做法是有效的?如果确实有效,是由于这种做法本身的优点,还是因为它强化了学生在批判性思维课程中所习得的技能?针对第二个假定,关于

"通过思维训练来培养技能"的做法,我们可以提出相同的问题。首先,它是否有效?其次,把它和一些不那么刻意的方法(比如在课堂上进行遵循逻辑的对话)进行比较,孰优孰劣?

针对第三个假定,我们可以追问:优秀的批判性思考者就如同优秀的工匠,但工匠的技艺绝不只是技能的集合。人们也许可以娴熟地运用钻、拧、切、磨等技能来处理金属,但如果没有实用性、适用性和美感方面的标准,或是自己的表现不满足这些标准,那么他们也只能是拙劣的工匠,甚至根本算不上工匠。批判性思维也是如此。批判性思考者必须认识到关于探究事项的标准,学会运用这些标准,做好使用它们的准备;他们还必须严格要求自己,不能胡乱地思考(以不合逻辑或非批判性的方式);他们还必须精通于多种技能的配合使用,因为很多技能在不同的时候要以不同的方式组合起来。

D先生需要更彻底地反思自己的实践,从而确定训练在哪些情况下有效、哪些情况下无效。他还需要问自己:怎样才能不单单关注技能的培养,并且关注思维**艺术**的培养?

误解五:逻辑思维教育等同于批判性思维教育

批判性思考者的要求之一是避免违背逻辑,因此,人们很容易假定批判性思维等于遵循逻辑的思维。如果是这样,那么开设一门高质量的逻辑课也许就够了。

例如,作为一名教师的E女士早就受够了学生的蹩脚推理。她认为,只教学生语法、词汇、算术、几何还不够,他们必须学会如何进行合乎逻辑的推理。因此,她获准开设一门形式逻辑课。

评论:E女士认为,学校未能坚持培养学生的基本逻辑能力,却又对学生的算术能力提出了过分要求,这是教育中的严重缺陷。她在这一点上是对的。不过,尽管 E 女士正确地认识到逻辑能力是必要的,但这并不意味着一门逻辑课就足以解决问题了。

可以肯定的是:一门孤立的逻辑课是不够的,它无法告诉学生如何将逻辑运用于各个学科。教学生如何将逻辑技能和课程内容结合起来,这是非常必要的。否则,他们单靠自己很难做到这一点。

学校未能把技能和内容结合起来,这反映出人们过于模仿大学的模式(而在其他很多方面模仿得又不够)。正是在大学里,每门课都把一种过度专业化的范式塞给本科生。如果按照我的方式,我不会给本科生开设关于逻辑或批判性思维的课,也不会开设关于生物学、人类学或哲学的课,我会让他们上关于生物学推理、人类学推理或哲学推理的入门课,这样一来,逻辑技能和课程内容从一开始就会以整合的形态呈现给学生。

误解六:知识教育和批判性思维教育一样有效

有些教育工作者显然想要减少教学中对批判性思维的要求,他们认为知识教育一样有益,甚至更加有益。要解决这一争议,需要明确教育的目标。我们必须追问:"我们的教育到底是要对什么有益?"是要把学生培养成见多识广、知识渊博的公民,还是理性的、反思的公民,还是两者兼有?

F 女士提供了一个合适的例子。她是一位在当地特别优秀的教师,精通自己的学科,但她仍然觉得不满意。当年老师怎么教她上这门课,她就怎么上这门课。她预计学生会全盘掌握她所教的知识,可通过考试发现,学生并不能掌握这些知识。这是为什么呢?

评论:人们希望学生长大后能够通情达理并善于反思,但考试考察的是他们的知识,两者严重脱节。学生和家长期望学校的教育能够相关于生活、适用于生活。如果学生学到的东西都无法应用于日常实践和日常经验,就更别指望他们能发展出良好的判断力。

结果,家长、教师和学生都不满意。出题人的教育观念一般是知识导向的,而非判断导向的。即使出题人用一些"反思性的题目"作为让步,这种让步大概也是不情愿、不完备的。这不是说需要开设专门的考试来考查学生的抽象推理能力,而是说我们应当考查学生**能否根据已知的知识做出判断**,不要只关注学生是否掌握了某些知识。

很多老师都和F女士面临一样的情况,他们不知道哪里出了问题,有时会责怪学生,有时又会责怪自己。除非教育工作者先确定好事情的轻重缓急,除非他们赞同一套适用于教育过程的、一致而融贯的标准和要求,否则那些严谨的、善意的教师(比如我们在此提到的这些人)还是会觉得这个系统在某些地方是有问题的,并且会因这些不足而责备自己。

第二部分

探究共同体

第四章　在共同体中思考

什么产生了共同体？ 共同体产生了什么？

任何探究都是自我批判的实践，任何自我批判的实践也都是探究。探究的某些方面非常具有实验性。同时，探究也是社会性的，因为它建立在语言、科学操作、符号系统、测量等基础之上，这些无疑都是社会性的。

尽管任何探究都依赖于共同体，但这并不意味着任何共同体都依赖于探究，现实中很多共同体是"僵化守旧的共同体"。将共同体维系在一起的黏合剂是实践，但很多共同体的实践并不一定是自我批判的实践。在这个意义上，"探究共同体"似乎是一个悖谬的、奇怪的概念，由两个通常不放在一起的概念组合起来。更令人惊讶的是，这个如此特别的概念要被作为主导性的教育范式。

现在我们来考察一下探究共同体的特点。第一，需要看到探究共同体不是漫无目的的，而是一个旨在产生**结果**（某个解决方案或某个判断）的过程，不管这个结果是不是片面的、暂时的。第二，探究的过程有一种方向感，它跟着论证走。第三，这个过程不仅仅是交谈或讨论，而是对话，这意味着它有一个结构，正如会议辩论受到会议规则的约束，探究也有其流程规则，其中大部分都是逻辑规则。第四,需要更仔细地考虑如何将理性、创造力和关怀运用于探究共同体。最后还有一点,探究共同体可以用来执行和贯彻批判性思维、创造性思维和关怀性思维。本章和后续章节将探讨以上各点。

跟着论证走

人们通常假定,儿童生来便是小野蛮人,必须通过学习才能成为文明人。人们认为教育会对儿童产生正面影响,使他们成为社会性的存在者。但是,乔治·赫伯特·米德(George Herbert Mead)却提出了一个截然相反的主张,他写道:"儿童不是通过学习去获得社会性。他们首先要具备社会性,然后才能去学习。"[1]在此之前,皮尔士已经把"探究"和"共同体"这两个各自发挥强大作用的概念结合起来,创造出具有变革意义的"探究共同体"概念,而米德首先意识到这一概念会对教育产生深刻的影响。在米德看来,杜威已经认识到教师的作用是中介而不是支配。"用杜威教授的话来说,教学活动应该是经验的交换——儿童把自己的经验交由家长或教师来阐释。这就承认了教育是观念的交换,是交谈——隶属于话语的世界。"[2]米德接着讨论了这类交谈的主题应该是什么,并给出一个明确的答案,即它必须是教学活动的内容:

> 既然教学活动的内容被呈现为在儿童的经验中出现的问题——儿童与教师的关系也将有助于自然而然地解决问题——那么,教师能否实

---

[1] "The Psychology of Social Consciousness Implied in Instruction," *Science* 31 (1910), pp. 688-93, reprinted under the title "Language as Thinking" in *Thinking: The Journal of Philosophy for Children* 1:2 (n. d.), pp. 23-6.
[2] 同上,p. 25.

际取得成功,很大程度上取决于其有没有能力根据儿童的经验来陈述教学活动的内容。[1]

米德也明确地阐述了一堂课或一本教科书的组织方式——依照人们在探究时的思考方式,从而有利于探究。因此,理想的教科书"应该这样组织:主题的展开实际上是一颗心灵对另一颗心灵的作用和反应。柏拉图笔下的苏格拉底曾言,人们应该在对话中跟着论证走,这句箴言理应成为教科书编写者的座右铭。"[2]米德坦言,理想的教科书应该产生直接的、鲜活的影响,而非二手的、老套的东西;它应该充盈着儿童的经验,不应只是成人经验的缩略版本;它应该回荡着观念的冲突和心灵的碰撞;它应该生动地描述出儿童心灵与教学内容的相遇;它应该跟着论证走。

"跟着论证走"是苏格拉底哲学实践的指导原则,但它一直是一个令人困惑的概念。从更普遍的角度来看,探究是如何受到引导的?如果大自然处处是奥秘,该从哪里入手呢?人们似乎知道该从哪里入手,貌似是某种东西确定了孰先孰后,给人们以方向感。那这些东西是什么呢?

杜威的答案很有说服力。探究是在情境中进行的——在作为背景的整体或场域中。一处情境是一个整体,这个整体由情境中的各种要素构成,情境"无处不在"[3],而且每个情境都是独特的、不可分割的,没有哪两个情境会在整体上是相同的。人们在情境内部做出的区别和关系是可以再现和重复的,但这些不是情境的独特性质,这些性质不能与"红""硬""甜"混为一谈,

---

[1] "The Psychology of Social Consciousness Implied in Instruction," *Science* 31 (1910), pp. 688-93, reprinted under the title "Language as Thinking" in *Thinking: The Journal of Philosophy for Children* 1: 2 (n. d.), pp. 23-6.
[2] 同上。
[3] *Logic: The Theory of Inquiry* (New York: Holt, 1938), p. 68.

因为后者是人们在**情境内部**辨别出来的。毋宁说,情境的独特性质接近于我们用"令人困惑""振奋人心""令人忧郁"这样的词来指称的性质,这是引导艺术家进行艺术创作并体现在其作品中的第三性质,类似于乔治·尤斯(George Yoos)所说的"首要方面"。[1] 所有的探究都受到这些性质的引导,包括苏格拉底式的探究。每一个探究共同体都拥有一种"被要求性"(requiredness)或"简洁性"(Prägnanz),赋予该共同体以方向感,参与共同体的每一个人都具有这种性质,这就是杜威所说的第三性质。这是一种易于拥有但难以言传的性质,可如果它不存在或得不到承认,参与者就会缺少判定相关性的任何标准。

我们从杜威那里了解到,独特的、直接经验到的探究情境具有格式塔的性质,这种性质引导着探究共同体的进展;我们又从米德那里了解到,在教育的探究共同体中,成员围绕探究对象进行积极的讨论。不过,需要进一步明确这种讨论的特点。例如,每一次讨论都必须得出结论吗?加斯图斯·布赫勒(Justus Buchler)告诫我们,不要把讨论得出的产物与期望通过讨论得出的结论混为一谈:

> 什么时候才能谈到"结论"?或许要经过很多个小时,并接受适合于具体情况的限定,才能得出结论。但是,不管讨论进行到哪儿,都一定会得出某个产物。这个产物不需要表现为确定的结论。它可以是对可能观点的列举,或是对问题的更完整定义,或是更多的欣赏。也许它更多是在展现,而不是在断定……学生或许没有权利要求最终的答案,但他

---

[1] George Yoos, "A Work of Art as a Standard of Itself," *Journal of Aesthetics and Art Criticism* 26 (Fall 1967), 81–9. See pp. 243–4 in this book.

们肯定有权利去期待对于理智活动或判断能力的感受。[1]

没错！对于判断能力的感受。儿童很少会对自己从哲学讨论中得出的产物感到不满意，即便只是得出了某种初步的哲学区分，他们也会感到满意，因为他们意识到自己知道得很少。与成人不同，儿童并不执着于答案或结论。他们要的是哲学提供的那种转变——不是为老问题提供新答案，而是转变所有的问题。[2]

例如，苏格拉底向游叙弗伦提出一个尖锐的问题："因为上帝命令了某件事情所以它是正确的，还是说因为某件事情是正确的所以上帝命令了它？"这个问题提出后，事情显然不可能还跟原来一样。提出这个问题，就是迫使人们以不一样的方式来思考世界。

交谈的逻辑

谈到探究共同体时，必然会注意以下两方面的对比：是强调共同体中的个人因素，还是强调共同体中的探究（探究所遵循的逻辑是超越个人的）。当我们对交谈[3]（conversation）和对话（dialogue）进行比较时会看到：交谈过程中的个人因素很强而逻辑线索很弱，对话过程则相反。

在对比交谈和对话时，有一点很引人注目：交谈具有一定的稳定性，而对话具有一定的不稳定性。在交谈中，先是一个人占上风，再是另一个人。

---

1 "What Is a Discussion?" *Journal of General Education* 7: 1 (October 1954), pp. 7–17.
2 这里重述了赖尔在《休谟》一文中的评论，参见"Hume," *Collected Papers*, vol. 1 (New York: Barnes and Noble, 1971), p. 160.
3 这里所说的"交谈"指的是日常生活中普遍存在的交流活动，与"聊天"的意涵非常接近，读者在阅读时可以以"聊天"来理解"交谈"——译者注。

虽有往来，但没有什么巨大的变动，交谈在两个主角之间来回切换，它包含一定的步骤，但本身不会移动。而在对话中，失去稳定是为了向前移动。这不禁让我们联想到走路的情况，在走路时，你的两只脚绝不会同时稳固地踏在地上，向前迈出的一步使得另一步成为可能，在这个过程中，你不断让自己失去平衡，从而向前移动。在对话中，每个论证都会激发反证，不仅推动自己超越对方，也推动对方超越自己。

交谈是交换，是感受、思想、信息、理解的交换。对话是相互探索、调查、探究。人们在交谈时彼此配合，就像网球运动员在练习时欢快地击球。人们在对话时彼此合作，就像几个警察一起处理同一个案件。打球的人想要打尽可能多的回合，警察则想要在尽可能短的时间内破案。

对话的逻辑根源于交谈的逻辑。简单考察一下保罗·格里斯和露丝·索（Ruth Saw）对交谈的研究，能够分辨出其中的逻辑，随着交谈转变为对话，这种逻辑会逐渐变得更加明显。

格里斯提议考察"支配交谈的条件"[1]，从而把人们在交谈时视为理所当然并尽力遵守的那些准则给表述出来。他认识到，交谈类似于思考，两者都具有威廉·詹姆斯（William James）所谓的"飞行和栖息"这一特点。交谈不是畅通无阻的，而是充满了裂隙。人们脱口而出，继而收回自己的话；我们旁敲侧击，交谈的伙伴会揣度和猜测。交谈把那些宣之于口的意义碎片拼凑在一起，其运作依赖于格里斯所谓的"言外之意"（implicature）。言外之意之所以可能，是因为交谈是一种携带着共同价值和共同意义的共享经验。在交谈中，人们相互配合，从而相互满足某些共有的期待。人们在交谈时往往给出只言片语，但会主动填补空白，从而构成一条完整的意义线索，

---

[1] "Logic and Conversation," in *Studies in the Way of Words* (Cambridge, Mass.: Harvard University Press, 1989), p. 26.

交谈的人各抓住其中一端。此时此刻,人们所遵守的准则就是格里斯所说的"合作原则":"在交谈发生时,你对于交谈的贡献要契合于大家参与谈话的公认目的或方向。"换句话说,格里斯建议:人们应该根据在交谈时感受到的"被要求性",来决定自己以何种方式、在什么时候作出贡献。

交谈的艺术

针对交谈的条件,露丝·索也给出了一种阐释。[1] 她首先提出几个问题:什么是交谈?能不能说租客和房东正在就租金问题而展开交谈?法官把原被告双方的律师叫到自己的办公室,是要展开交谈吗?在发现自己的小孩逃了几天学以后,我们会与他们展开交谈吗?交谈与讨论有什么不同(如果确有不同的话)?与对话呢?与论证呢?交谈和沟通之间又有什么联系?

露丝·索主张,交谈在本质上是不涉及利害关系的,没有任何隐秘的目的。交谈不受引导或指导,我们也不能以任何方式去试图操纵与我们交谈的人。交谈的展开是为了交谈本身,就如同纯粹的艺术形式。"只要人们说话是为了给别人留下深刻印象,为了炫耀自己的智慧、财富、学识,或者为了给自己带来一些好处,他们就没能把听者当成一个人,当成自在的目的,也没能为了交谈本身而与之展开交谈。"[2]

露丝·索说,就算我们为了某个值得称赞的目的去操纵,这也不是交谈。比如我们设法引导一个孩子去更好地展示他的智力,就不能说这是交谈。再比如我们不坦率地表露自己的态度,这种互动就不可能是交谈。

---

[1] "Conversation and Communication," inaugural lecture at Birkbeck College, 1962, as reprinted in *Thinking: The Journal of Philosophy for Children* 2: 1 (n.d.), pp. 55–64.

[2] 同上,p. 64.

交谈的前提是交谈者之间存在一种合理的伙伴关系,即自由平等的个体之间的伙伴关系。交谈的方向并非取决于各种一致性的法则,而是取决于交谈过程中不断形成的各种需要,就像一个正在写书的作家,当他写到一半时,发觉这本书的情节已经预示了后面该怎么写。此外,正如作家还可能引入一些特别之处以让读者感到出乎意料,那些参与交谈的人可能揭示一些意外之事,从而让彼此感到惊讶或愉悦。事实上,在不受引导的交谈中,你以一种自己之前无法做到的方式倾听自己。你倾听自己说话,然后评论道"我一定是嫉妒了",从而多了一些对自身的认识,其客观程度不亚于你从对方的评论("他一定是嫉妒了")中做出的推断。因为在交谈中,你可以退后一步,倾听自己说的话,就像一个艺术家在作画时可以退后一步,欣赏自己的作品。

对露丝·索来说,交谈是一种对称的关系。"如果B不与A交谈,A就不能与B交谈。"[1]它是对于彼此个性的相互探索。如果想要深入地认识对方,就必须准备好对自己进行类似的认识。为了更好地理解这一规定,可以回到露丝·索关于"向某人传达某事"和"与某人交流"的区分。前者指把某种内容从一个人传递给另一个人;后者指一种人际经验,在这种经验中,每个参与者都会激发对方的思考。露丝·索坚持认为,仅当我们真正与他人交流时,才会受到激发、独立思考。

对话的结构

遗憾的是,露丝·索关于对话的探讨有失公允,她把对话误认为一种不

---

1 "Conversation and Communication," inaugural lecture at Birkbeck College, 1962, as reprinted in *Thinking: The Journal of Philosophy for Children* 2:1 (n. d.), p. 60.

对称的行为,比如发号施令、接受指令、提出建议、否决建议等,这些带有操纵意图的行为是等级组织的特征。她所列举的对话大多具有宣教色彩,比如这段对话摘自维多利亚时代的童书:

哈里:爸爸,你答应过下次在乡下散步时会告诉我们蜜蜂的习性。

父亲:我很高兴你提醒了我,我的孩子,因为我们都可以从这些忙碌的小动物身上学到东西……[1]

虽然诸如此类的交流可以被当作对话,但探究共同体不是由这种可笑的对话构成的。

按照露丝·索的看法,交谈在本质上是非目的性的、非操纵性的话语。那么与交谈相对立的不是对话,而是说服,属于修辞学的内容。对话显然介于交谈和说服两者之间,它并非完全不带目的,很可能存在以说服为目的的论证。与交谈不同,对话是探究的一种形式,而我们既然跟着探究走,就不能说对话行为是无目的的。参与对话的人有可能提出论证,以说服其他参与者相信其信念是正确的。不过在这一点上也存在分歧。例如,博钦斯基(J. M. Bochenski)认为,所有的哲学对话都不求说服他人:

哲学家常常参与讨论,而讨论不是为了说服对方。他唯一想要获得的是他自己的信念。他希望要么能从对手那里了解到自己的观点是错误的,从而对现实有新的、更好的把握,要么对手的论证可以帮助阐明、

---

[1] "Conversation and Communication," inaugural lecture at Birkbeck College, 1962, as reprinted in *Thinking: The Journal of Philosophy for Children* 2:1 (n. d.), p. 60.

改进和巩固自己的观点。[1]

博钦斯基似乎排除了对他人的说服，没有排除对自己的说服。上述阐释是否与"探究共同体"的概念相容？这个问题仍有待探讨。

对话与共同体

马丁·布伯是对话的重要支持者。他认为在对话中，"每个参与者确实在心中惦记着那个或那些当下的、特殊的他者，想着与他者确立一种活生生的相互关系"。他认为对话与独白、辩论、交谈、闲聊、情话都不同。在独白中，人们以自我为中心；在辩论中，每个人都把对方当成一种立场而非一个人；在交谈中，人们主要想给别人留下深刻印象；在闲聊中，每个人都认为自己是绝对的、正当的，别人则是相对的、可疑的；在情话中，每个人都想享受自己宝贵的私人经验。布伯接着表明，对话一方面关乎思考，另一方面关乎共同体。[2]

毫无疑问，露丝·索关于交谈的伦理要求和布伯关于对话的伦理要求之间存在相似之处。这些规范性的思考有助于区别真正的探究共同体和虚假的探究共同体。不过，尽管它们是相关的，甚至是必要的，但并不充分。探究共同体的一个特征是其中发生的对话受到逻辑约束，人们必须进行推理，才能跟上探究共同体的进展。不懂逻辑的人要如何理解萨克雷（Thackeray）的这个故事：

---

1 "On Philosophical Dialogue," *Boston College Studies in Philosophy* 3 (1974), pp. 56–85.
2 *Between Man and Man* (London: Kegan Paul, 1947), sect. II.

一位老神父跟一群密友谈话，偶然说道："我的经历是很奇特的；女士们，我的第一个忏悔者是个杀人犯。"这时，这片地方的第一大贵族走进了房间："啊，神父，你来了；你们知道吗，女士们，我是神父的第一个忏悔者。我向你们保证，我的忏悔曾让他大吃一惊。"[1]

当课堂被转化为探究共同体，跟着论证走的那些步骤就是遵循逻辑的步骤。正是出于这个原因，杜威正确地将逻辑等同于探究方法论。[2] 当一个探究共同体展开审议，每一个步骤都会产生某种新的要求。一项证据的发现会揭示出其他所需证据的特点；一项主张的宣布会要求说明支持该主张的理由；一个推论的提出会迫使参与者去探索该推论的假定或预设；一个对事物进行区分的主张会要求我们去询问区分它们的依据……每一个步骤都会引发一连串的反驳或支持。当这些连带的问题得到解决，共同体的探究方向将更加清晰和明确，探究也将以新的活力继续进行。

当然，我们不应该为偶尔获得的定论而得意忘形，它们只是临时歇脚的地方，不是终点。正如杜威所言：

> 尽管特定的探究为特定的情境提供了"定论"，但这并不保证定论永远如此。我们总是在获得确定的信念，但没有什么信念会确定到可以免于进一步的探究……在科学探究中，判定什么算得上定论、什么算得上知识的标准目前倒很确定：结论或知识可以作为进一步探究的资源。但它没有确定到可以不接受进一步探究的修正。[3]

1　莫里斯·科恩[Morris R. Cohen]和欧内斯特·内格尔[Ernest Nagel]讲述了这个故事，参见 *An Introduction to Logic and Scientific Method* (New York: Harcourt Brace, 1934), p. 174.
2　*Logic*, p. 5.
3　同上，pp. 8 - 9.

定论让我们有依据做出假定,有理由做出断言。可它们依然是"临时判断",而不是绝对牢固的信念。[1]

从他人的经验中学习

从某种意义上说,探究共同体是一种共同学习,它体现出共享经验的价值。另一方面,探究共同体提高了学习的效率,很多学生原本以为学习完全要靠自己,可通过学习共同体,他们发现,原来也可以运用他人的学习经验并从中获益。

这听上去显而易见,但实际的课堂经验却表明很多人还不理解这个道理。大学生不听同班同学发言的例子比比皆是,他们不认为同学的经验可以补充、支持或反驳自己的经验——实际上,当他人的经验可以补充自己的经验时,他们听完以后会有很多收获;当他人的经验可以支持自己的经验时,他们会更坚定地主张自己的信念;当他人的经验可以反驳自己的经验时,他们也许不得不重新审视自己的观点。

通常情况下,学生越认为自己不能从同学的经验中学习,就越认为自己能从教师的经验中学习。这些学生的想法并没错,他们确实可以获益于成人,成人在儿童和世界之间发挥中介作用,比如成人可以将社会的经验与文化翻译给学生,又可以将学生的经验翻译给社会。探究共同体则将这种翻译活动融入学校的日常实践。

---

1 康德对于"临时判断"的看法对我们很有启发,在此引用他的文字:"关于判断的**中止**或**保留**,它在于有决心不让纯粹**临时的**判断成为**确定的**判断。通过临时判断,我认为:**支持**某个真相的理由多于反对它的理由,但这些理由又不足以得出一个供我完全支持这个真相的**确定**判断。因此,临时判断是一种人们意识到有问题的判断。"[Kant's *Logic*, trans. Robert S. Hartman and Wolfgang Schwartz (Indianapolis, Ind.: Bobbs-Merrill, 1974), pp. 82-3]

探究共同体在教育中的作用

想让教育围绕着探究而展开，就要把课堂转变成一个鼓励通过友谊与合作来改善学习氛围的共同体，而不是以往那种彼此竞争、近乎敌对的课堂环境。探究共同体的特点包括：审议而不敌对、共享认知、培养读写能力和哲学想象力、鼓励深度阅读、享受对话文本。

然而，存在各种各样的共同体——思考的共同体和不思考的共同体，反思的、自我纠正的共同体和不反思、非自我纠正的共同体。教育所需要的显然是**探究共同体**，人们通常把它和"学者共同体""学术共同体"等归为一类，但探究共同体与它们并不相同。并非所有的学校教育都能被称为探究。要进行探究，就必须对"一切正常"产生怀疑，认识到自己所在的情境中包含着令人不安的困难，在一定程度上是有问题的；并且，必须以自我纠正为目的来进行考察，做出全面周到的考虑，提出作为问题解决方法的替代性假设。最重要的是，探究要求追问，狭义地说就是要求追寻真理，广义地说就是要求追寻意义。以下是探究共同体的若干特征：

a. **包容性**。共同体内部可以是（也可以不是）多元化的——参与者可能来自不同的宗教、民族、年龄——但在共同体内部，如果没有完备的理由，就不能任意禁止人们参与共同体的活动。

b. **参与**。探究共同体鼓励成员平等地发言，但不强制他们必须发言。在某种意义上，共同体如同一本书，是一种认知图式。图式是类似于格式塔的关系结构，吸引参与者的参与，就像一本有趣的书让读者爱不释手一样。当儿童的读物是一本有趣的小说时，学生就会更加急切地一页一页读下去，想知道接下来会发生什么。

c. **共享的认知**。在长时间的个人反思中,个人会为了理解和分析问题而进行一系列的精神活动,如惊异、提问、推断、定义、假定、推测、想象、区分等。在共享的认知(也称为"分布式思考")中,上面这些活动同样在进行,但它们不是由一个人完成的,而是由共同体的不同成员实施的。一个人提出问题,另一个人反驳某个潜在的假定,其他人再提出反例。个人的反思和共享的认知或许覆盖了相同的理智领域,但共享的认知表明了一个思考的共同体是何以可能的。

d. **面对面的关系**。人与人面对面的关系可能不是探究共同体所必需的,但却是非常有帮助的。人的面部汇集着复杂的意义结构,有待我们不断去观察和解读。每个人的面容经由生动鲜活的面部特征而生成了丰富的意义,人们只有在面对面时才能察觉这些意义。

e. **对意义的追寻**。儿童热衷于理解,所以他们试图从每一个句子、每一个对象、每一份经历中提取出意义。因此,探究共同体追寻意义,如同重症监护室保护生命。

f. **社会团结的感受**。人们经常发现,儿童往往通过强烈但难以言喻的友谊而团结在一起。一些教师倾向于认为这种课堂友谊会威胁到自己的权威,故采取了分而治之的策略。然而,在理解课堂共同体与课堂中的友谊时,强化其中的一者并不会威胁到另一者。

g. **审辨**。这要求人们通过考察不同选项背后的理由来做出选择。由于审辨通常发生于判断的准备阶段,因此可以把这个过程称为对选项及其理由的"权衡"。可以把审辨和辩论进行比较:进行审辨的人自己可以相信某个观点,但不需要试图让别人接受它;进行辩论的人试图让别人接受某个观点,而自己不需要相信它。

h. **不偏不倚**。探究讲求公正无私、不偏不倚,通过公开的、自我纠正的、合乎语境的方式来研究某个重要的议题,要对所有方面、所有观点以及每个人的利益都加以考虑,然后再得出结论。

  i. **示范作用**。探究共同体以哲学小说为材料,这些文本中虚构的儿童可以为课堂上真实的儿童树立哲学探究的榜样。这区别于传统的小学教育方法,后者主张教师是学生的榜样。为了检验这一主张,不妨考虑一下提问(这是哲学探究的关键策略),学生可能倾向于认为老师提出问题是为了获得答案,而不是为了引出更多的问题。因此,许多孩子更愿意以虚构的儿童作为榜样。

  j. **独立思考**。共同体有时可能要求服从,抹煞独立思考。必须警惕这种情况。在共同体中,强大的图式可能会要求定论和赞同(例如在陪审团中),个人的观点可能会沦为主流观点的回声。尽管如此,学生还是可以为自己的创见感到自豪。应该尊重别人的见解,但不需要模仿和照搬。在一个健康的探究共同体中,学生会学着进一步发展彼此的想法,而且可以基于不同的结构。他们也会认识到,当共同体敦促成员去发现问题的某一面时,成员也可以站在另一面并为此感到自豪。

  k. **质疑作为一项流程**。当孩子们彼此争辩时,他们常常相互质疑、相互挑战,有时还十分激烈。当他们要求知道某个判断背后的理由,或者某个表达的意义时,质疑就会出现。而之所以孩子们会过激地质疑,是因为他们还不知道其他的质疑/挑战方式。探究共同体的经验则告诉他们:质疑是好的,但无需过激。它只是参与者在探究过程中需要执行的一项认知流程。认识到这一点后,孩子们就会松一口气。毕竟,并非只有成年人才想成为理性的人。

  l. **理性**。"理性"指的是一个人基于良好的判断去运用合理流程的能力。举例而言,一位内科医生在处理一个具有高度传染性的病人时,就会对如何开展医疗流程做出理性的判断。"理性"不仅可以指一个人如何做出行动,也可以指一个人如何受到影响:它意味着一个人有能力去倾听理性或接受理性的影响。这两种含义对于探究共同体而言都是至关重要的。

m. **阅读**。一节包含探究共同体的课旨在引导课堂成员进行反思——包括反思性阅读、反思性提问和反思性讨论。只要在其中任何一项上取得成功,就有可能带动其他两项。这意味着,每节课从一开始就要通过某种流程或事件去激发学生对意义的追寻,可能是有争议的问题,也可能是有待揭示与思索的谜题。从这个意义上说,第一次阅读哲学文本类似于第一次观赏一幅画或聆听一段音乐。人们必须观察那些有待观察的东西,欣赏那些有价值的东西,理解陈述,澄清假定,推断含义,把握暗示,并猜测当下的意图。这是**深度阅读**,它不同于肤浅的阅读,深度阅读是学生应该达到的目标。

我们鼓励让班上的学生一个接一个地朗读课文。这种做法具备一定的伦理价值,可以向他们展示一种有序的共享活动。此外,朗读课文有助于儿童自己把握课文的意义。他们往往倾向于单调地、不带感情地进行阅读,这会造成意义的大量流失,朗读课文则有助于纠正这种倾向。毫无生气的阅读不能激发读者的情绪反应,但正是这些情绪反应可以凸显文本旨在体现的细微差别。最后,朗读有助于培养专注认真的倾听方式,这是正确思考和精确思考的先决条件。

n. **提问**。朗读结束后,教师让那些感到困惑的学生提出问题,表达自己的困惑,然后将这些问题写在黑板上,每个问题后面都写上提问者的名字(这是他们对共同体的活动作出的贡献)。这一刻值得他们骄傲,他们此时可以为自己的想法负责。写完之后,黑板上列出的问题代表了共同体成员对于讨论主题的不同兴趣和观点,也代表了可能的讨论议程。

这是一个关键的时刻。如果由教师选择要讨论的问题,学生很可能认为这还是那套专制的做法。幸运的是,还是有许多民主的做法,例如可以通过抽签来决定讨论问题的顺序,也可以让没有提交问题的人进行选择。无论如何,一旦认可了问题的重要地位(以及答案的次要地位),学生就会对提问的重要性产生更深刻的认识。问题是探究的先锋,它使人们进入对话、自我批评和自我纠正的过程。每个问题都蕴藏着巨大的潜力,质问着世界的某一部分。提问有助于推动试错性的实践——假定自己是不正确的,从而发现自己之前不知道的错误。提问让怀疑成为正当的惯例,并引出批判性的评价。提问向大家提示新的选择,避免了非对即错的二分。我们必须不断寻找鼓励学生提问的新方法,这不仅仅是出于习惯,而是因为许多实践和机制的依据与优势只有通过创造性的提问才能被发现。

提问的一个重要类型是追问。当第一个问题提出来了,学生也回答过了,就可以继续追问。其中最典型的是"你这样说的意思是____?"高水平的采访者(比如有经验的记者)能通过追问将某一话题深究到底。对于哲学教师和学生而言,培养这方面的技能是很明智的。

猜测提问者的目的或意图不是一件简单的事。很多时候,问题可以作为诱饵,让学生察觉到某个潜在的疑难。从某种意义上说,疑难是冰山,问题只是冰山在水面上的一角。可上文又说过,提问是探究的先锋。这两种说法其实都是对的,看似矛盾却给人以启发。问题使我们心中产生怀疑,而怀疑是探究的起点。

o. **讨论**。当共同体决定了首先要讨论的问题,并把注意力投向了提出这个问题的人,讨论便开始了。教师可能会要求这个学生简单谈一谈这个问题的来源,提出它的理由以及它为什么重要。学生回答以后,其他学生加入进来,表示同意或不同意。

由于阅读和提问激发了学生的各种兴趣,所以很可能会出现不止一条推理线索,学生也希望跟进所有这些线索。虽然教师往往很讨厌这种多线的探究,可儿童显然有能力同时参与多个探究(这一观点得到了下述事实的支持:许多学生能够比成年人更准确地记住自己所说的内容和所赞同的事情)。因此,教师需要能够处理好这些不同的探究方向。

讨论能够有效提高学生的思维技能,这大概在一切学科中都是正确的,对于旨在改进思维的课程来说更是如此。当同一学科的专家正在讨论一个具有理论意义的问题时,他们会做出最好的推理、利用最适切的知识并给出最理性的判断。在儿童探究共同体中,情况也是如此。学生围坐在一圈椅子上,与同学面对面,运用从他人那里学来的思维技能和思维工具(如理由和标准)进行讨论。他们讨论的问题可能很琐碎,也可能涉及相当抽象的概念。他们也试图做出最好的推理、利用最适切的知识并给出最理性的判断,因为所有这些都是在老师和同伴面前公开发生的。在讨论的情境中,人们可以协商各自的理解,可以审辨理由与选项,也可以考察不同的阐释。

通往课堂探究共同体

我们将考察探究共同体的各个阶段,借此剖析这一概念。我划出了五个相对独立的阶段,不过这里暂不对每个阶段可能采取的步骤进行详细分析,只是指出每个阶段在心理上和教学上发生了什么。我将以**哲学**探究共同体为例,因为它提供了一个宝贵的模型。其他学科的探究共同体是不是也应该接近这个模型,这个问题尚待确定。

Ⅰ. 提供文本

1. 采用故事形式的文本,为探究共同体提供示范。

2. 文本反映过去几代人的价值观和成就。

3. 文本作为文化和个体之间的中介。

4. 文本是一种非常特殊的感知对象,其中包含精神上的反思。

5. 在文本的描述中,人际关系可能被分析为逻辑关系。

6. 轮流朗读。

    a. 读听交替的伦理意义。

    b. 书面文本的口头复述。

    c. 轮流分工:课堂共同体的起点。

7. 逐步内化虚构人物的思考行为(例如,学生读到虚构的人物如何提出某个问题之后,也许就能在课堂上提出类似的问题)。

8. 全班发现文本是有意义的、切题的;班级成员利用这些意义。

Ⅱ. 构建议程

1. 提出问题:全班对文本的初步回应。

2. 由教师确认贡献者的姓名。

3. 通过共同体的合作来确立议程。

4. 议程展现出学生的兴趣点。

5. 议程对应着学生认为重要的文本内容,表达了群体的认知需要。

6. 教师和学生共同决定从哪里开始讨论。

Ⅲ. 巩固共同体

1. 通过对话探究来实现群体的团结。

2. 活动优先于反思。

3. 阐明分歧,寻求理解。

4. 练习对话,培养认知技能(比如发现假定、归纳概括、举例说明)。

5. 学习运用认知工具(比如理由、标准、概念、算法、规则、原则)。

6. 通过合作式的推理来建立彼此的联系（比如发展彼此的想法、举出反例、提供替代性的假设）。

7. 对公共的共同体认知活动加以内化（例如，学生把互相纠正的方式加以内化，直到每个人都能做出系统性的自我纠正）——"在心灵内部重现心灵之间的东西"（维果茨基）。

8. 更敏锐地察觉到那些重要但细微的语境差异。

9. 集体摸索着前进，跟着论证走。

Ⅳ. 使用练习，安排讨论

1. 使用来自学科传统的问题：诉诸专业指导。

2. 学生利用该学科的方法。

3. 让学生了解其他的哲学方案。

4. 关注具体问题，推动做出实际的判断。

5. 促使探究者审视一些高度概括的范导性理念（regulative idea），包括真、共同体、人格、美、正义和善。

Ⅴ. 鼓励进一步的回应

1. 引出进一步的回应（通过讲述或编写故事、诗歌、油画、素描等认知表达形式）[1]。

2. 承认个体与共同体获得了批判性与创造性。

3. 表扬学生随着判断力的加强而更深入地理解了意义。

---

[1] 达维多夫[V. V. Davydov]为在艺术教育中采用对话提供了有益的指导，参见"The Mental Development of Younger Schoolchildren in the Process of Learning Activity," *Soviet Education* 30: 10 (1988), pp. 3-16。该文选自其著作 *Problems of Developmental Teaching*, trans. Liv Tudge (Armonk, N. Y.: M. E. Sharpe, 1986)。关于对话在教学中的价值，参见 Roland G. Tharp and Ronald Gallimore, *Rousing Minds to Life* (New York: Cambridge University Press, 1988); W. Wilen (ed.), *Teaching and Learning through Discussion* (Springfield, Ill.: Charles C. Thomas, 1990); and Luis C. Moll (ed.), *Vygotsky and Education* (Cambridge University Press, 1990)。

讨论在探究共同体中的认识论地位

探究共同体期望建立一个思想体系。它始于一个临时的脚手架,其中包括已经持有的相关信念、项目的各个目标以及要坚持的价值观。这是一个辩证的过程:从具体的判断到共同接受的概括,又从概括到具体的判断。对价值的考虑以先前的事实判断为背景,旨在建立一个反思平衡的思想体系。"当一个思想体系的各个组成部分对于彼此而言都是有道理的,并且它们所构成的描述对于我们就该主题已持有的信念而言也是有道理的,这个思想体系就处于反思平衡的状态。"[1]那么,某个成员的发现又是如何传递给其他成员的?在探究共同体的活动过程中会出现下面这种情况:那些获得新发现的人会让共同体里的其他人也了解这个新发现,由此产生了一种"滚雪球现象",研究人员对此有充分的记录:

> 论证策略的运用犹如滚雪球。也就是说,一旦某个孩子在讨论中使用了一个有用的策略,它往往扩散至其他孩子,发生的频率也越来越高。一个策略首次出现以后,再次出现的概率通常会增加并停留在较高的水平上。一般来说,策略会越来越密集地出现在讨论中。相较于那些由教师控制参与的讨论,开放式参与的讨论更明显地表现出滚雪球现象。[2]

1　Elgin, *Considered Judgment*, p. ix; I have also paraphrased from various passages on pp. 102–6.
2　Richard C Anderson et al., "The Snowball Phenomenon: Spread of Ways of Talking and Ways of Thinking across Groups of Children," *Cognition and Instruction*, vol. 19, no. 1, (2001), p. 1.

另一位研究者芭芭拉·罗戈夫(Barbara Rogoff)则通过"参与式利用"的概念来指称"个人在亲身参与中改变对于活动的理解和责任"这一过程。[1]

---

[1] Barbara Rogoff, "Observing Sociocultural Activity on Three Planes: Participatory Appropriation, Guided Appropriation and Apprenticeship," in J. V. Wertsch et al. (eds.), *Sociocultural Studies of Mind* (Cambridge: Cambridge University Press, 1995), pp. 139 - 64.

第五章 通过探究共同体来减少暴力

教育，而非灌输

这一章中要讨论关于和平与暴力的教育话题，不过我不打算颂扬和平的美好、谴责暴力的邪恶。因为单纯地颂扬或谴责反而会陷入困境，许多支持和平、反对暴力的教育尝试都是如此。诚然，和平是最值得提倡的，暴力是最不值得提倡的。但在进行这方面的价值教育时，不管是培养直接的情绪反应，还是重申和平有多美好、暴力有多糟糕，这些都不够。我们必须帮助儿童**理解并实践**那些减少暴力、推动和平的内容。他们必须学会独立思考这些事情，不能只是在受到刺激时被动地做出反应（就如膝跳反应一般）。

一方面，学生必须比现在更了解和平、自由、公平、互惠、民主、人格、权利、正义等概念的**意义**，尽管在这个过程中，大家可能会遇到关于这些意义的深刻分歧。另一方面，学生必须更熟悉合理审议的流程、揭露刻板印象的流程以及减少偏见和冲突的流程。

这两个要求导向了同一个结论：将普通的课堂转变为**探究共同体**。在探究共同体中，学生可以提出和交流想法、澄清概念、发展假设、权衡可能的后果，一起进行理性地审辨并学会享受理智上的相互依赖。课堂共同体在许多方面与陪审团相似，它们都注重培养探究、推理、概念形成等技能，并且借由这些技能把次要的问题放在一边,更顺利地进行讨论、做出决定。如此一来,即便在面对一些似乎没有头绪的宏大议题时,学生也知道该如何去应对。

如果人们想学会解决日常冲突的最佳方法,首先必须学会共同提问、共同推理、共同判断。辩论在某些语境内(例如法庭)是很有价值的,但学生如果能够获得批判性、创造性和关怀性思维的基本技能,并且能够进行探索性的对话,学会考虑各个议题的其他方面,将会更加受益匪浅。必须承认,旨在实现和平的合作在本质上是一项社会性的公共事务,它要求培养学生在共同分析证据和理由、实现和解、达成共识等方面的技能。

仅当面对那些关涉自己的问题并真切地感到不安时,学生才能在相互协调、达成定论等方面获得重要练习。正是基于这一点,我们需要对哲学进行适当的重构,让最年幼的学童都能读懂,便有可能带来巨大的好处。哲学提出了供人们思索的观念,这些观念不会枯竭,人们总是可以围绕它们展开争辩。

正如亲密的朋友珍视友谊、强大的共同体珍视团队精神,和平的社会也重视理解和平的含义与维持和平的必备条件。一个社会如果不去了解如何实现和维护和平,就不可能享有和平。谴责暴力、颂扬和平的布道和讲座往往充满了刻板思维,他们经常想当然地认为听众应该无条件地支持和平、反对暴力,既不考虑背景或环境,也不考虑特定的暴力是否有理可依。这导致了一种刻板的、单向度的道德思考,比如"她很被动,一定是善良的""她很乖巧,一定拥有美德的""他很潇洒,不可能侵犯他人的权利"等。换句话说,以往的教育让人们不仅在口头上支持这些刻板印象,还在实践中纵容那些建立在错误推断或错误评价之上的行为。当强奸被错当成男性的特权,受害者的抗议往往不被允许提出,也得不到倾听。一段时间后,那些受到侵犯的人不再抗议,因为她们看到这样做是没希望的;而在其他人看来,她们的沉默则明确表明她们容许这些事情的发生,或者她们活该受到这样的对待。

因此,旨在减少暴力的教育和旨在建立和平的教育是同一枚硬币的两个面。具有购买力的是硬币整体,而不是其中任何一面。我们熟悉这样一个事实:在教导人们减少暴力时,有些人先描述暴力、再谴责暴力,但这种策略很难奏效,因为听众往往陶醉于描述而忽略了谴责。倡导和平的宣传往往也是如此,它对和平的描述极其枯燥,让人们感到厌烦。罗马式和哥特式大教堂的门顶山墙不正是这样吗?某种程度上来说,崇拜者来这里是为了欣赏对地狱折磨的生动描绘,而不是为了享受乏味的天堂安宁。

事实上,很多人都对暴力着迷,大众媒体无疑会利用这个弱点,使情况进一步恶化。当今世界的书籍、电影、电视和报纸对每一起暴力事件都加以渲染,因为媒体工作者知道这很有市场。暴力联系着高强度的体验,联系着刺激感,因而有着广阔的市场。被动的电视观众从暴力的片段中获得满足,这些片段提供了一种他可以享受的体验。这是一种通过观看他人经历而获得的体验,观看者无需对事件负责,同时还保留了大部分的刺激感。

这种对暴力的迷恋说明了什么?一方面,当人们的生活极其乏味、渴望丰富多彩的生活体验时,他们会求助于暴力,这比他们目前的生活体验要强烈得多、有趣得多。另一方面,那些感到自己的权利被剥夺、希望被挫败、精力被浪费的人,很可能幻想通过暴力来发泄自己的痛苦和怨恨。

人们在自己的生活中努力寻找意义,找不到时就努力创造意义。但是,人们的努力经常搁浅,因为他们没有能力区分哪些是通过暴力影像而获得的无意义的刺激感、哪些又是充满了意义和健康人际关系的优质生活所带来的兴奋感。人们常常分不清是非对错,因此教育必须帮助人们避免这种十分糟糕的错误。

可以参考哪些标准?

旨在减少暴力、倡导和平的教育有哪些标准?这个预备性的问题非常重要。

- 我们可以引用自己的经验,致力于表明自己有资格成为这方面的权威。
- 我们可以参考儿童的经验。
- 我们可以试图通过论证和修辞来说服儿童。
- 我们可以利用儿童的和我们自己的理性。
- 以上都是。

我们可以引用自己的经验

作为成年人,我们认为自己的经验已经证明了和平值得赞扬、暴力应受谴责,儿童可以从我们的经验中学习。但是,我们的经验就足以替代儿童的经验吗?只利用我们的经验,让孩子们的观点最终与我们的观点保持一致,这难道就是教育的目的吗?孩子们形成自己独立的判断,不照搬我们的判断,这难道不重要吗?

成年人可以说,"我们的经验"不仅仅指个人的经验,而是指历史所代表的人类整体的经验。但问题是,我们能否从历史中得出明确的教训:长远来看,暴力真的比非暴力更难实现其目标吗?过往的人类历史是不是真的为人类的未来提供了清晰的道德标准?如果我们倾向于这一想法,那么最好读一读弗洛伊德的论文《对当下战争与死亡的思考》(*Thoughts for the Times on War and Death*),文中记载了人们是如何在战争时期振作起来的——生活突然充满了意义,可以从敌人的痛苦中取乐。错综复杂的历史很少提供明确的、毫无疑问的东西。桑塔亚那(Santayana)曾说"忘记过去的人注定重蹈覆辙"。这句话是很草率的,因为他完全明白:从某个角度来说,当下发生的事情总是类似于过去发生的事情;但从其他角度来说,人们的生活和经验又总是新鲜的、前所未有的。只有当儿童自己有能力进行仔细的推理、做出可靠的判断时,历史对儿童才是有用的。

儿童对于成人经验的运用也是如此。除非儿童能够独立思考,否则成人可以随心所欲地把自己最离谱的观念塞满他或她的头脑。因此,我们不仅要教儿童更好地进行思考,还要教他们独立地思考和自我批判地思考。

我们可以参考儿童的经验

对于任何一个儿童来说,他们的经验显然都是欠缺的(尽管有时可以用质量去弥补数量上的不足)。而且,儿童拥有的经验与成人的经验之间差异之大,超出了我们的察觉范围。即便成人和儿童拥有某些相同的经验,可成人也已经忘记了自己很多的童年经验,以至于不知道该从儿童经验中参考什么。

如果考虑儿童在探究共同体中的经验,情况就不一样了。在这里,孩子们一起调用经验来支持彼此的观点,把零碎的观察组合成一个巨大的整体。因此,以儿童自身的经验为标准是非常重要的,绝不应该被放弃。

我们可以试图说服儿童

当然,成人可以通过论证和修辞来说服儿童。但应该这样吗?只有当儿童有能力构造反驳时,诉诸论证才是一件理性的事情。父母以论证的形式提出成人的观点,就为儿童示范了父母所认为的理性的回应方式。年幼的儿童可以构造简短的论证,比如由一个结论和一个支持它的理由构成最简论证。但如果成人的论证超出了儿童的能力范围,比如省略三段论或复合三段论,儿童就会看到自己被比下去了,生一肚子气然后变得沉默。

成人的修辞手段也是如此。他们有时会用讽刺或挖苦的方式来回应儿童,但效果往往适得其反,因为儿童缺少使用这些武器进行反击的能力。并且,如果成人只是采用各种修辞手段来进行说服,这就不是教育了,而是接近于操纵——强迫儿童去做我们想让他们做的事,同时让他们以为这是他们自己想做的事。可换个角度来说,操纵不也是针对儿童心灵的暴力吗?

结论:如果孩子们能够用论证来回应,那么向他们提出论证就是合适的做法,但这不是唯一合适的做法。

我们可以利用理性

另一种理性的形式是让儿童参与讨论,在讨论中,很快就会出现关于事实或价值的观点冲突,然后大家会对这些冲突进行审议和反思。换句话说,成人与儿童可以通过对话进行探究,即使双方都不知道探究的走向,但大家愿意跟着探究走。

以上都是

探究共同体把经验汇集起来,每个人都乐意从对方的经验中学习,就像从自己的经验中学习一样。探究共同体也致力于理性——经由判断力调节的合理性。这样的情境甚至可以容纳说服活动,因为在探究共同体中,彼此的信任明显居于支配地位,其中的说服活动往往也是出于善意的。

在探究共同体中,学生和教师都是探究者,他们一起审议问题,通过对话进行共同的推理。它不是要用推理来代替科学,而是努力为科学探究提供重要的补充。从科学中获得的信息(包括理论、数据、流程)是没有争议的,推理则有助于:(a)通过逻辑推断来**拓展**知识;(b)通过理由和论证来**捍卫**知识;(c)通过批判性的分析来**协调**知识。

"探究共同体"中的"探究"一词凸显出这类共同体的探究作用,它引导共同体对概念、证据、权限、理由、定义等事项进行审议,这些直接涉及了或补充了科学探究的实验维度。探究共同体中的对话旨在获得实际的成果,如定论、决定、决策或结论,所有这些都是**判断**。

暴力与辩护

迈克尔·沃尔泽(Michael Walzer)在《正义战争》(Just Wars)一书中指出,战争在特定情况下可以得到辩护。当然,在此我们不打算讨论是否存在可以捍卫的暴力,不打算考察暴力的不同方面,也不打算表明暴力的哪些方面无关道德或必然不道德。这些事情超出了本书的范围。我关心的是,旨在减少暴力、促进和平的教育很可能像其他无数的倡议一样,声称通过减少暴力倾向来消除暴力。问题在于,这些教育工作往往借由某些想当然的教学方法来灌输特定的价值,而这些教学方法早就被认为过时了,正被逐步淘汰。我指的是"权威宣讲"的方法——期望公众仅仅由于专家的推荐而接受这些价值。这种方法对于容易受骗的人很有效,对于持怀疑态度的人则效果不佳。怀疑论者明白:每个利益集团都有自己的专家,不管是有偿的还是无偿的。如果提出主张的人单纯出于自己的权威而要求人们接受某个主张,怀疑论者一般不会相信这个主张。

但还有一种方法可以获取公众的同意,那就是援引某些似乎先天成立的价值术语或价值概念。从这个角度来说,人们不需要接受任何教育,因为

他们只要熟谙语言,就已经知道某些词语会受到社会的褒扬,而另一些词语会受到社会的贬低。听一听大卫·休谟是怎么说的:

> 显然,各个民族、各个时代的作家都一致赞扬正义、人道、大度、审慎、诚实,责备相反的品质……这种似乎一致的道德观可以根据语言本身的性质而得到一部分解释。各个语言中的"美德"一词都蕴含着赞美,而"恶习"则蕴含着责备。如果不是出于最明显、最粗鄙的失礼,任何人都不能责备公众眼中的褒义词,也不会赞扬那些贬义词。[1]

道德教育似乎只需要提醒学生注意关于恶习和美德的词语,仿佛这些词语的褒贬会自动教会学生如何分辨对错。人们往往想当然地认为,慷慨永远是对的,残忍永远是错的。确实,在所有文化当中,儿童和外来者只要学会运用当地的语言去说话和思考,就能够掌握该文化看待是非对错的方式。这种常见方法的优点在于,它让学生明白了有必要去思考道德词语暗含的赞美或责备。另一方面,它又带有很强的误导性,因为它让人们误以为伦理探究是多余的、没必要的。如果残忍总是错误的,那么人们只需要解决经验上和逻辑上的问题——只需要确定某个行为是否真的残忍,就能推断出它的对错。这种方法的错误在于,它认为只要陈述了小前提,就解决伦理学问题。

伦理探究必须要精确地考察道德话语中的那些被视为理所当然的东

---

[1] "Of the Standard of Taste," p. 2, in David Hume, *Of the Standard of Taste and Other Essays*, ed. John W. Lenz (Indianapolis: Bobbs-Merrill, 1965), pp. 3-34。请注意,休谟并不认为道德教育仅仅是让儿童了解词语的内在道德价值。但他的提醒是有益的:词语诱使人们在道德问题上陷入一种"表面的和谐",儿童需要意识到被自己视为理所当然的东西究竟是什么。

西。这尤其适用于涉及武力和暴力的问题。当一个共同体在伦理探究中进行审议时,可能会提出以下问题:

- 一个人可以既残忍又善良吗?
- 是否在某些情况下,慷慨是不对的?
- 我们可以爱我们不喜欢的人吗?
- 我们可以嫉妒我们不爱的人吗?
- 诚实有时是不合适的吗?
- 正义和自由在原则上是不相容的吗?
- 所有的恶习都关乎自欺吗?
- 如果不存在权利,还谈得上侵犯吗?
- 如果没有惩罚措施,还谈得上权利吗?
- 一个人可以既暴力又仁慈吗?

请注意,在讨论诸如此类的问题时,我们要关注概念的相容性、融贯性和情境性。首先是概念的相容性,例如正义和自由,即使正义本身是善的,自由作为另一种善也可能限制正义的适用范围。融贯性往往是概念分析的目标,当人们要求澄清概念、推论、意义的时候,就要实现概念的融贯性。最后是概念的语境性,即使是那些经常被当作理所当然的概念,在特定的语境下也可能成为问题,例如在出现疏忽、规避痛苦以及适用范围存在争议的语境中,有些概念恐怕不再适用。

需要强调的是,价值概念之所以不是固定的、稳定的,是因为人们对这些价值及其语境的理解是不固定的、不稳定的。以自由为例,姑且不论人们能否完全把握其含义,就算能,也有很长的路要走。其他道德观念也是如此。[1] 因

---

1 对于这一点的进一步讨论,参见 Stuart Hampshire, "In Defense of Radicalism," *Dissent* (Spring 1956), 170–6。汉普夏(Stuart Hampshire)认为,"自由"的定义必须容许持续的拓展。

此,无法确定21世纪对和平、暴力等概念的理解与19或20世纪的理解是否一致。不过有一点很清楚:我们越是致力于建立和平、减少暴力,对这些概念的理解就越清晰。

如果价值教育以这样的观念为基础——认为这些价值是先天的、内在的,教育者需要做的只是把它们揭示给学生——这种教育就会败得惨不忍睹。价值有多好,这完全取决于它们的理由有多充分。我们可以同意和平是美好的、暴力是丑陋肮脏的,可这些描述如果没有得到理由的辩护,就很脆弱、没有说服力。时代变了,我们不能只是跟学生说什么"勇气显而易见是好的",却不引导他们从事艰辛的概念思辨,让他们把勇气、轻率、鲁莽相互区别,或者列出它在特定情况下成立的理由。

可能有人会提出反对意见,认为我忽视了品格和性情,但我不这么想。第一,我认为,通过在各种情况下实施一个又一个得到辩护的道德行为,道德品格就能逐步得到塑造。一个人如果拥有理性的品格,就会认识到有必要把行为和它们的理由关联起来,并会期望自己未来的行为也有这种关联。第二,我认为,人们严重低估了理智美德对于塑造道德品格的作用。对其他观点的尊重、对其他讨论者的耐心、对合理性的坚持、在构造新假设方面的理智创造力等,这些理智美德对于任何人的道德品格而言都是不可或缺的。[1] 第三,并不是所有塑造品格、发展道德倾向的方法都依赖于权威、说服、劝诫等途径,参与探究共同体也会对塑造品格产生积极的影响,稍后会谈到这个问题。

---

[1] 休谟敏锐地察觉到理智美德的重要性。他写道:"如果坚持区分理智禀赋和道德禀赋,并断言只有后者才是真正的美德,因为只有它们才会导致行动,那么就会发现,许多通常被称为'理智美德'的品质,如审慎、洞察、分辨、谨慎,对行为也有相当大的影响……除非是在讽刺,否则谁会说一个人既拥有卓越的美德,又是一个木头脑袋?"("Of Some Verbal Disputes," in Appendix IV, *Enquiry Concerning the Principles of Morals*).

在此，我重申本节中提出的观点：旨在减少暴力、建立和平的教育离不开语言的、逻辑的和概念的分析，这样才能让学生认真思考这类教育所涉及的语言、推理和信息结构。如果教室里的一个学生声称另一个学生有暴力行为，那么可以开展一场理性的对话，不是讨论关于暴力行为本身，而是讨论行为发生的语境以及支持或反对的潜在理由。

或许有人会说，这只是把一套自明的价值换成了另一套，把勇气与怯懦、爱国与不爱国、仁慈与恶毒换成了适度、节制、理性，却不对它们进行辩护。事实并非如此，适度、节制、理性和勇气、慷慨、善意一样是伦理探究的对象。这些美德（以及其他类似的美德）之所以具有特殊的重要性，是因为它们也与伦理探究的**流程**有关。一致、严谨、理性、全面、专注等是探究所依赖的价值，没有它们，就无法有效地从事探究。

通过伦理探究可以产生更可靠的伦理判断，从而有助于减少暴力、偏见以及其他不好的行为和态度。问题在于如何找到一种将伦理探究引入学校的方法，这种方法不是为了对以前的暴力行为进行审判，而是为了对未来的这类行为加以**预防**。致力于伦理探究的课堂不应该像陪审室那样压抑，它应该是轻松活泼的，不需要过早地给出定论，甚至也不必给出定论。

通过"认知做功"来增强判断力

人们常说，经常做判断可以增强判断力。这句话说了几乎等于没说，因为我们需要关注的是做判断的情境类型。人们在玩填字游戏、猜谜语、逛超市时也会做出判断，但这些任务太琐碎，以至于人们稍微动动脑筋就能完成。在提问者已知答案的情况下，找答案是不是就不用动脑筋了？当然不是。在面对专业性的问题时，即使答案已经为人所知，也必须充分运用聪明才智才能将其找出。

如果我们向儿童提出两个问题,一个是答案已知的问题,另一个是答案未知(或争议很大)的问题。这两种情况将会有天壤之别。如果提问者已经知道了答案,那么儿童通常会试图找出提问者心里的答案,而不是对问题进行独立的探究。这就像是比起尝试重新发明车轮,儿童更清楚汽车是什么。

另一方面,如果问题是有意义的,而提问者又不知道答案,那么接下来的课堂讨论会要求每个参与者更理智、更审慎地进行思考。人们需要考虑在什么情况下应该禁止暴力,在什么情况下可以容忍或宽恕暴力,以及在什么情况下可以欢迎暴力。人们要做出明确的划分,区别那些看似相近的行为,还要仔细关注现有的法律条文对案例可能产生的影响。

增强判断力是减少暴力、建立和平的先决条件。学生需要进行认真的审辨,否则就很难实现这种增强。在物理学中,"做功"(work)指的是对阻力的克服。在反思性的事务上,这个词的含义也是如此,不过这种做功不是克服摩擦力和重力,而是克服偏见、自欺、对抗的情绪,克服推理中的谬误、对逻辑的违背、调解或仲裁中的不妥协、不尊重他人的看法,等等。这些都是有待克服的强大阻力,做到这一点需要耐心的审辨式探究——"认知做功"。

然而,对审辨的阻碍通常是潜在的,不是外显的。在练习变得更加理性时,人们就在不知不觉地克服一些偏见和理智恶习,这些偏见和理智恶习严重阻碍了人们的前进。清除这些障碍,或者把障碍减少到可以顺利渡过的地步,确实是一项漫长而艰巨的工作——事实上,这是一项永无止境的工作,因为没有人能够一劳永逸地排除这些障碍。

正如我们不必为了旨在建立和平的教育而直接触及和平的概念,我们也不必为了培养更理性的思维方式而直接触及偏见或迷信。不管怎样,在

审辨的早期阶段,尚不需要以重构自我为目标,即使迟早要走到这一步。埃德温·缪尔(Edwin Muir)曾说:

> 你会不会在某个时刻,历经长久的寻找,
> 在慢慢变黑的猎场里,仍在寻找,
> 在某个普通的月份或星期里,
> 你瞥见了几乎不觉得自己在寻找的那个奇怪猎物——
> 你自己,采集者也被采集,发现者也被发现,
> 购买一切的买家也被重金买下——
> 在家中,骄傲地栖息在那张巨大的手上,
> 在那里,漫长的狩猎结束,可以休息和游荡了吗?[1]

在早期阶段,开放式的问题足以激发坚韧的探寻,这些探寻克服了一些几乎没有被意识到的阻力。例如,让一个或一组学生比较两个非常相似、容易混淆的事物,然后说出差异——乔西亚·罗伊斯称之为"解释的过程"。[2]罗伊斯提供了一个简单的说明。取两张纸条,将其中一条的两端粘贴在一起,形成一个环。对另一张进行同样的操作,但要先把纸条转半圈,这样就形成了莫比乌斯环。现在请学生找出差异,学生们将阐述他们的观察结果,例如:第一条有两个面,第二条只有一个面;第一条有两条边,第二条只有一条边。我们看到,对区分的阐述要求仔细地观察特定的差异,而这又进一步为其他的区分提供了标准。毋庸赘言,这个活动不仅让孩子们知道差异

---

1 Edwin Muir, "The Question," in *Collected Poems* (New York: Oxford University Press, 1965).
2 Josiah Royce, *The Problem of Christianity* (Chicago: University of Chicago Press, 1968).

是什么,还让他们知道其中的一些差异是如何产生的。儿童由此进行"认知做功",通过比较得出的区分将成为已知,他们的判断力将得到相应程度的增强。

通过探究共同体进行价值教育和意义教育

许多人往往是在经历过痛苦后才认识到,和平不仅是人们实际渴望的,还是**应该拥有的**。它是我们在反思或探究之前**可能赞同**、在反思或探究之后**确实赞同**的东西。成人想要向学生分享自己的这些信念,不仅因为这些是自己的信念,还因为他们认为学生能够从中受益。因此,成人总是忍不住用自己的观点来劝说年轻人,却没有时刻提醒自己"教育不是说教"。另一方面,教师通过指导来进行价值教育,这也不是很好的教育方式。毕竟,在这样的情况下,教师已经明确了价值,只是希望学生通过他们所给予的推理来得出教师想要的结论。

人们往往将探究共同体与合作式学习混为一谈,但其实不应该混淆这两者。它们的主要区别在于:合作式学习强调非竞争性的讨论,探究共同体则强调彼此共享、彼此配合的探究。探究指的是持续深入地研究某个问题并试图产生结果,这个结果可能是分歧的解决,可能是一个判断,也可能是一个基于判断的行为,但无论如何,它都不只是一个简单的过程。

在价值教育中,审辨活动要求考虑到:

1. 作为**理想类型**的相关价值(如本例中的暴力或和平),它们应当得到概念分析;

2. 相关价值的**现象学**;

3. 旨在接近或实现理想价值的**条件或力量**;

4. 理想与试图实现理想之力量的**关系**；

5. **教育场景**，其中不仅包括关于上述因素的研究，还包括相关可取价值的实现。

这些构成了探究共同体的五项任务。接下来，可以更详细地考虑这些任务。

(1) 为了启动**旨在寻求和平的教育**或**旨在减少暴力的教育**，一种方法是让参与者阅读一个文本，文中所虚构的探究共同体尝试定义关键术语，即"和平"与"暴力"。课堂共同体会接受虚构共同体的影响和指导，并自觉或不自觉地进行模仿。学生会发现，澄清"和平"与"暴力"这两个词的意义是很有帮助的。这项任务在本质上是下定义，旨在阐明意义。

第一项任务不必在第二项任务开始之前完成，后面几项任务也是如此。所有五项任务都可以同时进行。

(2) 第二，为了让共同体把握到更丰富的意义，可能需要一些叙事或描述，从现象学的视角对相关价值（或其对立价值）进行考察。霍布斯曾这么做过：他生动地将自然状态描述为一种战争状态，在这种状态下，人的生活"卑污、粗野且短命"；他否认存在一种今天称为"冷战"的中间状态，继而得出"其他一切时候都是和平"的结论。霍布斯对和平本身的描述很少，但他的暗示已经足够清晰：在和平的时代，工商业蓬勃发展，沟通不受阻碍，艺术和科学兴盛，人们想旅行就旅行，在生活中不用害怕自己的邻居。

(3) 第三，共同体必须找出实现可取价值或避免对立价值的**手段**。因此，民主常常被视为和平的保障，专制则被视为暴力的导火索。正如人们认为富含蛋白质的食物一般有利于健康，蛋白质摄入不足则有害健康。

(4) 然后需要考虑的是手段—目的关系。显然，富含蛋白质的食物和健康之间的手段—目的关系就是人们所说的**营养**，而专制和暴力之间的手段—目的关系可以被视为**压迫**。不过,除了专制之外,显然还有很多其他的东西可以充当手段,并与暴力有因果关系。例如,通常认为虐待儿童会造成受虐儿童的反社会倾向,导致他们在青春期和成年期的反社会行为。受虐的儿童长大后可能会成为虐待他人的人,欺凌他人的人往往在儿童期就已经被他人欺凌过了。简而言之,第四项任务要求研究因果关系或影响因素,它们可以解释正面价值在一些情况下为何兴盛、负面价值在另一些情况下为何猖獗。

(5)最后,对于培养促进和平的行为、抑制暴力倾向或暴力行为而言,教育场景或教育环境都是不可或缺的。

暴力有两个主要来源:一个是个人的轻率冲动,另一个是体制向内或向外的攻击。人们一旦遭受挫折,便开始利用这些来源。即使人们熟悉化解冲突、避免暴力的流程,往往也对这些流程缺乏耐心。然而,只有建立起可靠的冲突解决流程,才能赢得和平。

减少学校环境中的暴力

最后要讨论的是,探究共同体作为在学校环境中减少暴力、促进和平的手段。前文坚持认为,我们没办法直接讲授诸如和平、非暴力这样的价值,而是必须去实践它们、在生活中体现它们。不过不能想当然地认为,只要学会实践和平就能建立和平,甚至"实践和平"这种说法本身也是一种歪曲,因为和平是目的,而我们要实践的是实现该目的的手段。为了实现这一目的,所采用的教育过程必须本身就能让学生感到满足,建立和平则是随附的结果。

被视为过程的探究共同体实际上有两个方面:一个是它的**手段—目的**

方面,和平是长期的目的。另一个是它的**手段—结果**方面,人们致力于获得该过程的直接结果,和平则作为副产品或结果而出现。除非存在第二个方面,否则第一个方面很可能是无效的。

探究共同体是一种有益的社会组织,它为参与者提供良好的归属感。在纷乱的日常生活中,人们往往很难做到理性,探究共同体则能够帮助参与者实现这一状态。正是在探究共同体内部,他们能够体会到自身能力的增强,这也提高了他们的自尊。

探究共同体不只欢迎那些聪明睿智的人作出的贡献,它欢迎所有人作出的贡献。当参与者学会认真倾听对方时,就会发现自己会更加尊重彼此。当他们开始认识到自己依赖于探究共同体的流程时,他们就会关心和维护这些流程。

在这个共同体中,每个参与者都可以对任何发言者的观点进行解释,或者在两个参与者之间进行调解;每个人都可以提出假设,或者自由地拓展与阐述其他人的假设;每个人都可以提出主张,或者提出反例与反驳;每个人都可以自由地提问、提供理由或证据、表达困惑、描绘理想、提出议事流程问题,等等。

每一个探究共同体都可能受到一些理想的或虚构的探究共同体的启发,前者试图效仿后者。与此同时,每个参与者都可能受到其他参与者的启发,向他们学习做事情的方式。例如,看到你去质疑某个被当作理所当然的东西,那么我也会有勇气去质疑那些被当作理所当然的东西。如果我注意到你熟悉基本的逻辑原则(如不能自相矛盾)、能够做出严谨的推理,那么我也会学习这些东西,让自己的推理变得更加严谨。

探究共同体会认真对待有疑问的东西。它认识到人类的制度不是完美的,人类的经验常常是偏狭的,人类的知识也是有局限的,所以有必要进行推测和分析,一刀切的解决方案是不可行的,人们有时需要做出不违背原则的妥协。简而言之,在规则和先例不能提供充分指导的情况下,它允许通过判断(本身是批判性和想象力的结合)得出结论。

在探究共同体的环境中进行的审辨式对话为学生提供了暴力之外的选项。它让学生看到,和平的社会不可能是被动的社会,因为这种对话不会随着和平的实现而终止。相反,和平环境建成之后,持续对话是确保这种环境得以维持的最佳方式。

旨在建立和平的教育可以在每个课堂上进行。试错论的精神主导着探究共同体,所有参与者都邀请人们指出自己的错误,以便找到纠正错误的方法。这种精神有助于化解由绝对主义和狂热主义引起的争执,从而减少争执所导致的暴力。让学生下决心去直面有疑问的东西,并以理性的态度去处理它,这与之前那种单纯地为了获得知识的教育方式是截然不同的。如果课堂在今天能做到理性,那么在未来的家庭中——当今天的学生为人父母时——也能做到理性。随着时间的推移,其他机构也可能以类似的方式发生转变,但这一切必须从学校开始。

正是在学校里,儿童学会了自我批判——批判自己的偏见、偏差和破坏。也正是在学校里,他们学会了自我纠正,知道了如何做才能不因言过其实而冒犯他人。他们肯定也会认识到,对社会、政治、经济方面的不公平之处加以改造,能够减少暴力的发生。学生也会明白,需要了解其他人是如何理解我们的,尤其是在他们认为我们冒犯了他们的时候。对于这些主张的理性裁决最终将减少暴力。正是在课堂上,这些主张第一次得到阐述。

第三部分

思维要素的编排

第六章　思维中的情感和教育中的情感

情感与教育

反思性教育愿意重新审视情感的作用,这非常值得关注。不过,这种重新审视的目的本身也有待明确:是为了讨论作为教育内容的情感,还是为了讨论情感在教育中发挥的作用?(又或者是第三种可能:对情感本身进行教育。)

长久以来,哲学家一直对**作为内容的"情感"**十分感兴趣,也对其提供了无数的描述和定义。人类总是在各种环境下体验到这样或那样的情感,文艺复兴早期的作家对此很着迷,很多学者都对情感的现象学进行了孜孜不倦的研究。在笛卡尔和斯宾诺莎之前的几个世纪里,关于情感的研究差不多形成了一门课,在此后的几个世纪里也一直如此。以斯宾诺莎为例,他曾仔细打磨他的情感几何学,对快乐、悲伤、惊讶、蔑视、爱、恨、倾向、厌恶、悔恨、嘲笑、希望、恐惧等进行了深入研究。

另一方面,情感在教育中发挥着怎样的作用?回答这个问题之前要意识到,情感通常被赋予了不受欢迎的认识论地位,人们认为情感对思维造成了模糊和扭曲,加之笛卡尔传统把清楚、明白当作真理的标准,所以人们常常指责情感会导致错误和虚妄。

然而，最近的学者更愿意接受情感的贡献——我想到了利科、所罗门（Solomon）、谢弗勒、埃尔金、达马西奥（Damasio）等许多人的作品。他们改变了人们对情感的主流印象，将情感从一团遮蔽和困扰思维的乌云，转变为一组能够澄清和组织思维的条件。达马西奥将情感（emotion）与感受（feeling）相区别。简而言之，他认为情感表达的是有机体与世界之间的生态学关系（如恐高或对工作的焦虑），而感受表达的是有机体本身的状态（膝盖疼痛、肩膀抽搐）。我们可以用成像技术来类比达马西奥的这一区分。任何大型现代建筑的安全中心都会采用这种成像技术，如公共汽车总站的安全中心有许多电视监视器，有些监视器会不断地扫视大楼的各个角落，以寻找可能出现的差错（这是安保人员最关注的），其他的电视监视器专注于周围世界发生的事情。因此，一个人感受到友善或敌意、放松或警惕、怀疑或天真，这在很大程度上取决于相关图像的来源以及有机体如何理解这些图像。达马西奥还使用了"身体剧场"这样的短语来描述人的感受。[1]

现在来谈谈情感可以在思维中起到的作用，这里我参考了凯瑟琳·埃尔金（Catherine Z. Elgin）的工作。[2] 埃尔金认为：（1）情感只有在**嵌入信念**的时候才具备认知功能。因此，一个人如果不相信自己处于危险之中，就不可能感到恐惧。（2）情感提供了一个**参照系**。例如，父母的爱是一个框架，人们在这个框架内组织了一系列的感受、态度和行动。（3）情感帮助我们**集中注意**。例如，兴趣决定了我们注意什么。（4）此外，情感有强调作用，它们可以**凸显出事物**。这并不意味着情感必然造成扭曲，它们只是让人们更加敏锐，引导人们去关注某些事物。情感提供着感觉上的方向和模式

---

1 Antonio Damasio, *The Feeling of What Happens* (New York: Harcourt, 1999), p. 7.
2 Antonio Damasio, *The Feeling of What Happens* (New York: Harcourt, 1999), pp. 146–69.

（在这个意义上，它们的作用很像信念。虚假的信念会给人们带来虚假的安全感，无端的悲观主义会给人们带来毫无根据的厄运感）。

在埃尔金看来，态度是一种情感性的观点，它具有指向性，同时带有倾向和期望。如果态度指向着一个命题（无论真假），我们就会倾向于接受或拒绝这个命题，说出它或反思它，权衡它或坚持它。这些通常被称为"命题态度"，下面是一些例子：

乔西**知道**她的儿子生病了。

亨利**相信**牙仙存在。

康拉德**希望**他的投票能算数。

显然，命题态度不仅仅是对命题的断定或否定，还具有重要的认识论作用。被给出的命题伴随着一种情感状态，这些情感巧妙地影响着命题的知识价值。在刚才的例子中，"知道""相信"和"希望"这些意识状态，对于其自身所蕴含的陈述起着限定的作用。因此，与那些非命题性的心灵状态相比，命题态度在交流中发挥着更复杂、更重要的作用。另一方面，情感让人们集中注意，故而能够进行更细致的分辨。例如，埃尔金指出："我们听到什么取决于我们听什么。就像那些关心孩子的人会去听孩子哭声中的微妙特征。当孩子发现父母这样做时，他们也会这样对待自己的哭声。"[1]这个绝妙的例子证明了如下观点（基于皮尔士和米德的看法）：我们眼中别人对我们的看法，往往影响着我们对自己的看法。

1　Antonio Damasio, *The Feeling of What Happens* (New York: Harcourt, 1999), p.154.

是否存在情感思维的范式?

埃尔金分析了情感对思维的贡献(诸如**聚焦**、**框定**、**嵌入**和**强调**),表明这种贡献是**形式上的**。我们区分不同的思维模式——归纳、演绎、传递、分配——这种分类不是基于它们在目标或结果上的差异,而是基于它们在构成、形式、结构、组成上的差异。基于这种区分,情感思维也可以作为思维的一种形式,而关怀性思维是情感思维的一种形式。可以确定的是,所有的关怀性思维都是情感思维,但并非所有的情感思维都是关怀性思维。

但事情并不是这么简单,因为在另一种意义上,关怀性思维对于一切形式的情感思维而言,都具有范式性意义。我们不可能在不关怀某物的情况下对它进行情感思考,就像我们不可能在某物对我们没有任何意义或重要性的情况下去关注它,无论它是好是坏、是美是丑。因此可以说,关怀性思维对于一切形式的情感思维而言都具有典范或范式的意义。

正如音乐创作是用声音思考、小说写作是用语言思考、绘画是用颜料思考,关怀性思维是用价值思考。如果画家不能欣赏色彩,他就不能用颜料思考。同样的道理,个体要想用价值思考,就必须首先能够欣赏有价值的东西。

人们往往根据情感的参照系来思考,它不仅可以影响人们的评价性判断,也可以影响分类性判断。当我们对事物进行分类时,所采取的分类方式取决于我们所关注的特征,而正是情感让我们注意到这些特征。就像一个小旋钮控制着电视图像的清晰度,从扭曲、模糊到清楚、明白。情感领域的模式也控制着我们对世界的判断以及对这些判断的证明,即使是"批判性思维",也要满足人们对准确、精确、一致、效率的情感要求。因此,应该大力反对将认知和情感彼此对立的二元论。

能进行情感方面的教育吗?

一般来说,情感总是处于一种弱势的境地,因为当思考导致了好的结果,情感不会得到称赞,而一旦出现了麻烦的结果,情感就会受到指责。情感常常被认为是有罪的,而人们很少思考,情感是否真的就是引发不好结果的罪魁祸首。

在考虑是否**应该**进行情感教育之前,最好先考虑一下是否**能够**进行情感教育。对这一问题的回答部分取决于人们如何对待它们。如果想确保情感是非理性的,我们就应该把它们当作非理性的;如果想确保情感是理性的,我们就应该把它们当作理性的。而如果想确保它们是能教的,我们就应该尝试把它们当作能教的。

许多人对情感教育持悲观态度。他们认为:"人们无法选择自己的情感,这些情感就这么发生在自己身上了。人们无法控制它们。因此,情感教育的任何计划都会非常困难,不值一试。"这是一种非常苛刻的看法。例如,一个人可以抑制自己的高兴,另一个人可以抑制自己的遗憾。在这些情况下,只是某些"闸门"(比如顾忌)把情感挡住了,并不是情感本身受到了操纵。

此外,还必须关注情感在特定情况下的**恰当性**。从某个角度来说,之所以情感会被认为不恰当,是因为它们不够明显,没有满足情境的要求或语境的需要。从其他角度来说,之所以情感会被认为是不恰当的,是因为它们站不住脚,人们支持它们的**理由**没办法为它们辩护。无论从哪个角度来说,葬礼上的笑声可能都是不恰当的,而婚礼上的哭声可能是恰当的。

针对幼儿的道德教育需要关注那些不恰当的情感。比如我们不能嘲笑米妮姨妈的走路方式,因为这样做会伤害她,而她没做过该让自己受到伤害的事情。通过关注情感的理由或情感在特定语境中是否恰当,而非关注情感本身,我们可以对儿童行为的情感维度进行精准的调节。不过,照顾米妮姨妈的感受是一项非常具体的理由。人们或许发现,比较方便的做法是选择更宽泛的理由。在这些更宽泛的理由当中,最引人注目的是**通情达理**。如果一个孩子明目张胆地表现出让所有人感到不舒服、受威胁的情感(比如夸张地表现出对少数族裔的仇恨),他就会令人感到不满意。伦理探究的课堂愿意考察这样的情境,并决定它究竟是合情合理的,还只是一个私人问题。毋庸赘言,正如服装和汽车的销售具有受欢迎的模式,情感的表现也有受欢迎的模式。

对儿童的情感教育从他们成长的最早阶段就开始了。家长在这一时期采用了各种各样的奖惩措施,以确保孩子的情感生活能够符合文化或家庭的要求。如果纵容儿童的某些情感,他成年后可能会发现自己在情感方面与其所处的情境格格不入。

由于人类的经验是层层叠叠、错综复杂的,所以我们往往很难通过剖析经验来发现自己所处于的情境究竟需要什么。存在着层层叠叠、相互交织的动机和意图、要求和义务、习惯和冲动。对许多儿童来说,最简单的方法是让他们的情感合乎别人的期望,正如他们已经让自己的思考合乎别人的期望。可以说,对儿童的情感教育是儿童道德教育的重要组成部分。

情感和语言

许多求职者会因为在面试中沉默而被拒之门外,这是因为面试官觉得这些沉默表明了他们的无知或愚蠢,而不是表明了他们没有接受过足够的训练(不懂如何表述相关领域的典型术语和关系)。事先的一些练习会很有帮助,比如求职者可以与同事讨论该领域的关键概念,为面试时的对话做准备,这可以让求职者看上去对面试情境中的重要问题更有把握。

这方面的一个例子是心理学家所谓的"双阶"词语的使用,这些词语是模棱两可的,不同的读者会以不同的方式去理解它,许多"双关语"就是这种情况,儿童对它们的理解可能与成人不同。这些词语应该区别于那些对某些成人和儿童而言有同一种含义、但对另一些成人和儿童而言有另一种含义的词语。这里我想到的是"规则"这样的词语,一些儿童在很早的时候就能像某些哲学家那样把它视为一个概念,而另一些儿童和哲学家可能把它当成一项出自某个权威的命令。

因此,如果想对儿童进行情感方面的教育,就必须首先教会他们那些用来辨识情感的词语。此外,还必须引导他们把握那些把情感和其他情感、观念、概念、个人、群体等联系起来的关系。他们可以讨论下述问题:

1. "腼腆"和"温顺"之间的区别是什么?
2. "悲恸"和"绝望"之间的区别是什么?
3. "他们爱上彼此"和"他们相爱着"之间的区别是什么?
4. "愤怒的人群"和"一群愤怒的人"之间的区别是什么?

我们通常能够判断故事中角色的感受是否恰当,以及角色有没有能力让这些感受得到宣泄。我们在文学作品中学到了这个流程,并在生活中实践它。

孩子们常常通过管理自己的情感来管理自己的生活。比如一个孩子懂得了只有哭才能得到想要的东西,那么长大以后,每当他想要某样东西时就会呜呜地哭。另一个孩子知道再怎么哭也不会得到想要的东西，就算她不停地哭也没有人关心她；久而久之，她会变得很冷漠，因为她知道提出要求是没用的。还有一个孩子过激地应对令人不适的刺激，有一点不满足就大发脾气。虽然儿童们对情感的容忍程度是不同的，但他们也能很快地从家庭环境中懂得自己应该如何应对和控制这些（从内部攻击自我的）强大的力量。

当儿童们阅读世界文学作品时，他们可能发现其他文化中的儿童也会经历类似的不适和挫折，还可能发现其他地方的一些儿童也会以类似的方式去处理自己的问题。这些关于情感普遍性的证据很令人欣慰。当然，他们也可能困惑地发现，其他儿童对情感含义的理解与自己的理解相去甚远，要么是因为他们所处的文化给了他们不同的解释，要么是因为儿童自己经过独立的探究而得出了不同的理解。

人们一看到婴儿的哭脸和笑容，往往就会做出这样的推断：他们自然地会哭会笑，自然地知道其感受在哪些场合中是合适的。但这肯定不是事实，儿童必须通过经验来学习哪些情境要求他们表现出哪些情感。他们必须学习恐惧、骄傲、欢乐在哪些情况下是合适的，在哪些情况下又是不合适的。精心设计的课程和教学方法将使得欢乐、友情等情感得到更好的理解乃至表达，也将抑制那些会对自我和他人造成损害的情感。情感教育不会压抑情感，它会**调节**情感。

有利于流畅表述情感的词汇

西尔维娅·阿什顿·沃纳(Sylvia Ashton Warner)在《教师》(*Teacher*)一书中提出了她的假定：她所教的五岁毛利儿童需要找到某种方式来表达

他们的冲动,而这种方式不是反社会的。她试着让他们使用一些词语来代表这些冲动,并让他们通过不会引发社会过度反应的方式来升华自己的冲动。对这些词语的书写和言说会减轻这些儿童的压力。实验证明,在使用这些词语的条件下,孩子们的行为有了明显的改善。但这个实验进行得很不顺利,因为教育当局不赞成让孩子们去阅读和讨论这些禁忌词语。

词语充当着某些心灵活动的替代物,表达这些词语能够让孩子们在不造成伤害的情况下得到宣泄。但是,除非这些孩子是在探究的语境中、而不是在道德规训的语境中接触到这些词语,否则他们只会把存在于个人内部和彼此之间的冲动理解成亟需发泄的压力。

现在,让我们思考一个相关的教育问题。我们想鼓励学生提高他们的思维。这意味着鼓励他们更多地进行创造性思维(以及对创造的思考)、批判性思维(以及对批判的思考)和关怀性思维(以及对关怀的思考)。要做到这一点,他们需要获得相关的词汇。儿童可能有非常多的情感,但没有太多情感类词汇。一旦缺乏足够的词汇与合适的传声筒(例如探究共同体)来表达自己的想法,他们就无法反思和讨论自己的情感生活。因此,当开始对某些情感进行共同探究时,他们会发现,自己正在使用切合这些情感的少量情感类词汇,而且词汇量正在缓慢增长。他们会发现,自己从文本中挖掘出来的词语既可以用于普通层次的考虑,也可以用于元层次的思考。用不了多久,他们还会发现,幸亏探究共同体在讨论中使用过这些词语,自己现在才可以客观地分析情感。

近年来有研究表明:运用了哲学和探究共同体教学法之后,与思维有关的词语或短语在学生词汇中占据了三分之一到二分之一的比例。最突出的是下面几组关键词:

1. 思考、思维、思想、深思熟虑、好奇、观念、概念、分析、探索。
2. 主张、论证、说明、理由、辩护、因为、推理、例子、真、假、正确、不正确、对、错、相关性、相关的。
3. 理解、明白、知道、知识。
4. 视角、观点、立场、差异、不同的、区别、大局、大观念、全局、替代。

研究得出的结论是:"刚开始上课时,教师从学生那里引出更高层次的认知问题,这些问题在整堂课中鼓励其他学生提问,这个过程似乎扩散成了群体行为。""教师非常成功地履行了自己的角色,这种专业素养结合他们对于儿童哲学的高度热情,感染了那些以同样态度对待思考的学生。"[1]

这项研究(以及这几位作者的其他相关研究)的一大发现是:教师词汇的特点与课堂对话的特点之间存在着相似性。如果教师的词汇中缺少有关批判性思维的典型词语,势必难以培养学生关于批判性思维的认知。

关怀性思维是情感思维的范式。此外,对情感的思考、讨论和了解也需要相关的词汇。由此可见,如果想对儿童进行情感方面的教育,就需要一组关于事物价值与评价的词汇。

前面的价值术语集合列出了教师可以提醒学生注意的词汇。它们都是价值,因为那些心有关怀的人思考着它们,或因为这些是我们关怀它们的方式。不用多说,这些列表的背后是更大的列表或术语库,后者存在于几乎所有的语言中,学生应该准备好辨认出这样的词语。

---

[1] Kevin Barry, Leonard King, and Carmel Naloney, "Philosophy for Children and the Promotion of Student High Level Cognitive Talk in Small - Group Cooperative Learning," *Critical and Creative Thinking: The Australasian Journal of Philosophy for Children*, vol. 9, no. 1 (March 2001), pp. 31-45.

批判性思维

精确性
相关性　逻辑　巧妙
有条理　诙谐　一致性　自制
　聪明　理智　审慎　狡猾
　　英明　严谨　欣赏
深思熟虑的　警惕　推敲　考虑
　估算　深思　认识　得出结论
　推断　判断　推理　构想
　　归纳　概括　诱导
　　领会　估算　制订
　　　衡量　　　设计
　预测　　　　　标准化
　替换　　　　　期待
　理解　怀疑　知道　假定
　联想　假装　假设
　猜测　推测　承认　选择
　比较　对比　分组
归类　界定　分级　排名
排序　举例说明　提问　关联
　　矛盾　贤明
　　　精明　睿智
　　犀利　敏锐
　　洞察力　机敏
　　技能　能力
　　意向　准备
　　　高效

创造性思维

　　　　巧妙
　　诙谐　想象力
　聪明　创意　智慧
　　欣赏　幽默
　焕发光彩　有趣　直觉
　　设计　　创作
　　　构建　　惊异
　相信　猜测　　希望
　推测　选择　判断　决定
　举例说明　提问　　生成
　猜想　洞察力　辨别　安排
令人惊讶　美好　排列
　　整理　精美　优雅
　　　吸引人　美丽
　有魅力
令人陶醉的　　　　愉快的
　　　　　　　　　精致
　小巧　尚可　　　标致
　辉煌　杰出　耀眼　熠熠生辉
　壮丽　闪烁　　炽热
　璀璨　活力四射　品质
　区别　特点　敏感
　讨喜　胜利
　迷人　　使人快乐
　诱惑　令人信服　有意思
　美味　实现　完美
　生动　鼓舞人心　激动人心
　娱乐　诱人　赏心悦目
　消遣　制造
　奇思妙想　编造　构思
　选择　漂亮　精致

关怀性思维

勤勤恳恳
警觉　　　　　　　关注　担心
慈爱　慷慨　　　　适当　信任　喜爱
奉献　尊重　宽恕　解放　歉意　　　忏悔
赦免　释放　清理　崇拜　钦佩　迷人　顺从
享受　敬意　认可　致敬　崇敬　尊敬　同意　默许
赞成　顺从　合作　赞同　准许　协调　　　团结
安抚　平静　缓和　　　　舒缓　文明　有人情味
文雅　温柔　善心　　　　友好　无私　焦虑
细心　倾听　有趣　道德　感动　慰藉　鼓励
　安慰　同情　　体贴　忠诚　敬业　尽职尽责
　欢呼　振奋　鼓舞　激动人心　宽容　支持　放任
尊重　崇高　相信　忠实　教养　有益　宽宏　开放
合意　严肃　善于交际　令人愉快　有价值　值得　恭敬　乐善好施
　柔情　仁慈　温柔　　　　善良　耐心　有礼貌　负责任
　　　　　　　　　关怀

图 6.1　三组价值术语

第七章 心灵行为

意识和对心灵行为的运作

学生的心灵行为(mental acts)直接体现在他们的思维过程中。既然想让学生沉浸在思考中,考察心灵行为便是有益的。心灵行为有助于推动探究,可以在对话中起到重要作用。并且,心灵行为与言语行为密切相关,二者不是相互独立的,而是相互对应的。言语行为根植于正在进行的心灵运作(mental performance)之中,同时又与公共对话中的言语行为发生互动,并产生了**"分布式思维"**(distributed thinking)的现象,其中每个参与者都对单一的思维过程作出贡献。如果没有微小思想(发生互动的心灵行为)的活动,这个过程会相当难以理解。

为了促进对思维教育的理解,需要参照某些被理解为心灵运作的元素(简单地说就是心灵的各种行为)。这里想提供一个现象学的、而非解释性的描述,即描述事物在人们看来是什么样子,但它不是最终的解释。

"关于思维的思维"是对反思性思维的最贴切描述,为了理解这一点,"心灵行为"和"心灵状态"的概念就是不可或缺的。它们是体现探究内容的单位,心灵行为一般表现为决定、选择、组合等活动,它们都是心灵运作或思考过程的单位。因此,必须要有一个关于思维的理论,因为如果没有它,"关于思考的思考"就没有意义。我们需要一门以统一化的、发展性的方式呈现心灵现象的课程，同时让学生意识到自己尚未把握到的实际联系。

语言在某种意义上是心灵的地图，但很难确定这张地图有多准确。哲学和语言学的研究者，如奥斯汀（J. L. Austin）和泽诺·文德勒（Zeno Vendler）在这一领域做过一些有趣的探索，尤其是在施为句[1]（performatives）领域，以及在心灵行为与心灵状态的区别上。心灵行为可以通过"实现"动词来识别，其典型是**决定**；而心灵状态更多关乎心灵的情感、氛围、态度等，其典型是**相信**、**知道**、**怀疑**、**信任**等。

奥斯汀指出了一组关于心灵行为的动词，说出这些词就是在实施这个词所代表的行为。例如，当牧师宣布一对恋人为"丈夫和妻子"时，他们就结婚了。说出适当的短语就代表着对这一行为的执行。

一个心灵行为大体上作为某种实现了的东西。因此，不仅可以把它与稳态表达（steady-state expressions）进行对比，还可以把它与归属表达（ascriptive expressions）进行对比，后者把某个特定的属性归于尚不具备这一属性的某个事物。人们总是把属性或性质归于彼此，却懒得去核实或验证这种归属。人们有时也不顾证据，比如一个人认为自己"胖"，但大多数人都会说他"瘦得皮包骨"。

我们也不应该忽略魅力的归属。事实上，有一组心灵行为把魅力归于个体或机构，尽管个体或机构是否拥有这样的魅力还有待证实。这种心灵**活动**的一般表述或许如下：如果甲在没有相关证据的情况下，相信乙有非凡的力量，那么乙的魅力就是对这一信念的诱导。

---

[1] 施为句：奥斯汀区分了施为句和表述句，表述句指的是那些表达所述之言的句子，除此之外，还有一些句子，它们表达了所述的行为，说出这些句子本身就是在做这件事（即"以言行事"），奥斯汀称之为"实施行为句"，简称"施为句"。——译者注

可以通过对比相关的动词来区别**心灵行为**和**心灵状态**。文德勒提出了一些理解这种区别的方法。[1] 他说：心灵行为是可观察的实体，心灵状态则是不可观察的。心灵行为以"**决定**"为代表，此外还包括**发现**、**学习**、**推断**、**演绎**、**猜到**和**实现**。心灵状态则以"**相信**"和"**知道**"为典型，还包括**思考**、**猜疑**、**猜测**、**想象**、**假设**和**怀疑**等，一些心灵状态动词还与时间相关，如**记忆**、**回忆**、**预期**和**期望**。心灵行为是实现动词（我们不需要证据来证明自己有这些心灵行为）。相反，心灵状态不通过实现动词来表达（他人需要证据来证明我有这些状态，而我可以直接察觉到它们）。

察觉到我们的心灵行为

为了让孩子们了解地球上现在或过去存活的各种生物，我们会向学生展示图片、给出描述，让他们把这些与表示相关种属的词语关联起来。我们也希望把各种表示心灵行为和心灵状态的词语教给孩子们，让他们识别它们。但事情并非如此简单。我们可以给孩子们展示一张鹤鸵的图片，并把它与插图、描述关联起来，但很难向孩子们展示决定、比较或承认等心灵行为或心灵状态。那么，如何教孩子们了解心灵行为呢？

假如一个学生给老师看小说中的一句话："帕梅拉猜测韦瑟比先生是间谍。"学生想知道"猜测"（surmise）的意义。你建议他查字典。

---

1 此处关于心灵行为和心灵状态的论述在很大程度上基于泽诺·文德勒[Zeno Vendler]的《思者》(*Res Cogitans*, Ithaca, (N. Y.：Cornell University Press, 1972))和奥斯汀[J. L. Austin]的《如何以言行事》(*How to Do Things with Words*, (Cambridge, Mass.：Harvard University Press, 1962))。弗朗兹·布伦塔诺[Franz Brentano]是研究心灵行为的先驱，参见 *Psychology from an Empirical Standpoint*, first published in 1874. Published in the United States in 1973 by Humanities Press, New York.

他查字典后说:"这是一种猜想(guess)。"

你回答说:"好的,还有什么吗?"

他说:"有的,这可能是一种指责。"

你问道:"这说得通吗?"

学生说:"有可能。她认为这个人是个间谍。也许他是,也许他不是。"

你问道:"你从字典中还得到了什么?"

学生说:"字典说'根据既非正面也非确凿的证据而形成的观念或看法'。我不确定这对我有多大帮助。它还说'揣测'(conjectur),但我不知道'揣测'的意义,就像我不知道'猜测'的意义一样。"

我开玩笑地说:"很遗憾,我没有它的照片。"随后,我又更严肃地补充道:"为了更明白'猜测'的意义,你认为你能做什么。"

他说:"我能做的一件事情是:每当我读到'揣测'或'猜想'时,都会试着用'猜测'来代替。这样一来,我就可以通过寻找它的同义词来确定它的意义。例如,'猜想'可能是同义词,但'揣测'可能不是。所以这将是一个小小的进步。但这还不够。"

你问道:"为什么不够?"

"因为我想体验在我脑袋里实际发生的事情,而我把它称为'猜测'。"

"你想体验'猜测'这个心灵行为。你有这个词,知道它的意义,但还想知道自己在猜测时究竟在做什么,对吗?"

他表示同意:"对!这就像知道'喷嚏'这个词的意义,需要亲自看到或体验真正的喷嚏。不过有些时候,虽然我不知道正确答案,但当一个选项的证据比另一个选项的证据要更好时,我会推测证据更完备的那个选项是正确的。"

"你大概**猜到**了它?"

他笑着感叹道:"就是这样!我从证据中猜到真相,就像我们的祖先采到坚果和水果一样。做出猜测的人是心灵上的采集者。"

这番虚构的对话足以表明,当某个词语没有实际的对应物时,学生可能会因此感到不安。当词语的对象指向的是心灵(如选择、联想)或方法(方式、技巧、疑问),就会出现这种令人不安的情况。在这种情况下,就需要借助于文学,文学能够提供了一个备用的语境,帮助我们弄清楚这种词语在该语境中的作用。我们可以在动物园里看到鹤鸵,但是我们无法看到"猜测"。我们只能通过关注"猜测"这一心灵行为的诸多表现来把握它,通过思考自己的思考、意识自己的意识,才能把握到"猜测"。因此,思考自己的思考,就是要把心灵的诸多运作**对象化**,继而可以命名它、描述它、纠正它、用同义词来代替它……要想察觉到自己的心灵行为,需要不断地进行自我提升,直到抵达元认知的层次。进行反思就是进入这股元认知的思想之流。一个人在教育活动上的成败,在很大程度上取决于他是否有能力进入元认知的层次。

作为运作的心灵行为

心灵行为是一种实现,一种运作。一个人可以感受到自己先是趋向于某个决定,然后再做出这个决定。在这个意义上,它就像制作一件物品。比如制作一把椅子,椅子不是凭空出现的,对椅子的设计在它之前或与它同时存在,并且人们已经通过锯、锤、凿来制作出符合设计的部件。心灵行为对应于一个人的行动和言说。因此,一个心灵行为就像一件小型艺术作品,一个极小的隽语。在某种意义上,心灵行为之于心灵就像芯片之于电脑,只不过芯片驱动和预示着运作,而心灵行为**就是**运作。

基于"实现"的标准,我们意识到心灵行为有着广阔的领域,在其边界处有许多相当边缘的、复杂的心灵活动,其中特别有趣的是心灵行为和心灵状态的结合。并非所有的心灵状态都缺少实现,只是其中的实现因素推进得很慢,以至于看上去是静止的,"状态"一词表达的就是这层含义。一个处于怀疑状态的人,他在心灵上并不是麻痹的。一个人知道了什么,也就意味着他学习了什么,所学的东西慢慢渗入自己的信息库,直到有意去知道它,甚至按照它去行动。另一方面,一个处于惊异、理解或狂热状态的人可能就像炉子上的一锅果酱,会咕嘟咕嘟地冒出各种计划和方案。

如果说"决定"是最典型的心灵行为,那么"判断"就是最能代表判断者的行为单位,而且就其产生的后果而言,判断也是最有力的。布赫勒正确地断言,每一个判断都是判断者的一个缩影,它体现着这个人,正如它评估着这个人的世界。

有些人从事体力劳动或运动,他们往往专注于自己正在做的事情,以至于忘却了自己的身体,把它们当成理所当然的,就像把工作设备或运动设备当成理所当然的一样。只有当某个地方出现问题时,他们才会将注意力从目的转向手段,进行维修或治疗。然后,他们就可以继续劳动或运动下去,可他们还是会一如既往地很少意识到身体或设备。从事体力活动的人确实如此,从事心灵上的制作与行动的人就更是如此。无论大脑或神经系统是否受到损害,一个人都很难反观到正在发生的心灵活动,更难以意识到这些活动所发生的心灵领域。这绝不是说心灵是一种笛卡尔式实体,也没有暗示心灵是一间剧场(所有的思想和感受都是其中的演员,在舞台上迅速地亮相和退场)。

教少儿阅读、写作和思考的教室不仅仅是一个教育的环境,还是一个思考的环境,我们要把它变成一个让儿童更好地思考的环境。要做到这一点,孩子们需要察觉到支持性的认知生态。就像学习飞行的人必须意识到托举起飞机的空气。飞行员、飞机以及托举飞机的空气之间的关系是一种生态关系。学习思考的学生和课堂环境(探究共同体、阅读和讨论的书籍、促进探究的教师、需要考虑和习得的流程与理想等)之间的关系也是如此。

当儿童制作出第一架纸飞机,能够测试空气对纸飞机的支撑力时,他们会非常兴奋。同样,当他们必须做出选择时,他们发现思想有力量去支持他们的决策过程,这也会让他们感到十分兴奋。思想之流成为他们必须考虑的一个事实,因为随着他们的判断被卷入了推理的浪潮中,思想之流既源出于这些判断、又导向了这些判断。

与其他的心灵行为相比,判断是一项巨大的、宏伟的成就,是心灵的一种极其复杂的制作/言说/行动。与之相对的则是更简单、更微观的心灵行为,比如留意。**决定**是典型的心灵行为,因为在做出决定时,人们会意识到心灵上的一阵轻微的努力。但决定要比它看上去的更加复杂。大多数心灵行为都是非常复杂的,人们在进行记忆、演绎、察觉时,往往很难知道它们基于哪些前提。不存在原子式的、不可分的心灵行为,就像不存在原子式的判断一样。人们在分割一个心灵行为时必然会创造出新的心灵行为,正如在抑制一个心灵行为时必然会产生新的对它的察觉。

命 题 态 度

人类经验不仅包括客观物质世界引导人们去相信的东西,还包括意图、欲望、情感、信念、态度以及无数其他无形的、非物理性的个人性质。正是这些性质让经验具有独特性和本真性。

仅仅说出"这是一个陈述"是不够的。这个陈述和做出陈述的人之间的关系是什么？这个人对所断言的东西持什么态度？我们以"他相信天使存在"为例，其中"天使存在"就是一个命题，"相信"就是这个人对这个命题所采取的态度。把这个人及其命题放在一起考虑，能让我们更全面地了解这个人。

态度包含着信念，正如埃尔金所言："情感的认知地位产生于它所包含的信念的认知地位"。[1] 当一位作者试图描述一场会议时，他可以描述参会人员如何围坐在桌子旁，可以叙述他们说的话，还可以尝试说出他们每个人在想什么。每增加一个新的维度，叙事就变得更加丰满，如同在一幅画上添加了一层厚厚的颜料。而且还有更多的可能，作者可以说出每个参与者的欲望、希望、遗憾、鄙视、意图、感知和感受，还可以告诉我们每个人物对他所相信、所理解的事情持什么态度，此即**命题态度**（当然，一个人的态度可能与他信念的内容很不一致）。

初学的读者必须掌握意义的语境性。刚开始阅读的孩子得知腔调是非常重要的——读斜体字时轻微抬高声音，不经意地扬起眉毛，做出害羞的姿势——所有这些都会影响人们的阐释。同样，某个陈述被做出时的情境可能与今天的情境截然不同，以至于对此的不同断言可能具有非常不同的真实性。

有些断言承载着语境的某个关键部分，所以人们需要借助该陈述之前的短语，来进一步理解该断言的内容。在所谓的命题态度中，我们可以窥见一个人在处理命题时所持有的态度。下面是一些例子：

乔治**知道**约翰生病了。

---

[1] Franz Brentano. *Psychology from an Empirical Standpoint*. New York: by Humanities Press, 1973. p. 146.

玛丽**认为**约翰生病了。

艾德**相信**约翰生病了。

弗兰克**确信**约翰生病了。

波莉**怀疑**约翰生病了。

哈里**假设**约翰生病了。

托尼**兴奋于**约翰生病了。

梅兰妮**同意**约翰生病了。

莉莉安**遗憾于**约翰生病了。

马克斯**猜测**约翰生病了。

在这些句子中,"约翰生病了"是命题内容,该陈述前面的动词代表了主体对这一陈述的态度,并向读者传达了理解"约翰生病"这一事实的心理语境。通过这样的提示,人们表露了他们的意图、烦躁、信心和承诺。奥斯汀对动词在话语中的各种功能做了丰富多彩的说明,他的分类也很有趣:行使判断力的动词(如"评级""评估""排名""裁定无罪")是**裁决型动词**(verdictives),行使权力的动词(如"任命""解雇""命令""废除")是**行使型动词**(exercitives),让人致力于某种行动的动词(如"承诺""承办""签约""提议")是**承诺型动词**(commissives),采取态度的动词(如"道歉""感谢""同情""怨恨")是**表态型动词**(behabitives),而澄清理由、论证和交流的动词(如"肯定""否定""提及""报告")是**阐述型动词**(expositives)。[1] 奥斯汀对动词在话语中功能的分类,有助于人们理解与这些词语相对应的心灵行为和心灵状态。它提供了一套词汇,供人们命名那些最微妙的感受、意图、怀疑和欲望,帮助人们认识到心灵生活的认知基础和情感基础。

---

[1] J. L. Austin. *How to Do Things with Words*. Cambridge, Mass: Harvard University Press, 1962. pp. 147–63.

奥斯汀说他更愿意把自己做的事情称为"语言现象学",而非"语言分析"。在我看来,这两个词都不能很好地描述奥斯汀的工作,也许最好把这两个词视为**同一个发展过程**,比如"从语言现象学到语言分析"。如果没有看到这个发展过程,往往会把心灵活动看成静态的,而非动态的。缺少了发展性,整个心灵场景就会停顿,犹如投影仪投出的一组幻灯片。在这个过程中,人们需要利用叙事,以免错过变化和成长的元素。思维教育需要在一个有利于心灵行为和心灵状态的环境中进行,这就是为什么命题态度如此有价值,因为它们提供了双倍的好处,每一句话都涉及一个陈述和对这个陈述的态度。如果一个人表述一个命题却不表述对于该命题的态度,就如同观测月球却不说明地球表面上的观测点。

认知运动:心灵行为和心灵状态可以发展为思维技能

人们实施心灵行为,处于心灵状态之中。那么,什么是**状态**?一种情形?一种存在方式?一套环境?特别是,什么是**心灵**状态?一种心绪?意识的一个方面?具有一定稳定性的心理情形?就"心灵状态"这个词的一般用法而言,它似乎是一种同质地弥漫着的心理情形,能够对个体的生活作出认知上的贡献。心灵状态可以是抑郁或热情,肯定或否认,怀疑或相信,回忆或预料,以及惊异、遗憾、珍惜、厌恶等。需要注意的是,这些状态具有同质性——它们缺乏细节,但拥有强大的力量,能使任何落入自己范围内的东西都深深地染上它们的色彩。一个处于怀疑状态的人完全处于怀疑之感中,一个处于消极状态的人会表现出这种消极情绪。

心灵状态是空洞的,没有任何属于自己的内容吗?它们仅仅是积极的或消极的态度吗？它们是否包含某种被忽视的心灵内容？一个处于绝望状态的人，会发现自己被令人沮丧的声音、情景、形象等所包围。他可能在奋力追求某些"真理"，虽然这些所谓的"真理"其实只是格言或谚语，但他一遍又一遍地对自己重复着。这都是心灵内容的一部分。

试着考虑一下其他的例子。在篮球运动中有要做的招式——有招式本身，也有招式所需的技能。在舞蹈中有要做的招式（这些招式有自己的名字，如"小跳""单脚尖旋转"和"蹲"），也有招式所需的技能。除了招式之外，在芭蕾舞中还有各种姿态。在思维中是否有类似的东西？也是有的，思维中包括：(1) 招式本身，即人们关于它们的概念；(2) 对招式的执行，哲学家称之为"心灵行为"；(3) 使得招式得以熟练完成的技能。可以这么认为，思维中的"心灵状态"对应于舞蹈中的某些姿态。

心灵行为和心灵状态是思维过程的组成部分。思维包括对这些行为和状态的编排，还包括对已经思考过的东西的察觉，以及对下个阶段的想象性预期。我不是说任何心灵行为都可以变成思维技能，也不是说一个拥有许多这种技能的人会自动地知道如何编排它们——如何融贯地将它们组织起来，以便在需要的时候适当地运用它们。培养思维技能的最佳流程是利用课堂探究共同体来讨论学生感兴趣的争议，这不仅会加强学生的个人技能，还会帮助他们学会如何在适当的时间和地点将这些技能引入讨论和探究中。

例如，如果**决策**是一项思维技能，那么决定就是其核心的心灵行为。但决定本身不是一项技能，不能单独完成这项工作。它至少依赖于"区分"这一心灵行为，以便知道自己必须在哪两者之间做出决定。区分又依赖于**对差异的感知**，如果差异难以察觉，就必须求助于细致的**分辨**。这些心灵行为为**决定**提供支持，从而表明心灵行为不是各自独立的，它们通常存在于蜂巢般的活动复合体当中。

心灵的招式发展为哲学对话

上一节指出,思维在于将心灵行为发展为思维技能,并对这些思维技能进行进一步的编排,使它们发展为心灵的招式(moves)。我们可以谈一谈哲学家的典型招式,就像我们谈论国际象棋选手、体操运动员或芭蕾舞者的典型招式一样。当哲学家提出论证、要求定义、纠正推论、辨识假设、做出区分时,就是在做哲学家的专业招式,就像一个舞者在滑步、空中交叉跳跃、单脚尖旋转和蹲的时候,也是在做舞者的专业招式。虽然这些只是技巧,一系列的技巧所构成的是一门技术,不是一门艺术,但优秀的舞者仍会优美地完成他们的招式,优秀的哲学家也会很好地完成他们的招式。因此,在试图提高儿童的推理能力时,人们自然会关注哲学家,研究他们的招式,以便将这些招式传达给儿童,供他们在自己的课堂对话中采用。[1]

没有一个招式是简单的,每个招式都是复杂的或复合的。就舞者的招式而言,它们是由无数较小的运动组成的,手指弯曲的方式、转动下巴的方式、抬起脚跟的方式,每一个都有一定的认知复杂性,但与观众所熟悉的那些更复杂的招式相比,它们是简单的。哲学活动同样包含了某些相对基本的招式,包括假设、意图、构思、回忆、联想等心灵行为,它们是思维本身的典型招式。这些较为原子式的招式又可以发展和组织为分子式的思维技能,例如演绎、分类、类推、定义、概括和举例说明。这些技能和招式都不是哲学

---

[1] 这段文字摘自"On Children's Philosophical Style," which was originally published in German in *Zeitschrift fur Didaktik der Philosophie* (January, 1984), pp. 3–11. Reprinted, in English, in *Metaphilosophy* 15, (1984), pp. 318–330.

所独有的,但当这些技能被熟练地运用于反思性探究时,哲学就出现了。因此,如果只把哲学当成一门**技术**,它所运用的技能是可教的,但作为一门**艺术**的哲学是否可教——无论是在小学还是在大学——这就是另一回事了。就像教授艺术一样,人们最多只是把学生带进激发他们进行哲学活动的情境中。

```
                  认知活动(一)
      一些心灵行为 ——(可以发展为)——→ 思维技能

      提问     ————————→ 提出可以引发疑问或讨论的问题
      尝试概括  ————————→ 避免草率概括(如刻板印象)
      挑战     ————————→ 要求对方用证据来支撑自己的主张
      解释     ————————→ 提出解释性的假设
      分辨     ————————→ 认识到语境的差异
      合作     ————————→ 扩充对方的观点
      接受     ————————→ 接受合理的批评
      倾听     ————————→ 乐于听到"事情的另一面"
      尊重     ————————→ 认可对方的权利
      比较     ————————→ 提出恰当的类比
      澄清     ————————→ 澄清模糊的概念
      区别     ————————→ 做出相关的区别和联系
      辩护     ————————→ 用有说服力的理由来支撑自己的看法
      举出例子  ————————→ 提供例子和反例
      寻找假设  ————————→ 揭示出背后的假设
      推论     ————————→ 得出恰当的推论
      判断     ————————→ 做出中肯的评价性判断
```

图 7.1

听一场精心安排的哲学讨论,就像听一首不熟悉但很优美的室内乐曲。招式十分复杂、出乎意料、令人惊讶,这些招式同时融汇于正在发生的事情

```
                    认知活动（二）
思维中的某些因素 ——（可以通过探究发展为）—→ 更周密的因素
思维动作 ————————————————→ 心灵行为
心灵行为 ————————————————→ 思维技能
心灵状态 ————————————————→ 命题态度
看法   ————————————————→ 判断
念头   ————————————————→ 概念
主张   ————————————————→ 论证
考虑   ————————————————→ 标准
评估   ————————————————→ 评价
知晓   ————————————————→ 理解
未经定义的语词 ——————————→ 得到定义的语词
先后顺序 ————————————————→ 因果关系
相信   ————————————————→ 信念
猜测   ————————————————→ 猜想
```

图7.2

中，所以需要花大力气才能把它们分离出来。相较于日常交谈，好的哲学交谈往往能够表现出高水平的技能。让我们以一段实际的儿童对话为例：

（a）老师：如果"所有的溶洞都是洞"是真的，那么"所有的洞都是溶洞"是不是真的？

第一个孩子："所有的溶洞都是洞"不是真的。洞都是贯通的。

第二个孩子："所有的洞都是溶洞"也不是真的，因为还有纽扣洞呢。[1]

---

[1] 六年级哲学课堂上的对话，参见 *Thinking*, vol. 3, no. 2, p. 44.

在这次讨论中,班上的同学都在研究一种被称为"**换位法**"(conversion)的直接推断形式。关于(a),有几件事值得注意:

1. 在整个交谈中,人们关心什么是真的、什么不是真的。由于换位法只对真的语句起作用,所以学生得从哲学的角度关心"**真**"的概念。

2. 教师通过**提问**,给学生布置一项**直接推断**的任务。

3. 教师请第一个学生考虑结论的真实性,但学生拒绝了这个方式,转而考虑前提的真实性,从而令人欣喜地表现出一定的理智独立性。

4. 前提断言:"所有的溶洞都是洞。"第一个学生可以用**矛盾关系**("有些溶洞不是洞")来反驳。然而他用了**反对关系**,主张"没有溶洞是洞"。这又是一个大胆的举动。

5. 第一个学生紧接着为他的观点提供了**理由**。这个理由("洞都是贯通的")也充当着**标准**。现在很明显,如果有必要,可以请第一个学生提供一个关于"洞"的**定义**。

6. 第二个学生的回答可以用几种方式来重构。以下是其中一种方式:

> 如果所有的洞都是溶洞,那么纽扣洞不是洞。
> 但我们知道,纽扣洞是洞。
> 因此,"所有的洞都是溶洞"不可能是真的。

有些观点强调小学生要学习运用假设三段论之类的东西,很多人对此往往表示质疑,但这其实没那么神秘。从开始学习语言的那一刻起,儿童就同时开始掌握语法和逻辑,语法和逻辑对于理解语言是必不可少的。对一个刚学习说话的小孩子说:"如果今晚下雪,明天就会有积雪。"第二天,孩子看着窗外喃喃地说:"没有积雪,所以昨天晚上没有下雪!"没有人特意地教他"否定结论意味着也要否定前提"。每个学习语言的人都能学会使用最基本的推理技能,但不是每个人都能很好地运用这些技能。因此教师必须强化这些推理模式,比如通过省略三段论来强化,老师提出一个小前提("我没有看到任何手"),学生提出大前提("如果你知道答案,请举手")和结论("你们都不知道答案")。

7. 有没有可能更精练地说出(a)中的内容?它是一个体现"言简意赅"的绝佳例证。

8. 这两个学生似乎都满足于一种消极的能力——他们没有急躁地追求结论,而是喜欢把自己确信的东西描述得更精确,并愿意让其余的疑问保持开放性和争议性,留待以后探究。

9. 通过质疑教师提出的前提,第一个学生显示出重估既定探究方法的意愿。

再举一个例子,这次涉及一些相同的逻辑技能,加上类比推理:

(b) 教师:"谁能用'所有'造一个句子,而这个句子颠倒过来是假的?"

伊莉斯:"'所有的人都是生物'这个句子是真的。把它颠倒过来,会得到'所有的生物都是人',这是假的!"

尤金:"那死人呢?并非所有都是生物,因为有些人是死人!第一个句子不是真的!"

桑迪:"人如果死了,就不再是人了!"

其他几个学生:"不对,还是!"

史蒂夫:"人有心脏,灵魂和身体。心脏就像自行车的打气筒,心脏将血液泵进人的身体里面,就像打气筒把空气打进轮胎。我的意思是,这就像心脏正在把**生命**泵进入的身体里面……"

丽莎:"我明白了!是的,就是这样!轮胎没气了,它还是轮胎,对吧?没气了,它不再活着了,是死轮胎。"(孩子们笑了。)"所以,就算一个人没生命了,他还是人!"

有几个学生抗议说:死亡和轮胎瘪了是很不一样的。

尤金:"但是史蒂夫,你随时都可以再给轮胎打气!"

史蒂夫:"是的,可如果轮胎上有个洞呢?"[1]

这段交流简洁、直接,同时又非常迅速地推进。它也证实了下述观点:当孩子们一起参与到课堂上的哲学探究共同体,他们所能取得的进展不亚于少数或单独的成人所能取得的进展。

很明显,(b)中的孩子们既在相互**言说**,又在相互**倾听**。刚刚他们还在**阅读**,现在他们在**推理**。但是**写作**呢?如果希望他们进行写作,就应该在此刻敦促他们这么做。当他们对一个议题非常感兴趣,并为自己的想法感到兴奋时,他们的写作就是在延续自己的思考,也许他们的表达会有点杂乱和着急,可能不太在意书写和标点,但他们会写得会非常紧凑和凝练。

透过放大镜:进一步观察哲学如何提高思维

儿童哲学(P4C)是一种在学校中推动思维发展的教育方法,其课程体系由面向学生的小说和面向教师的手册组成。这些小说分为不同的年龄层次,通过小说中的虚构人物来示范出提问和讨论的模式,由此推动学生在讨

---

[1] 五年级哲学课堂上的对话,出处同前。

论中进行内化和运用。

该系列读物的第一个典范是《哈利·斯托特迈尔的发现》(*Harry Stottlemeier's Discovery*)。该书提供了一个友好的认知/情感环境,以激发反思,推动全面的讨论。儿童哲学的读物提供了一种促进探究的环境,因为它不但是有疑问的,包含许多定义模糊、有争议的概念,而且展示了对心灵行为、推理技能、命题态度、提问与追问、判断等理智工具的运用。这样的书有利于思考,就像登山者的氧气面罩有利于呼吸一样。之后,探究共同体的对话(概念和技能在此得到试验和运用)又可以进一步巩固和延续这个过程。

文本和探究共同体对于思维发展的支持,就类似于环境为自然物种的生长所提供的生态支持。换句话说,思维需要一个有利于它发展的栖息地。为了说明文本所提供的生态支持,图7.3列出了一系列概念、认知技能、心灵行为和心灵状态,它们取自《哈利·斯托特迈尔的发现》的第一章。

图7.4展示了该书第一页的心灵活动阵列。有些心灵状态只是对情感情形或认知情形的报告,如"詹姆斯很怀疑"或"埃莉诺很兴奋";有些则是命题态度,如"詹姆斯怀疑他能否赢得比赛"或"埃莉诺为她父亲回家而感到兴奋"。命题态度超越了单纯的描述,让人们得以洞察故事中主人公的意识状态,以及他们对自己所知内容的态度。

探究共同体提供了类似的生态支持,它示范了概念,也示范了推理与探究方面的技能(概念被**运用**,技能被**内化**)。随着课堂讨论逐渐升温,参与者越来越明显地从事共享的探究,不再是每个个体自顾自地思考,而是出现了分布式思维,每个参与者都会基于不同的视角,在适当的时候说出情境所需要的东西。因此,探究共同体为共享的探究提供了多样的视角,为反思平衡的形成提供了认知情境。

《哈利·斯托特迈尔的发现》第一章			
概　念	心灵行为/状态	思维技能	基础的推理技能
• 太阳系 = 太阳 + 公转的行星 • 所有的行星（作为一类事物）都绕着太阳公转 • 彗星不是行星 • **所有的**行星都公转，但**不只**行星如此 • 句子 • 不可换位的句子 • 真 • 非真即假 • 发现 • 理解 • 惊奇 • 种类 • 老鹰和狮子这两类动物的区别 • 用功 • 规则 • 过错 • 失败 • 起作用 • 交谈 • 意味着	• 白日梦 • 倾听 • 注意 • 幽默 • 耐心 • 困惑 • 试图理解 • 有头绪 • 着迷于 • 愉悦 • 反思 • 热衷 • 激动 • 尴尬 • 不耐烦 • 惊异 • 憎恶 • 想到 • 惬意 • 认真 • 感激 • 想要感谢 • 不想打断	• 判断（把谓词赋予主词） • 归类（所有的____都是____） • 做出区分 • 区别**相容**与**相斥** • 认识到全称肯定句是不可换位的 • "尝试"（举例说明） • "想出"（发明？回想？） • 把两类事物区别开（所有的____都不是____） • 对全称否定句进行换位（换位之后仍然为真） • "弄明白"（发现？发明？探究？） • 为某个区分提供证据（"我的句子跟你的不一样，因为____"） • 举例说明全称否定句的换位 • 扩展规则以容纳例外情况 • 倾听 • 认识到全称肯定句是不可换位的	• 举出反例（针对"绕着太阳公转的所有事物都是行星"这一命题，彗星就是反例） • 考察非对称的关系（对它们进行换位，看看是否仍然为真） • 演绎推理（丽莎已经发现何时从一个句子推断出另一个句子是**有效的**） • 考察非对称的关系 • 学生将发现一些同一判断，它们不受制于哈利提出的规则

图 7.3

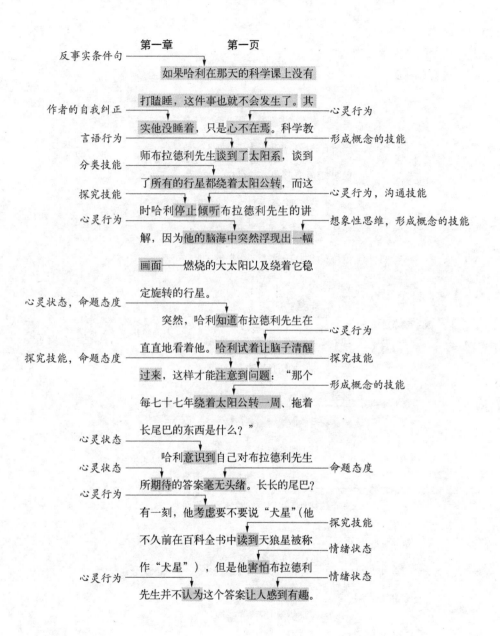

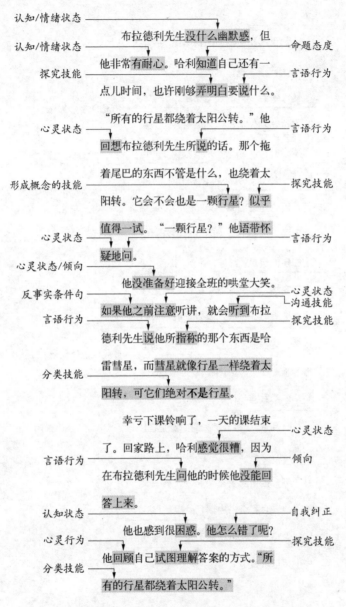

图 7.4 《哈利·斯托特迈尔的发现》第一章第一页

当然，要想激发出反思性活动，提供一个富有活力的培养环境只是手段之一。此外，还有很多不同的手段来推动反思性活动的蓬勃发展。比如，一本书包含了语言，语言中包含了观念，这些观念唤起了读者的心灵行为。这些观念可以成为探究的起点，而探究又因情感而得以凸显、因审辨而得以强化。

教师可以用图 7.4 中的分析方式来分析记录稿，从而熟悉话语逻辑的一些更重要（或许也更难捉摸）的方面。

第八章 思维技能

面向儿童的思维技能教育

"思维技能"是一个包罗万象的短语,[1]它的涵盖范围很广:既有非常专业化的技能,也有非常通用的技能;既有精湛的逻辑推理,也有对细微相似性的敏锐感知;既有将整体分解为部分的能力,也有将随机的单词或事物综合成整体的能力;既有解释某个情况如何发生的能力,也有预测某个过程会如何展开的能力;既有对共性的熟练分辨,也有对个性的精准关注;既有运用充分的理由和有效的论证来证明信念的能力,也有创造观念、拓展概念的能力;既有发现其他可能性的能力,也有发明虚拟世界的能力;既有解决问题的能力,也有规避问题或阻止问题的能力;既有进行评估的能力,也有重现事件的能力……这个清单没有尽头,它囊括了人类所有的理智能力。由于人的每次理智活动都是独特的,因此要以独特的方式——不同的序列、配合和编排——把思维技能组合起来。

---

[1] 改编自 M. Lipman, "Thinking Skills Fostered by Philosophy for Children," in Judith W. Segal, Susan F. Chipman and Robert Glaser, *Thinking and Learning Skills*, vol. 1, *Relating Instruction to Research* (Hillsdale, N.J.: Lawrence Erlbaum Associates, 1985), pp. 83–87, 97–99.

如果梦想构建一个能够培养和锻炼所有这些技能的课程，肯定会被认为不切实际。即使只要求培养其中的某些技能，也会被认为是很困难的。但是，当今的教育已经深陷泥潭，在这种情况下，思维技能的培养有望成为推动教育发展的关键契机。

如果共同体确实对认知能力有着积极健康的影响，那么思维技能的教学首先应该把课堂转化为共同体。这是什么样的共同体呢？成员需要共享经验，此外还必须共同致力于探究的方法。这种方法是什么呢？当然是一系列合理的流程，通过这些流程，人们可以辨别出自己的思考可能出错的地方。简而言之，这种方法是**系统的自我纠正**。这样的探究共同体不欢迎那些不尊重他人的态度或行为，这个共同体会利用每个人的经验，并让所有人都能由此获得意义。

我们无需向儿童详细阐述这个目标，这样做也只是白费力气，即使他们能粗略地理解这个目标，也很难把握到它与自己的相关性。但是，我们需要不断地鼓励他们去相信：即便自己年龄尚小、缺乏经验，仍有可能实现这个理想。我们必须唤起他们的想象力（小说是激发他们的想象的方式之一）。我们也没必要向儿童解释课堂探究的好处，这样只会令他们感到厌倦，不如用小说向他们展示一个课堂探究共同体，这个虚构的共同体也由普通的儿童组成，他们思考着一些非常重要的问题：真理和友谊、个人同一性和公平、善良和自由。他们也花了很多的时间来思考思维本身以及推理的标准。

以作为教育方法的儿童哲学（P4C）为例。随着小说的展开，我们希望课堂上的儿童对小说人物进行认同，由此学会这些人物所使用的技能。学生倾向于重现小说主人公的理智过程，就像他们在读言情小说时会重现男女主人公的情感过程。这不仅发生在每个读者的个人回忆中，更重要的是它还发生在阅读后的课堂讨论中。孩子们很快注意到,小说人物有自己的思维方式,有的愿意进行理智上的冒险,有的更加谨慎,有的偏爱分析,有的偏爱实验,有的倚重经验,有的倚重推测——这提供了多样的思维方式。想要让儿童有效且得体地表达,必须鼓励他们有效且得体地思考。除非儿童进行了准确的推理,否则很难做出准确的表达;除非儿童进行了敏锐而优美的推理,否则很难做出敏锐而优美的表达。正如写作中的思考与写作本身是无法精确分离的。

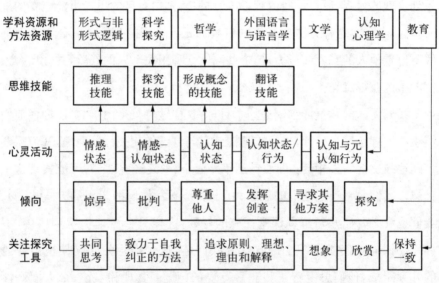

图8.1 在探究共同体中提高思维的学科资源及其他资源

思维技能的锻炼并不只是发生在课堂讨论中,但正是在课堂讨论中,思维技能的运用与提高是最明显的。有些孩子喜欢阅读,有些喜欢写作,但大多都喜欢说话。关键在于要把这股冲动的能量转换成认知技能,就像把发动机的动力转换成汽车的运动。必须要引导儿童将单纯的说话转化为交谈、讨论、对话,这意味着儿童要学会倾听他人并给出有效回应,也意味着他们要学会在讨论中追踪各种推理线索——评估每次发言背后的假定、做出推论、考察一致性和充分性、通过自由选择前提而独立思考。在交谈的任一时刻，每个参与者都在进行无数的心灵活动，有些相互配合，有些相互独立，有些趋同，有些相异。为了让课堂讨论更好地推进，参与者要用逻辑体系来约束对话，把逻辑规则当作推论的标准——辨别好思维和坏思维的标准。

当然，逻辑只能**从形式**上约束对话，我们还要给儿童提供值得谈论的**内容**，否则他们要么在琐事上喋喋不休，要么陷入沉默和冷漠。我们需要让学生们明白，他们可以了解和讨论彼此的观点，而不只是汇报自己的感受和看法。

儿童都喜欢讨论他们自己的观点（或者他们认为属于儿童的观点），对此我们不应该感到奇怪。毕竟，知道他人的想法并不能代替拥有自己的想法。此外，我们关于真理、友谊或正义的想法是属于自己的，而我们关于金字塔的想法则反映着某个独立的、在时空上远离我们的事实。简而言之，我们更喜欢属于自己的、直接呈现的想法，而不是那些单纯反映外在事物的想法。这是儿童喜欢哲学和诗歌的一个主要原因，因为哲学和诗歌中的观点是以其原始形式直接呈现的，而不是对于直接经验之外的事物的摹本。

思维技能的教学要想完全可靠，就必须在鼓励发现和鼓励发明之间取得平衡。儿童渴望发现他们能力之内和之外的东西。即使他们发现游戏规则是强制性的，发现藐视自然法则会让自己遭殃，他们也并不会感到沮丧。但是，儿童也想知道自己可以自由地创立和发明什么，他们想知道自己可以在哪些领域中发挥创造力，发挥自主的决定权。

表8.1列出一些有代表性的技能，并依次给出例子。

表 8.1　在探究共同体中得到鼓励与培养的技能与倾向

因素 1：**一般性的探究技能**。第 1-6 项,是审辨性探究中学生的典型特征。

因素 2：**开放的心态**。第 7-9 项,代表了面向其他成员的合作行为。

因素 3：**推理技能**。第 10-17 项,与"一般性的探究技能"相比,这些技能与逻辑推理的联系更紧密(这两组都包含代表"分析"的项目和代表"综合"的项目)。

技 能 或 倾 向	例 子
1. **提出问题**。提出问题是探究过程的基础,是为了让学生能够理解言辞或读物的意义。学生也可以指出潜在的问题。然而,并非所有的问题都是好问题,有些是有缺陷的。	1. 有缺陷的问题往往是: a. 含糊不清。"动物从哪里来?" b. 含沙射影。"你考试不再作弊了吗?" c. 自相矛盾。"如果所有的人都随着船沉入水中,那么幸存者会如何?" d. 毫无意义。"扳手和扳毛有什么区别?" e. 基于不正确的假定。"芝加哥是德克萨斯州最繁忙的城市,不是吗?"
2. **避免以偏概全**(即刻板印象)。声称适用于一小部分的事情也适用于全体。	2. 以偏概全的例子:"昨天抢劫银行的家伙几乎有七英尺高。这就证明了你不能信任高个子的人。"
3. **要求断言得到证据的支持**。应当用事实证据来支持关于事实的断言,至少应当知道如何找到证据。	3. "我认为这种药物可以安全服用,因为相关实验已经做了十年,它的效果仍在持续,处在不同环境下的数千名被试参与了这项研究,也没有显示出严重的副作用。"
4. **提出解释性假设**。在很多情况中,虽然证据是存在的,但缺乏对证据的满意解释,或者证据是碎片化的、不相关的。假设让证据变得融贯起来,让所发生的事情看起来自然而然。	4. "这是一片糟糕的社区。人们晚上都会锁门。如果你从不锁门,我假设你家里迟早会发生抢劫案。"

续 表

技 能 或 倾 向	例 子
5. **识别情境的差异**。即便是十分细微的情境差异,也可能推翻一个原本有力的归纳论证。成熟的探究者总会关注那些可能威胁到结论的情境差异。	5. "什么情况下,以下说法可能是正确的? 　a. 水扑不灭火。 　b. 一座房子在空中飘荡。" "在什么情况下,以下说法可能是错误的? 　a. 月球上没有任何生物。 　b. 美国的首都是纽约市。"
6. **发展别人的观点**。不但发展自己的观点,而且巩固和运用别人的观点。	6. 老师:"从我站的地方,也就是教室的前面,我可以看到你们所有人的脸。" 约翰尼:"另一方面,从我们坐的地方,也就是教室的后面,我们只能看到后脑勺。"
7. **接受中肯的批评**。心态开放的人不会抵触别人对自己的看法,他们会为自己的观点辩解,同时也会认识到建设性批评的价值。	7. 玛丽:"我父亲读到吸烟导致癌症,所以他打算戒烟。" 汤姆:"他为什么不干脆放弃阅读呢?" 玛丽:"这不能降低患癌的风险,尽管它可能降低阅读带来的风险。"
8. **乐于听到"事情的另一面"**。开放的心态要求考虑其他视角,这也是公正心态的体现。	8. "弗兰没权利那样推搡那个男孩。" "那个男孩没权利挡住教室的门。你得从弗兰的视角来看这件事。"
9. **尊重他人**。在探究共同体中,人们尊重他人的人格。负面的批评只针对论证,不针对提出论证的人。	9. 没有做到尊重他人的例子: "杰米断言,DDT虽然能杀死蚊子,但也会危害人类。" "你不能相信杰米说的任何话。大家都知道他是个胆小鬼。"
10. **提供恰当的类比**。类比所体现的不是单一特性之间的相似性,而是整套特性之间的相似性。学生一旦学会了辨识关系,就可以认识到类比包含着两个关系之间的相似关系。	10. "脚趾与手指的功能非常相似。" "你能说得更清楚些吗?" "当然可以,手指之于手,正如脚趾之于脚。" "也许是这样,但你不能像用手抓东西那样用脚抓东西,你也不能像用脚走路那样用手走路。"

续 表

技能或倾向	例 子
11. **澄清模糊的概念**。学生在面对定义明确的问题时往往觉得没有挑战性或者兴趣。他们可能更喜欢从定义模糊的、有疑问的、有待澄清的概念开始。	11. "说这幅画'独特',就是说世界上没有任何东西像它。它非常罕见。" "不。说它'独特',是说它很有个性,即使有大量的画作与它相似,可它仍然是独一无二的。"
12. **做出适切的区别和联系**。在探究中,要根据实际存在的差异对事物做出区别,所以有那句话:"没有差异就没有区别。"类似地,也可以说:"没有相似就没有联系。"	12. "我把'医生'和'内科医生'区分开,因为内科医生能做医生不能做的事情。" "没有什么事情是内科医生能做而医生不能做的。这两个词完全是同义的。" "神经学家和精神病学家之间有什么联系?" "他们都是医学领域的专业人士。"
13. **用有说服力的理由来支持看法**。在提出自己的看法时,人们有责任给出能够证明看法的论证。这意味着至少要给出一个既有说服力又相关的理由。	13. "据我所知,珀西是最有代表性的员工。就言行举止而言,他能够代表其他所有人。"
14. **举出例子和反例**。举出例子就是引入一个特定的、具体的例证,以此体现或说明普遍规则、原理、概念等。举出反例就是指出一个相反的例证来驳斥别人提出的论证。	14. "父母总是保护他们的孩子。" "被父母遗弃的孩子呢?"
15. **揭示潜在的假定**。我们提出的论断往往基于(对他人,也可能对自己)隐藏的假设。	15. "杰夫是个水管工,是个保守派。他一定来自兰开斯特。" "你只有首先假定所有保守主义的水管工都来自兰开斯特,才能做出这一推断。"

续 表

技 能 或 倾 向	例 子
16. **做出合适的推论**。在可能的情况下,人们应该做出不违反有效性的推论。	16. "仅当今天是星期三时,明天才是星期四——这句话是真的吗?" "是的。" "那明天真的是星期五吗?" "是的。" "那么今天就不可能是星期三。"
17. **做出适中的评价性判断**。适中的评价性判断要求在不同类别的标准之间取得平衡。	17. "要确定中国和日本哪个更大,你是用人口数量这样的量化标准,还是用文化成就这样的质性标准?" "为什么不能两个都用?"

各种思维技能之间的**协作**是最重要的。如果只依托单一技能的提高,没有其他技能的协助,那么学生的学业成绩依旧无法得到提高。

既然针对个别思维技能的学习不能保证它们得到协调的运用,那么需要做些什么来保证这一点?答案似乎在于儿童对某些认知倾向的习得。这些倾向本身不是技能,但它们体现出一种运用技能的意愿——以一种协调的、逐渐强化的方式来运用技能。当然,还有许多长期以来被认为是学生应该具备的倾向,比如信任、合作、乐于倾听、专注、尊重他人等。这些是一个气氛融洽、运行顺利的课堂的常见特征。而当课堂转化为探究共同体,新的、更具认知性的倾向也会出现,包括对自我纠正的探究方法的相信、对探究流程的关心、对他人视角的考虑、对他人和对自己采用相同的批判精神(既要评价他人,也要评价自己)等。当学生获得了诸如此类的认知倾向(这些也许都可以用"致力于探究"一词来概括),他们就愿意有效地使用自己的技能。当学生能够以统一的、一致的方式运用其理智资源,他们也就养成了这方面的习惯。思维技能项目不仅要培养技能本身,还要培养这些倾向和习惯。

今天的教育过程和实践会影响明天的结果,如果我们希望儿童成长为善于反思的成年人,就应该鼓励他们首先成为善于反思的儿童。如果要教授思维技能,就应该在持续的探究共同体中教授,让共同体的探究方法被每个参与者所内化。在这种情况下,每个参与者都会成为善于反思的、理性的个体。

技能和意义

言语提供了表达意义与获得意义的能力,进而推动人们去习得语言。[1]婴儿不满足于能够吐出食物或拍拍小狗,他们明显希望能够说出"难吃的食物"或"可爱的小狗"。同样,婴儿不满足于观察天空,他们明显希望能够说出"天空很蓝"。能够言说食物难吃、小狗可爱和天空很蓝——简而言之,能够做出逻辑判断——是一项重大成就。与此同时,婴儿看到成人的面部表情后,还想知道他们的言语表达(如"狗很脏")是什么意思。人们的好奇心会迅速地转化为对意义的渴望——获得意义并通过人际沟通来表达意义。阅读能力为获得意义提供了很大的支持,写作能力则加强了意义的表达。

这并不是说传统上所强调的语文技能不是"思维技能"(所有的技能都包含思维,不包含思维的不可能是技能)。推理和探究的技能在阅读过程中起到获得意义的作用,而语文技能则不一定有助于获得意义。干扰推理活动会妨碍人们获得意义,而有时违背句法和拼写规则仍然有可能获得意义。

---

[1] 这一节的内容摘自我的论文"The Seeds of Reason," originally published in Ronald T. Hyman (ed.), *Thinking Processes in the Classroom: Prospects and Programs* (Trenton: New Jersey Association for Supervision and Curriculum Development, 1985), pp. 1–15.

有些人认为意义在动机中占据首要地位,因此强调通过阅读理解来推动儿童更好地阅读。将意义置于动机中的首要地位,能够区别出那些更直接相关于意义的活动和那些不太直接相关的活动。为了说明这一点,让我们考虑一些错误:

错 误	评 论
1. 乔治说:"三十五除以七等于四。"	乔治违背了算术系统中的惯例和流程。
2. 露丝留下一张纸条说:"俄们要去逛衔。"(Us going to the stor.)	露丝违背了英语句法和拼写的惯例,尽管她成功地表达了她想表达的意思。
3. 加里说:"宝石被定义为普通的石头。"	加里没能正确定义"宝石",因为他没能把它们正确地归入"珍贵的东西"。因此,定义中的词语("普通的石头")与被定义的词语("宝石")没有相同的意义。由于没有察觉到意义的不同,加里没有传达出他试图传达的意义。
4. 萨利说:"所有侦探都对犯罪感兴趣,所有罪犯都对犯罪感兴趣,因此所有侦探都是罪犯。"	可以假定这个三段论的前提为真,但随即发现这个三段论在形式上是无效的,所以没能在结论中保留前提的真。
5. 汤姆说:"法语中的 chat 在英语中的意思是'非正式的谈话'。"	汤姆把法语中的"猫"(chat)翻译成英语中的"聊天"。他没能找到对应的英语单词,所以没能保留该法语单词的意义。
6. 一道阅读理解试题如下:"'近年来最令人警醒的一项统计数字是迅速上升的火灾数量。'这句话的主旨是虚假警报是昂贵和危险的,而不是现在的火灾比过去多。"	在将文本翻译成口语的过程中出现了理解错误,由此造成了意义的偏差,没能保留主文本的意义。

这些例子让我们可以做出两种区分。第一种区分是**违背意义的错误**和**不违背意义的错误**。第二种区分是**保留真的活动**和**保留意义的活动**。关于

第二种区分,请考虑加里、萨利和汤姆的例子。萨利的三段论没能保留前提的真,加里的定义没能保留被定义项的意义,汤姆的翻译由于没能选择一个对应的英语单词,故而没能保留法语单词的意义。

根据这些区别,让我们重新考虑一下第六个错误,即那道阅读理解试题。这个错误违背了意义,但与真无关。对于这个虚假的陈述,我们仍要进行理解和准确翻译(如同对待真实的陈述)。这对我们有什么启示呢?

严格来说,**保留真的过程是推论,保留意义的过程是翻译**。阅读理解所预设的不是从一种语言到另一种语言的翻译技能,而是同一种语言内不同领域之间的翻译技能,比如先阅读文章的一个段落,再用口语来表述它的意义。需要注意的是,尽管不考虑被翻译段落的真,翻译活动也可能是推论性的,因此这也需要保留句子的真。

阅读理解有广义和狭义之分。广义的阅读理解要求作者和读者之间的合作,双方一起得出共同的成果,这些成果会超越作者的陈述或暗示。尽管这种阅读所得出的意义是成立的,但我打算把它们搁在一边,只关注狭义的阅读理解——阅读理解试题。这些试题的命题人显然只考虑(1)读者是否理解了这段话的**陈述**;(2)读者是否推论出这段话的**暗示**;(3)读者是否把握到这段话的基本**假定**。

这三个方面的考虑所预设的技能主要是逻辑性的。(1)当读者能够找到与第一段话有着相同意义的另一段话,就算成功理解了这段话的陈述。在这个意义上,理解就是认识到**意义的同一性**。(2)要准确地推断出一段话的暗示,这显然是一项逻辑流程,不管是形式上的、三段论的推论,还是非形式的、语言上的推论(比如"约翰在牌桌上把玛丽打得一败涂地"暗示着"约翰在牌桌上把玛丽打败了")。(3)把握基本假定就是询问:如果某个断言要成为某个有效论证的结论,那么前提可能是什么?这再次涉及到逻辑流程。

当然，很多问题不在于能否表明**意义的同一性**，而在于能否表明**意义的相似性**。比如，一个四年级的学生在儿童哲学课上被问到"成为地球上唯一的人会怎样？"他回答："就像成为天空中唯一的星星。"这个学生注意到，在空旷的世界上只有一个人很像在空旷的天空中只有一颗星。他显然发现了人之于世界正如星星之于天空，换句话说，他发现了两者关于**部分—整体关系之间的相似性**，这构成了类比推理——在各种关系中发现相似的关系。这个学生的回答是一份有力的证据，证明他已经把握到问题的意义。

因此可以说，阅读理解不仅依赖演绎推理等形式技能，还需要类比推理这样的技能。强化这些推理技能会更有效地提高阅读理解，只关注句法错误、词汇欠缺、拼写错误、文体鉴赏水平不足等问题是无法实现这一点的。这是因为推理技能直接有助于读者获得意义，而获得意义能够最有效地推动读者持续阅读。教授阅读和修辞的教师坚持认为他们教的是思维，但如果考察一下他们所强调的技能（即他们评分的那些技能），就会发现这些技能并不能生成意义，我们应该教一些能够生成意义的技能。

不止阅读和修辞的教师如此。在小学的各个科目中，教科书都试图引入思维技能并敦促教师培养它们，因为这些技能有益于对学科材料的把握，无论是科学、数学还是社会研究的材料。考虑一个有代表性的教育方法——约翰·米凯利斯（John U. Michaelis）的《面向儿童的社会研究》（*Social Studies for Children*）（第八版）。[1] 米凯利斯是一位受人尊敬的教育工作者，也是《全面目标框架》（*A Comprehensive Framework of Objectives*）的合著者，[2] 他一直关注认知能力在教育语境内的发展，提倡在社会研究框

1　Englewood Cliffs, N. J. : Prentice-Hall, 1985, pp. 233-63.
2　John U. Michaelis and Larry B. Hannah, *A Comprehensive Framework of Objectives* (Reading, Mass. : Addison-Wesley, 1977).

架内发展学生的思维技能。他给出了四种思维模式：批判性思维、创造性思维、决策、问题解决与探究。这四种方法与其他思维技能（记忆、解释、比较、收集数据和分类）所生成的知识基础相互交叉。

米凯利斯说，必须发展概念来补充知识基础，例如合取的、析取的和关系性的概念。形成概念的策略包括：定义、识别例证、列出—分组—标记、问题解决或探究。他还列出了需要强调的技能——概括、推论、预测、假设、分析和综合、评估。对于每一种技能，他在书中都给出了一些提示，指出教师应该通过提出何种问题来培养这种技能。从这本书的内容来看，似乎快速的温习或热身就足以让这些技能运转起来并融入学科之中。

尽管几乎所有的新教科书（如米凯利斯的这本）都包含了关于思维技能的必修章节，但事实上，小学教师和其他阶段的教师一样，很难阅读这个章节，也很难把其中的各类技能运用起来。许多教师反而变得很抗拒，他们认为学生从上学起就已经具备了那些技能，并且发誓不会改变自己的教学计划去徒劳地提高那些技能。如果教师认为这些提示无法帮助学生强化技能，那些教师就太天真了。如果师范院校里培养这些教师的教授相信，某个无法激发学生思考的教育过程能够让学生更好地思考，那他们就太天真了。

四种主要的思维技能

就教育的目的而言，最重要的技能是那些关涉探究过程、推理过程、信息组织以及翻译的技能。年幼的儿童很可能已经初步具备了所有这些技能。因此，教育不是关于认知技能的习得，而是关于认知技能的强化与提高。换句话说，儿童自然地习得认知技能，就像他们自然地习得语言，教育则用于强化这个过程。

探究技能

我所说的"探究"是指自我纠正的实践。如果一种实践只是习以为常、约定俗成或合乎传统，那么我不会把它称为"探究"。如果上述实践加入了自我纠正，那么就会成为探究。按照这种定义，探究既包括婴儿的探索，也包括科学家的研究，但这并不意味着这个范围过于宽泛。婴儿摸索着，尝试猜测球的去向（也许在沙发下面），他此时的行为（考虑不同的选项、构建假设、进行检验等）会逐步发展为日后的"理智"行为。

如同其他种类的认知技能，探究技能存在于各个年龄阶段。从童年到老年的差异更多是程度上的，而不是种类上的。通过探究技能，儿童学会了把当下的经验与以前发生过的事情以及预期会发生的事情关联起来。他们学会了解释和预测，学会了识别原因和结果、方法和目的、手段和结果，并把这些东西彼此区别开。他们学会了提出问题，学会了评估、衡量和发展探究性实践的众多能力。

推理技能

知识起源于经验。然而，对知识的扩展可以通过推理，不必求助于额外的经验。**基于已知的情况，推理能够使人们发现更多的真实情况。**在可靠的论证中，人们从真的前提出发，最终发现一个真的结论，这些结论从前提中推衍出来。可以说，人们的知识以关于世界的经验为基础，推理则能够扩展并捍卫那些知识。

逻辑有一定的教育意义。有些学生会夸耀自己所发现的相对主义，逻辑则能够提醒他们：可能对某个人成立的东西不一定对所有人成立，并非一切事物都得自其他一切事物，并且相对主义不必然排斥客观性。逻辑向那些持怀疑态度的学生表明：合理性是可能的，逻辑正确性或有效性是存在的，而且，存在某些论证是优于其他论证的。

在柏拉图的时代,推理本身带有某种鲜活的、新颖的、令人惊喜的东西,有观点认为这是因为逻辑对苏格拉底和柏拉图而言是非常新颖的,这只是事情的一个方面。在当时,推理的生命力与**对话的本质**有着更紧密的关联。当人们独立思考时,他从已知的前提中演绎出结论,但这个结论并不出乎预料。而在对话中,没有人知道所有的前提,推理过程就会更有生命力,得出的结论也会更出人意料。

组织信息的技能

为了提高认知的效率,人们必须能够把接收到的各种信息组织成有意义的集合。这些概念集合是由各种关系构成的网络,每个关系都是一个意义单位,所以各个集合都是意义之网。信息集合的三种基本类型是句子、概念和图式。除此之外,还有一些**组织过程**,它们不仅仅是一个更大整体的部分或元素,还是构造和表达知识的一般方式。我指的是叙事和描述,这些高度综合性的技能可以处理经验整体,还可以按照序列或并列的方式将整体分解为各个组成部分。

句子。句子是意义的基本语境。相较于句子中的词语,句子是更大的单位;但相较于段落和论证等更大的单位,句子又是更基本的单位。诚然,词语可以指称世界上的事物,但只有和其他词语相联系(组成句子),并在整个语言背景下得到理解时,它们才是有意义的。[1]

---

[1] 我认为,意义的最基本单位是关系。就此而言,由于单词与世界上的事物之间存在着语义关系或指称关系,所以单词参与并分有这些关系的意义。(我并不是说:在这种情况下,关系以及意义存在于单词和所指称的事物之间的连接。相反,关系跨越了单词和所指称的事物,从而在意义中囊括了它们。换句话说,我认为连接是交互性的(interactional),而单词是传递性的(transactional)。参见 John Dewey and Arthur F. Bentley, "A Trial Group of Names," in *Knowing and the Known* (Boston: Beacon, 1949), pp. 287–312.)。我不认为这与下述观点相冲突:因为句子包括语言关系(不仅仅是指称关系)的复杂嵌套,所以它更适合成为意义的基本单位。例如,参见 Michael Dummett, "Meaning and Understanding," in *The Interpretation of Frege's Philosophy* (Cambridge, Mass.: Harvard University Press, 1981), pp. 74–82。

在进行推理时，人们主要关注的就是句子之间的关系。一个单独的句子对于语言学习者来说可以是非常大的成就，尽管人们经常忽略这一点。句子内部发生的事情跟句子之间发生的事情一样令人兴奋。例如，有些作家在其每个句子中都说了一些不同的东西，因此人们只有按照顺序去理解每个句子，才能弄懂它们所说的整个内容。另一些作家（如尼采）则以隽语或格言的方式写作，因此每一个句子都暗示了整个作品的某些含义。还有一些作家，他们的单个句子在内容上是相当原子化的，因此篇幅较长的作品就像马赛克一样，各个小单位通过一致的韵味或风格而结合在一起，例如海明威的句子中就有重复的修辞和独具特色的形容词，人们根据这些特点很容易辨认出他的作品。

句子是阅读和写作的基本组件，它们有很多种类：疑问句、感叹句、命令句、断定句。对于传统逻辑学而言，断定或陈述是最令他们感兴趣的。每个陈述都代表一个判断，比如"所有的老鼠都是啮齿动物"就是一个基本的逻辑判断。[1]

概念。 当人们根据事物之间的相似性把它们汇集在一起时，就获得了一个关于它们的概念。罗姆·哈雷（Rom Harré）说过，概念是思想的载体，思想借由这些概念而展开。[2] 对概念的分析包括澄清和消除歧义，图8.2展示了卡茨（Katz）和福多（Fodor）给出的一个例子。而在图8.3中，学生可以看见一张靶状的地图，一对反义词标出了两个同心的区域，中间隔着一个"模糊的区域"。给学生提供一列语词，让他们把这些语词恰当地分配到三

---

1 约翰·杜威则认为，"所有的特称命题都是关系性的"，而关于种类之间关系的命题也是关系性的——即使字面上看不出来，至少逻辑上如此。参见 *Logic: The Theory of Inquiry* (New York: Holt, 1938), pp. 307-9.

2 "The Formal Analysis of Concepts," in H. J. Klausmeier and C. W. Harris (eds.), *Analysis of Concept Learning* (New York: Academic Press, 1966), p. 3.

个区域中。内部区域的同义词有助于形成这个区域的总体意义,它们之间的对比则会显示出每个词的独特意义。这个方法是由奥斯汀(J. L. Austin)提出的。[1]

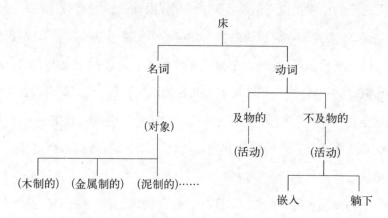

图 8.2 (改编自 Jerrold J. Katz and Jerry A. Fodor, "The Structure of a Semantic Theory," in Katz and Fodor [eds.], *The Structure of Language* [Englewood Cliffs, N. J.: Prentice‐Hall, 1964], p. 485.)

图式。相较于单独地处理每一个对象,运用概念是更有效率的。但是,概念的形成与分析可能是非常艰苦的工作。学生进行阅读理解时,就要把握和理解作者所运用的概念,而这项工作会让很多学生感到精疲力尽。

不过还有一些信息组织系统,它们能够带来能量、而非消耗能量,例如图式。叙事(比如故事)是图式的一个例子。不同于说明性组织,叙事性组织往往随着人们对它的探索而展开。在展开的过程中,它聚集了动力和能量,并将这些传递给读者。叙事之所以会带来如此能量,是因为叙事不是单纯的信息排序,而是各部分之间以及部分与整体之间的有机关系,这与科技

---

1 *Philosophical Papers*, 3d ed. (New York: Oxford University Press, 1979), pp. 94‐5.

类文本中机械的"部分—整体"关系形成了鲜明对比。而且叙事中既包含了认知线索,又包含了情感线索,这进一步吸引了读者的兴趣和注意。

图式是动态的,而非静态的。它们主动而迫切地追求得到完成或恢复平衡。一件尚在创作中的艺术作品就表现出这种追求。不过,图式(比如一个故事)中所包含的任何东西都必然会影响和改变整个图式。[1]

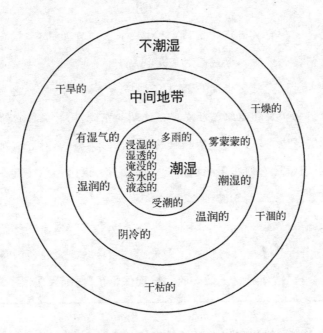

图 8.3 (摘自 Matthew Lipman and Ann Margaret Sharp, *Wondering at the World* [Lanham, Md.: University Press of America, 1986], pp. 74-5.)

人们进行感知时,会通过图式把结构加在所观察的东西上,比如把三维的空间结构加在混沌的感知(人们关于世界的后天经验以此为起点)上,所

---

1 关于图式的有机性,参见 Paul Schilder, *Image and Appearance of the Human Body* (London: Routledge and Kegan Paul, 1935).

以能够理解艺术家对空间的三维呈现。然而,人们有时也会无端地把图式加在世界上,比如将少数成员的特征归于整个社会群体,这里说的就是偏见。仅仅通过直接的沟通或教导是很难纠正偏见的,因为图式拥有强大的抵御力量,对图式进行根本性的重建是非常困难的。[1]

> ## 说　明
>
> **探究**是一种自我纠正的实践,针对某个主题展开调查,旨在发现或发明应对问题的方法。探究的成果是判断。
>
> **推理**是对探究所发现的东西进行排序和协调的过程。它要求通过有效的方式来扩展和组织已经发现或发明的东西,同时保留它的真。
>
> **概念的形成**要求先把信息组织成关系性的集合,再对它们加以分析和澄清,从而推进它们在理解和判断中的应用。概念思维要求在概念之间建立联系,以便形成原理、标准、论证、解释等。
>
> **翻译**要求将意义从一种语言、符号体系或感觉模式完整地转移到另一种语言、符号体系或感觉模式。如果经过翻译的意义在新的语境内无法让人充分理解,阐释就是必要的。**推理保留了真,翻译保留了意义。**

描述和叙事。 描述和叙事不仅是组织信息的方式,也是组织和表述经验的方式。除此之外,它们还是沟通的模式。

作者的思想时而飞行,时而栖息。思想在一些细节上停留得很久,以便做出细致的描述,这就是"栖息"。当人们从一个观察移至另一个观察,或从

---

[1] 关于图式对族群刻板印象的作用,参见 M. Rothbart, M. Evens, and S. Fulero, "Recall for Confirming Events: Memory Processes and the Maintenance of Social Stereotypes," *Journal of Experimental Social Psychology* 15 (1979), pp. 343–55.

一个观念移至另一个观念,或从前提移至结论,就出现了思想的飞行。在阅读作者所写的文本时,我们的思想重现作者的思想,与作者的思想一起飞行或栖息。如果作者的思想停顿下来去考察和描述某个事物,我们就会停下来沉浸在这种描述中;如果作者的思想展翅飞翔,我们的思想也会这么做(比如当我们屏息凝神、紧紧追随一个叙事时,我们的思想与故事的展开保持着精准的同步)。

翻译技能

我们通常认为,翻译是用一种语言来表达另一种语言所表达的东西,在这个过程中,意义不遭受损失。这里的"语言"是指像西班牙语和汉语这样的自然语言,但事实上,翻译并不限于自然语言之间的意义传递,还包括不同表达模式之间的意义传递,比如作曲家尝试用音乐的形式来呈现文学的意义,或者画家尝试给自己的作品起一个符合绘画内容的标题。此外,一切翻译也都包含着阐释。总之,翻译技能使人们能够在各种语言之间来回穿梭,而这一点的重要性不亚于在某一语言内部发现或构建意义。

形式逻辑要求我们掌握那些将日常语言标准化的规则,从而能够把错综复杂的日常话语还原为简洁的逻辑语言。虽然这对意义有相当大的损害,但它向学生表明,自然语言拥有一个使推论表述、因果表述等活动成为可能的底层结构,并且可以被翻译成这种基本的逻辑语言。因此,逻辑的标准化规则构成了翻译的一个范式,也向学生示范了如何把思维能力从一个学科带至另一个学科。

这个多元的世界由各式各样的共同体组成:一些共同体与另一些有交集,或是作为其他共同体的子集;一些共同体是局部的,而另一些是普遍的共同体;每一个共同体都有自己要做的事情。因此,说清楚什么正在被翻译成什么、什么正在被转换成什么,这项工作非常重要。除非弄清楚那些被交换的价值或意义,否则不可能建立起关于分配的伦理学或政治学。

这里不得不使用"交换"和"分配"这样的经济术语,因为思维也是生产力的一种形式,而这引发的疑问不只关于专利、版权、许可。思维作为一种形式的生产力,各个公共的审议会产生了公共的判断,因此,人们对于公共或私人价值、共享或非共享价值的权利就需要重新评判。基于这个理由,在学校里培养思维技能就更必要了。

当思维被理解成一种生产力,翻译就可以被理解成一种交换形式。把诗歌翻译成音乐(比如作曲家写一首音乐诗歌),或者把肢体语言翻译成日常语言,就是对意义的交换和保留。事实上,正如推理是通过转变来保留真的思维形式,翻译是通过转变来保留意义的思维形式。

推理值得教吗?

就在几年前,一些庞大的考试机构还声称,推理是没办法教的。这是一个自私的举动,它们企图让学校相信推理是没办法教的,这样就不必担心学校通过教推理来让学生更好地应对考试。可事实上,考试在很大程度上涉及到推理。

技能及其编排

完成一项特定任务往往需要几代人的努力。工人在执行任务的过程中展现出他们的技能。首先需要明确任务,然后工人或熟练或生疏地执行任务。编舞的人设计出各种招式,跳舞的人或熟练或生疏地完成这些招式。

同样,运动员也应该按照比赛或运动的规则去完成某些招式。在棒球运动中,手册明确了击球手的挥棒招式,然后击球手挥棒。技能最熟练的击球手可以把球打到没有人能接住的地方,技能生疏的击球手则根本打不中球。

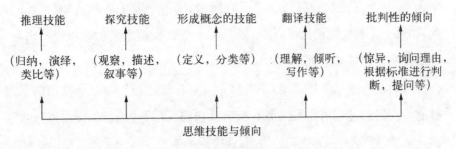

图8.4 思维技能与倾向

思考者似乎也是如此。思考者能够做出各种招式,也确实做出过很多相应的招式,比赛正是通过这样的招式来进行的。同样的情况显然也普遍发生在思维技能上。它们是预先设计好的、被熟练完成的招式。技能关乎完成水平的高低。以"**肯定**"这一心灵活动为例,它不同于"**察觉**"。肯定是一个简单的、非黑即白的行为——一个人要么肯定,要么不肯定。而察觉可以是一个非常缓慢的过程,也可以非常迅速,比如"直觉"(一个人有直觉时,就能够以极少量的证据察觉到实际的推论)。

根据前文所述,显然存在着非常多的思维技能,而就每一项技能而言,又存在着不同的水平。运动员的技能与探究者的技能虽很不相同,但在技能(包括思维技能)的获得方面又有着显著的共同性。人们通常像养成习惯那样获得技能,因为技能和习惯都要求人们以某种方式去行动——首先以特定的水平做出行动,其次以相同的过程做出行动。不过很多习惯不是刻意养成的,但技能是刻意获得的。学习一种技能就是通过**持续的自我纠正**来让自己获得一种能力。自我纠正作为批判性思考者的一项根本特征,在获得技能的过程中起着非常关键的作用。

之前说过思维技能是从心灵活动中发展出来的。这意味着,如果不以大量的心灵活动为基础,这些技能的发展就会非常困难。"生成关于……的概念"是一项重要的心灵活动,"生成概念"则是一项主要的认知技能。因此,如果要发展儿童的思维技能,就要从承载着大量想法的童年经验出发,思维技能在此基础上更容易成形和发展。

人们在运用思维技能时,并不总是需要自觉地识别自己所使用的思维技能。人们通过运用或实践来不断熟悉它们,直到这些思维技能成为自己的"第二天性",能被下意识地调用,就像钢琴演奏家运用手部的肌肉一样。

只获得技能是不够的,还必须知道何时、何地、如何运用它们。汽车修理工购买了一套工具,他也知道如何使用它们。然而,普通人并不是修理工、外科医生、乐队指挥,并不具有那些经过恰当编排的技能,因此不知道操作的最佳时机。当一位熟练的作家绞尽脑汁去寻找"最恰当的词"时,这表明他想契合于既定的整个语境,而不只是想找到一个使得某个句子为真的词。这要求一种**觉察时机和语境的能力**,对于年幼的儿童来说,他们最开始是从父母和兄弟姐妹那里学到这种能力。

因此,熟练的思考不仅要求个体敏锐地领会到思考的语境,还要求个体敏锐地领会到语境的**性质**。一个室内设计师如果想在房间里加一把椅子,不仅要考虑到已经存在的家具,还要考虑到当前室内布置的性质。现在我们已经超出单纯**批判性的思维范式**,开始涉及**创造性思维**以及**关怀性思维**。一般而言,创造性和关怀性思维依赖于质性的因素,而不是非质性的因素。

应该补充一句:虽然从某个意义上说,教育的各个层次都是平等的,但从另一个意义上说,教育必须被视为一种上升过程——从最初的意识萌芽发展为最佳的判断状态。

从基本技能到小学科目

最基本的技能(读、写、说、听)在小学科目中占据着主导地位,它们是信息的传播渠道或交换中心,也是理解信息的手段,对于认知而言至关重要。读、写、说、听以及计算又是异常复杂的超级技能(megaskill),是对先前发展起来的众多技能与心灵活动的编排。相较于这些技能而言,推理则更为基础。推理不属于这些超级技能,它是这些技能得以发展的基础。

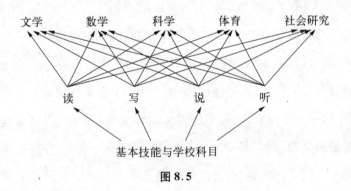

图 8.5

当学生的读、写、说、听更具批判性时,他们就会把这一优势扩散开,将其运用于自己所学的各个科目中。如果不让这些技能具有批判性,可能会严重阻碍学生的学业发展。

应该指出的是,读、写、说、听四种基本技能也被称为"探究"技能,"探究"是一个被滥用的词语,但它到底是什么,又为何重要?一种定义认为,探究是"学生针对自己没有预定答案的议题提出相关问题的单一过程……学生的发现是有效探究的关键……教育工作者总是把讨论用于说教的目的,这是错误的。实际上,讨论是探究/发现过程的自然产物。"[1]"探究"的这种用法在教育的情境中具有很大的价值,它的优点在于把讨论、发现与认知、教育关联在一起。这样的定义把教育的内容和教育的过程关联起来,并显示出两者之间相互依存的关系。我们需要更多这样的定义,正如我们需要重视那些推动探究的技能,而不是假装它们不存在。探究如果不包含审议或讨论,不包含推理、概念形成或沟通技能,就如同《哈姆雷特》上演了却没演员。

技能的边界

技能一直被哲学家所讨论,有些哲学家对技能持怀疑态度,他们认为理智上的制作、言说和行动不能还原成一系列的技能。人们一旦知道要做什么,便可以熟练地或生疏地去做,但怎么才能知道要做什么呢?亚里士多德告诉我们,这不关乎技能,而关乎理解。理解"指向那些可以成为提问对象或审辨对象的事物",[2] 理解让人们能够做出判断——决定在特定情境内什么是恰当的。做出判断是"对公道的正确分辨",当具有普遍性的法律在具体的情境中导致错误时,公道会对法律做出纠正。[3] 因此,根据亚里士多德的说法,是判断而不是技能起着支配作用,让规则与案例适应于彼此,或让手段适应于目的。

在康德看来,亚里士多德对支配者和服从者的区分做得还不够。当理

1　Frank X Sutman, "We Need a Better Understanding of Inquiry in Instruction" *Harvard Education Letter* (September – October, 2000), p. 8.
2　Aristotle, *Nicomachean Ethics*, 1143a, in Richard McKeon (ed.), *The Basic Works of Aristotle* (New York: Random House, 1941), p. 1032.
3　同上,1137b (p. 1020).

性以自私的方式活动时,它根据"假言命令"去使用技能,一个人如果希望达到某个目的,那么可以明确指出满足该目的的恰当手段,然后学习技能来实现预期的结果。但康德认为,这都是偶然的,没有任何东西要求人们承认某些目的比其他目的更重要,人们可以做出任何选择。仅当发挥自己的"善良意志"或道德品格时,我们才会援引**定言**命令,去做我们希望每个人在此情境中都必须去做的事情。康德认为只有一个道德标准:只有那些完全为了道德法则而做出的行动才是善的。[1] 康德说,在遵循**假言命令**时,人们的行动即便在表面上**符合义务**的要求,也不是真正地**出于义务**,因此这样的行动缺乏道德价值。运用技能的活动正属于这一类,它们缺乏道德价值,因为它们是偶然的、自私的。

在当代,哈特(W. A. Hart)的《反对技能》("Against skills")一文同样排斥关于技能的探讨(如果不是技能本身)。[2] 哈特厌恶那些把任何事情都和技能扯上关系的教育术语:语言技能、社会技能、道德技能、工作技能、爱与关怀的技能、领导技能、宗教技能、想象技能,甚至还有应对创新的技能和保持谦逊的技能。哈特以阅读为例,阅读不只是机械地掌握从左到右的阅读惯例,也不只是对词语的外观和声音进行解码,阅读中包含着技能,但阅读本身不是一种技能。对意义的理解和赏析也不是技能,因为"一个人是否'读'对了某段话,这是可以争论的"。哈特认为,为了能够很好地进行阅读,"你必须能给自己的阅读带来某种东西——不是技能,而是你自己。"

哈特认为,学习说话也是类似的。他在此援引维特根斯坦的观点,学习说话不是掌握一门技术或获得一项技能,而是变得有话可说[至少这是拉

---

1 Immanuel Kant, *Groundwork of the Metaphysics of Morals* (New York: Harper and Row, 1964).

2 哈特的文章最初发表于 *Oxford Review of Education* 4: 2 (1978), pp. 205–16。该文重印于 *Thinking: The Journal of Philosophy for Children* 5: 1 (n. d.), pp. 35–44.

什·里斯（Rush Rhees）对维特根斯坦的阐释]。[1] 但哈特更进一步，强调人们在交谈中不只是说话，每个人都必须带来自己的视角，**都必须带来自己**，而要做到这一点，**就必须作为一个人**。学习说话不关乎我们能熟练地做什么，而关乎我们是谁。如果记住了这一点，就会认识到技能并不重要，技能与行使技能的人有一定的距离。但是根据哈特的说法，思考、阅读和爱不应该与人有距离，它们就是我们的人性。像劳伦斯（D. H. Lawrence）这样的伟大作家并不进行外在的、操纵性的叙事。伟大的作家专注于探索他们想要表达的东西，把语言上的事情交给语言自己。

哈特的论证带有康德的色彩。我比较质疑他的二元论——把技能放逐到人的领域之外。正如我很难接受康德对技术和道德的二分，它催生了关于科学技术的"价值中立"神话。在我看来，把道德从方法论、流程、制度中剥离出来并把它完全归属于人，这种做法非但解决不了问题，反而会让问题变得更棘手。

不过不应无视哈特的批评。他坚持认为对阅读技术的掌握不同于理解、欣赏、阐释、评价等活动，这是对的。前者涉及到专门的技能，人们事先就知道关于这些技能的标准。但在第二种情况下，我们不确定标准是什么（所以哈特认为，一段话究竟说些了什么，"这是可以争论的"）。

我认为，哈特关于维特根斯坦的评论也证明了上一节的内容——学校教育应该对事务的先后顺序有所明确：首先必须建立与人相关的场景，即探究共同体；其次，必须表明这个共同体的功能是进行审议和达成（或中止）判断；第三，学校教育应该构建一个能够培养技能、让学生熟悉流程的环境。

1　Rush Rhees, *Discussions of Wittgenstein* (London: Routledge and Kegan Paul, 1970), pp. 81 - 83, 89.

儿童很容易学会他们的第一语言,因为他们出生在讲这种语言的家庭中,这是一种鼓励儿童学习语言的生活形式。**如果**学校一开始也让孩子们沉浸于一种生活形式(探究共同体),而这种生活形式激励他们作为一个人去回应,那么孩子们就会更容易掌握学校所教的东西。因此,从一开始就应该教儿童去评估自己所阅读的东西,鼓励他们去论证自己的阐释,而不是让他们长期进行被迫的、机械的阅读。

应该补充的是,哈特对维特根斯坦的援引是一把双刃剑。一方面,在维特根斯坦看来,重要的是生活形式(而不是标准),它决定着人们的判断所要采取的形式。但在《论确定性》(*On Certainty*)中,维特根斯坦又比较了技能与遵守规则的行为二者的相对价值,并站在了技能这一边。在这个关键区分中,我们看到了康德在**符合义务要求的行动**和**出于义务要求的行动**之间的对比。在康德看来,仅当人们有意识地遵守道德法则,他们才是道德的;如果人们的行动只是碰巧与受到规则约束的行为相一致,他们就不是道德的。但我认为康德的区分过于苛刻。技能代表了第三种选择,在这种情况下,规则被实践者完全内化并融于技能本身。在某种意义上,技能超越了康德的区分,因为它们代表着人们同时按照两种方式做出的行为——**符合义务的要求且出于义务的要求**。

基于这一论证,我们可以拒绝哈特对技术领域和人的领域的截然二分。技能不是非要选边站不可。小提琴家精通音乐方面的技能,可以熟练地演奏,但他还是在从事人的领域之内的事情,乐谱的存在本身就是人的一项成果、人的一次活动。我们不能把成果与人相分离,就像我们不能把创造性过程与人相分离一样。

第四部分

旨在提高思维能力的教育

第九章　交互的思维维度

基于多维度思维的方法

要在学校中提高思维,需要从批判性维度、创造性维度和关怀性维度等方面出发。批判性思考者的代表是各个领域中的专业人员、专家,他们是良好判断力的典范。创造性思考者的典型是艺术家。关怀性思考者的一些典型是关切的父母、考虑全面的环境规划者、体贴而关心的教师。

不管培养哪一种思维,所应用的教学方法都应该包括探究共同体。探究共同体的认识论强调反思平衡,应当从试错论的角度来理解这种平衡:在探究共同体的课堂上,学习目标不是找到知识的绝对基础,而是对错误的知识进行重建、改进、修正,从而维持这种平衡。它不以"绝对真理"的概念为基础,而是始终强调自我纠正的探究过程。当探究过程包含关怀性的维度,探究共同体会保护与维持这种平衡。当探究过程包含创造性的维度,探究共同体会寻找新的方案和方法来维持这种平衡。

当然,共同体之间存在着差异。进行反思性、审辨式探究的共同体是最有可能培养批判性思维的,这类共同体强调诸如**精确**和**一致**这样的价值。进行创造性探究的共同体追求精湛的技艺和开拓性的想象力,例如艺术家的工作室。进行关怀性探究的共同体注重培养对价值的领悟力,这类共同体关注如何更好地培养关于价值的能力,以及怎样才能把重要事物的价值揭示给所有人。

我们在工作时,两只手会进行"对话"。每只手各司其职,比如一只手拿住东西,另一只手进行塑形或切割。行为上的这些差异很容易观察和描述,但不容易解释。多维度思维的例子也是如此:我们可以区分"分析性"思维和"直觉性"思维,但很难解释每一种思维是如何活动的。有些思维受到标准的支配,有些思维被语境中的价值所支配;有些思维四平八稳、合乎惯例,就像轨道上的火车,有些则随心所欲、活泼灵动,就像飞翔的鸟儿(一种是线性的、解释性的思维,另一种是发散的、创新性的思维);有些思维是纯粹的计算,有些则是猜想、假设和想象;有些思维只是把想法机械地拼凑在一起,就像一袋无序的无花果,有些思维则把这些想法有机地联系在一起,发挥每个想法的独特作用,在整体的分工中与其他想法相配合,从而呈现出一幅更完整的画面;有些思考是定量的,有些是说明性的,有些则是叙事性的……我们可以无休止地罗列下去,但需要明确的是,思维是各种不同形式的心灵行为(理性、创造和关怀)相互渗透、彼此交融的结果。这些行为的每一种形式都是一种探究形式,把它们放在一起不是简单的相加,而是相乘。

如果只是将教育视为教师把关于世界的信息传递给学生的活动,则容易忽视信息在传递过程中得到加工的方式(亦即**思考的方式**)。然而,一旦确立了认知加工在教育的"交易过程"中的首要地位,先前的优先事项显然就过时了,需要让位给一系列全新的优先事项。例如,虽然我们仍以获取知识为目标,但更值得去做的事情是认真地训练运用知识的判断力。虽然人们在理解理论的过程中也会强调运用知识,但成功的教育显然要求把这些知识**实际地运用于**解决问题。

当代社会中,计算机迅速兴起并产生巨大影响,这使人们感到震惊。然而技术变革只是冰山一角,背后正在发生着更广泛的社会革命——人类行为的改善不仅需要制定相关的法律和政策,更需要改进针对人类行为的判断标准。我们固然可以畅谈工具和机器如何代替了双手,又如何影响了人脑,但思维作为人类活动的操作中心,它的角色如今越来越重要。这场革命让我们把关注的焦点从人转向了人的思维。

有人可能会认为,我是在主张人应该被当成笛卡尔式的机器——由自己的理智所驾驭的机器人。并非如此,我所说的"思维"并非笛卡尔说的"思维"。对笛卡尔来说,真正重要的思维是数学和逻辑的思维,而且他认为心灵与身体是完全对立、互斥的。相比之下,我所强调的是**多维度思维**,这种思维旨在求取认知与情感之间、感知与概念之间、身体与心灵之间、受规则支配的领域与不受规则支配的领域之间的平衡。

除了心灵和身体的对立,古代的哲学中还有过三重区分——心灵对立于欲望和感官,或对立于感知与激情,但总是理智占了上风。心灵是君主,其他的只是臣子或平民,欲望需要受到理性的压制。

我们则认为,批判性、创造性、关怀性这三项标准应当是完全平等的,它们分别对应于思维的三个维度,共同构成多维度思维的前提条件。只有当思考全部满足了这三项标准,它才能被认为是优秀的。本书面临的挑战首先是,很多人并不同意把批判性思维、创造性思维和关怀性思维看作是思维的三个维度。就批判性思维而言,反对的声音相对而言可以忽略不计。就创造性思维而言,反对者可能会被充分说服,从而勉强接受这个术语。但对于关怀性思维而言,则遭遇了非常强烈的反对,因为关怀通常被认为属于情感的范畴,而非认知的范畴。

本书面对的第二个挑战是,如何平等看待思维的批判性、创造性和关怀性这三个方面。这与划分等级的方法形成了鲜明对比,后者将纯粹的理论

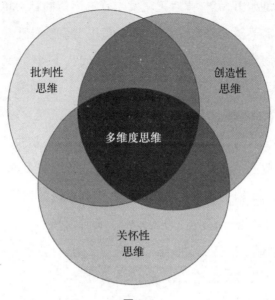

图 9.1

领域排在了实践与应用领域之前,将一般的、抽象的东西排在了具体的、独特的东西之前。如果把批判性、创造性和关怀性思维当作是平等的,并在教育的各个层次中促进它们,那么会怎样?会导致什么差别?这种差别要如何教呢?

在多维度思维的教学中,我们必须警惕,不要给学生留下批判性思维等同于整个思维的印象。也不应该让学生误认为这三个思维模块是分别独立的,忽略了它们之间的彼此交互。出于这个原因,教师最好询问班里的学生:在所讨论的章节中,有哪些是关于创造性思维的例子?或者这一段文本中的人物表现出什么样的关怀?这要求学生进行深度阅读,教师必须能够推断出:A学生坚持寻求获得解释,这体现了他对理解的追求;B学生常常顺从,这体现了他需要得到接受;C学生坚持精确性和一致性,这揭示出他对探究手段的关注;D学生习惯于打断别人,这表明他不够尊重共同体中的其他成员。教师必须鼓励学生去发现话语表层之下被掩盖的东西。人们的行为、言辞、发明——无论做什么、说什么、创造什么——虽然都可以揭示出他们的重视、欣赏、享受和热爱,却很少明确提示着这些都是关怀的种类(人们会用各种各样的词语来表示关怀,但很少直接用"关怀"这个词)。创造性和关怀性思维的教学要求教师保持高度警惕,不要忽视写作时所处于的情感或者涌动在经验中的关怀。

在我看来,如果学校致力于让学生在思维的三个方面(批判性、创造性、关怀性)之间达到平衡,教育的性质将发生巨大变化。当前的一些教学方法以牺牲创造性和关怀性为代价来寻求批判性,它们必然会被淘汰。课堂需要成为一个促进创造性和关怀性思维的探究共同体,它不能是一个进行纯粹理智活动的工厂,不能漠视参与者(对彼此或对研究对象)的体贴、尊重和欣赏。那么,如何摆脱目前教育中的管教方式,转向对情感、价值、意义的解放与重构呢?关于这个问题,我们还需要了解更多。如今人们正在逐步超越"职业学校"的心态(认为教育只是为求职做准备,以便于受教育者将来在社会中爬到更高的位置),这体现了进步。为了让教育公正地对待人类最伟大的发现和发明所蕴含的精神,对它的规划就需要依赖某些概念和标准,本书具体阐述了这些概念和标准,期望由此为教育的前进作出一份贡献。

培养思维能力的权利

全世界公认,儿童拥有接受体育教育的权利,这一权利将促进他们的身体成长。他们也拥有识字的权利,因为正是通过阅读和写作,人们才能与自己的社会、文化、文明以及其他民族的社会、文化、文明联系在一起。

其实,儿童还拥有培养思维能力的权利,但这一点被人们忽略了。儿童不仅拥有掌握合格读写技能的权利,还拥有满足更高要求(理性、判断力、想象力、鉴赏力)的权利。可人们往往止步于最低限度的读写要求,没能对儿童的思维能力提出更高的要求。但儿童确实拥有满足更高要求的权利,这样他们才能将自己的潜能与现代社会的要求更紧密地联系起来。

如果肌肉组织被忽视了,人就会变得越来越虚弱,甚至无法自我照料,因此我们有权利在身体上得到强化。我们也有权利在道德上得到强化,以便能够从事道德上的自我批评、自我纠正和自我控制。我们也有权利在创造和情感上得到强化,以便能够进行可靠而机智的思考,并以更多的毅力和韧性去迎接生活的考验。

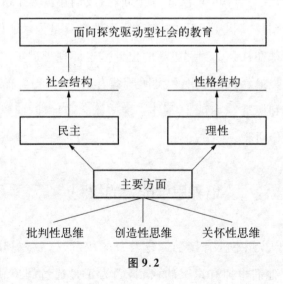

图 9.2

当我们在一个由探究驱动的社会中展开提高思维的教育时,会发现批判性思维、创造性思维和关怀性思维是这个教育过程的主要方面。必须考虑两个最重要的范导性理念:民主和理性。民主是关于社会结构发展的范导性理念,而理性是关于性格结构发展的范导性理念,它们都是思维教育过程的必要组成部分。

第十章 批判性思维教育

批判性思维：它可以是什么

在古代所珍视的理智美德中，最突出的是知识和智慧。在一些情况中，人们可以通过合理的手段（如因果关系或手段—目的关系）来做出决策，此时，知识是必需的；但在另一些情况中，人们无法做出合理的决策，只能依赖所罗门式的判断，[1]此时，智慧就是必需的。

在一个持续稳定、恪守传统的社会中，知识往往被视为从长辈传给幼辈的一大堆真理，这些真理永恒不变，在世界（这个世界也被认为是不变的）中永远适用。然而，在当今这个变革的时代，传统知识已经派不上用场或过时了，人们转而强调头脑的灵活与机敏。过去很多人都主张培养智慧，以此应对可能发生的任何事情（无论是好是坏）。随着现代实验科学的发展，我们不再敬畏过去积累起来的知识，可"智慧"的概念似乎更加遥远。

我们必须承认，过去的经验并不总是能够有效地指导人们走向未

---

[1] "所罗门式的判断"一词源自圣经中所罗门王"智断亲子案"的典故：两个妇女争夺一个孩子的抚养权，坚称自己是孩子的母亲。案件陷入胶着。所罗门王下令把孩子一劈为二，一人一半。这时一位妇人愿意放弃抚养权，让孩子活下去。于是所罗门王把孩子判给了她，因为真正爱这个孩子的人绝对不忍心看到自己的孩子被劈开。——译者注

来,所以我们需要做出关于可能性的判断。然而,在这种情况下,人们往往匆忙地下结论,草率地做出归纳,暴露出自己的偏见与曲解。符合逻辑的理解也可能有问题,因为逻辑并不完全适用于日常语言和周围的世界。所以,人们需要做出理性的判断,可自己的经验和逻辑尚未做好准备。

如今,人们更加清楚地意识到,学校让学生从事的思维与他们在日常生活中要做的决定之间存在着巨大的鸿沟。不加批判地接受现有知识是非常危险的,所以教育开始转向批判性思维。

所谓的"批判性思维"不是全新的,正如实验科学并非起源于过去的四个世纪。从古至今,人们不但为提高知识的质量和数量做出了大量的努力,也为提高思维的质量和数量做出了大量的努力,这场奋斗贯穿了整个人类的历史。而且在过去的一些时期,这两个探索领域都出现了显著的进展。理论和实验科学在十七世纪取得了爆炸式的发展。在同一时期,人们也在努力加强思维的质量和数量。事实上,新科学的主要倡导者都同时关注两者。伽利略的《关于两大世界体系的对话》(Dialogue Concerning the Two Great World-Systems)既是对科学方法的评论,也是对思维方法的评论。笛卡尔的《指导心灵的规则》(Rules for the Direction of the Mind)和斯宾诺莎的《知性改进论》(On the Improvement of the Understanding)也是如此,更不用说培根的重要著作了。这一时期的思想家仿佛是在对冲风险,因为他们认为:只改进科学探索,不去改进推理、概念形成和判断,并不能通往未来。

不能否认的是,有许多人(如伊拉斯谟)误解了科学的前景,他们试图消除思维中因偏见、刻板印象、谬误、模棱两可、诉诸情感等导致的缺陷。这些思想家认为,人们需要的不是新科学的实验方法,而是一些心灵疗法,让自己免受不良思维的影响。[1]

现在,科学探究的队伍中也存在着分裂,这不是争吵,而是侧重点的不同。有些人认为他们所寻求和获得的知识是纯粹的,有些人则认为探究只是为了获得实用的知识。那些强调纯粹科学的人不屑于知识的实际运用,担心"弄脏"自己的手。而那些从事专业工作的人(医生、建筑师、工程师、法学家等)认识到,自己在专业领域中的地位不仅基于对知识的全面掌握,更基于自己的判断力——有能力去恰当地运用知识。

学者强调自己的信念是基于理由的,专业人士则强调自己的行动是基于理由的。当然,二者都凭借公认的标准、证据以及归纳与演绎的推理模式,来证明自己的信念或行动。然而,专业人士还可以指出应用知识时的副产品,这让他们的方法更具吸引力。只需回顾一下皮尔士于1878年对实用主义原则的定义,就能明白这一点:一个观念的意义在于它所导致的实际后果。[2] 皮尔士以"硬度"概念为例。他说,这个概念的意义在于"划痕试验"。如果钻石能在玻璃上留下划痕,而玻璃不能在钻石上留下划痕,那么钻石就比玻璃更硬。任何观念都是如此,为了防止一个观念成为无意义的抽象,就需要表明它的实际影响。

有些学生认为课堂上的材料毫无意义、无关紧要。从这个问题出发,一些教育工作者认识到实用主义原则对于学校的特殊意义。如果能够为学生提供这样一个环境——鼓励他们把自己的思考应用于周围的世界——那么学生会思考得更好。一旦明白自己所要掌握的观念的意义,学生将深受

---

1 参见安托万·阿尔诺(Antoine Arnauld)的著作《思维的艺术》(*The Art of Thinking*),也被称为"波尔·罗亚尔逻辑"("Port Royal Logic"),该书最初出版于1662年,在接下来的三个世纪,很多哲学家都从这本书中接受逻辑学的教育。

2 参见 Charles S. Peirce, "How to Make Our Ideas Clear," in Charles S. Peirce, *Selected Writings*, ed. Philip P. Wiener (New York: Dover Publications, 1958), pp. 113-36.

鼓舞。

关于批判性思维,还有很重要的一点。诸如概括、共相、原则这样的事物可以非常可靠,但当人们处于一个特定的具体情境,该情境有其自身的构成方式和独特性质,上述事物也许就有些僵化和简略了。在《尼各马可伦理学》(*Nichomachean Ethics*)中,亚里士多德在讨论正义与公道的区别时便指出了这一点。对于某些普遍的情境,原则肯定适用,而对于其他特殊的情境,原则就不适用了,人们只能近似地、大概地使用知识(亚里士多德甚至认为,公道实际上优于某些形式的正义[1])。亚里士多德强调有必要在正义和公道之间保持平衡,这一点可以被概括为:合理性需要受到判断力的调节——有分寸地协调部分与整体、手段与目的等关系。总之,优秀的思维要求对语境的特殊性保持高度的敏感。

之前说过,今日所谓的"批判性思维"只是以新的方式表达了文明进程中的某些持久关切。当前的任务更具挑战性,人们开始关注自己的思维是否有足够的能力去应对。民主的进程让我们意识到,民主社会的公民需要灵活而负责地思考,否则容易听从专制主义的宣传。批判性思维可以提供一定程度的保护,帮人们抵御不太隐蔽的洗脑形式。另外,全民义务教育已经让人们认识到,传统教育所培养的学生倾向于不加批判地接受。很多人开始意识到这一问题,他们强调,不关注批判性思维的学科教学就等于根本没教。

如果想在中小学和大学里培养批判性思维,就需要牢记批判性思维所针对的那些关切,还需要对批判性思维有清晰的概念。因此,对批判性思维的本质特征、典型结果和可能性条件进行了解,会很有帮助。让我们从批判

---

[1] Aristotle, *Nichomachean Ethics*, 1137b1-1138a1。亚里士多德说:公道"并不优于绝对的正义,但优于因论断的绝对性而导致的错误"。

性思维的结果开始。

批判性思维的结果是判断

目前关于批判性思维的定义有些令人失望,很多作者没能注意到批判性思维的基本特征,往往只强调这种思维的结果,而且所阐述的结果往往**只限于解决方案和决策**。例如,有人将批判性思维定义为"人们用来解决问题、做出决策和学习新概念的心灵过程、策略和表征"。[1] 还有人认为批判性思维是"理性的反思性思维,专注于决定相信什么、做什么"。[2]

这些定义很难给人们充分的启迪,因为结果的范围(解决方案、决策、概念的习得)太狭隘了,而且其所提出的本质特征(理性的、反思的)不够清晰。如果批判性思维是所有促成决策的思维,那么一个人在生病的时候从电话簿中随机挑选一个医生的名字并决定去看这个医生,这也算批判性思维了,可事实显然不是这样。**我们必须扩大结果的范围,确定出本质特征,并表明结果与本质特征之间的联系。**

前文曾提到过,目前对批判性思维的关切让人联想到古代对智慧的关切。不妨简单回顾一下,要怎么理解"智慧"? 一些短语常常被当成"智慧"的同义词,例如"理智的判断力""良好的判断力""受经验调节的判断力"。可见,"判断力"一词频繁出现。[3] 但什么是判断力呢?有一种解释方式认为,它是形成看法、评估或结论的力量。因此,它涵盖了解决问题、做出决策

---

[1] Robert Sternberg, "Critical Thinking: Its Nature, Measurement, and Improvement," in Frances R. Link(ed.), *Essays on the Intellect* (Alexandria, Va.: ASCD, 1985), p. 46.

[2] Robert H. Ennis, "A Taxonomy of Critical Thinking Dispositions and Abilities," in Joan Boykoff Baron and Robert J. Sternberg (eds.), *Teaching Thinking Skills: Theory and Practice* (New York: Freeman, 1987), p. 10.

[3] 关于针对判断力的深入讨论,参见 Justus Buchler, *Toward a General Theory of Human Judgment* (New York: Columbia University Press, 1951).

和学习新概念等事项,但更具包容性和普遍性。每一个探究结果都是一个判断。

至于智慧,人们往往认为,有智慧的人具有**良好的判断力**。"判断力"和"良好的判断力"有什么不同?对此我们并不陌生,我们常常区分"唱歌"和"唱歌唱得好","生活"和"好的生活",也常常区分"思考"和"好的思考"。这一探究路线表明,良好的判断力是古代"智慧"概念在当代的后裔,同时也是批判性思维的主要特征。要想知道普通的判断力和良好的判断力有什么不同,可以考虑一些案例。

人们不仅拥有知识和经验,还将它们**运用于实践**,这样一来就能看到关于判断力的明确例证。像建筑师、律师、医生这样的专业人士在工作中要不断地做出判断,作曲家、画家、诗人如此,教师、农民、理论物理学家也是如此,他们都要做判断,这是职业实践与生活实践的一部分。每一个身处道德情境中的人也是如此,不得不做判断。人们如果能一直很好地做出这些判断,便是在有智慧地行事。

优秀的专业人士会对实践对象和实践本身做出好的判断。例如,一个优秀的医生不但会给病人做出好的诊断,为他们开出好的处方,而且会对医学理论和自己的专业能力做出好的判断。良好的判断力会考虑到一切相关因素,包括其自身。

判断就是决定——对思维、语言、行动或创造的决定。比如挥手这样的手势就可以是一个判断,"约翰是条虫"这样的隐喻、$e = mc^2$ 这样的等式也都可以是判断。**如果一个行动由适当的工具和流程所推动并被熟练地完成,那么它很可能促成好的判断。**

批判性思维是应用型思维。它不仅仅是过程,还谋求产出成果;不仅仅拓展人们的理解,还意味着产生某种东西——说出来、造出来或做出来。批判性思维要求运用知识来实现理性的变化,所产出的成果至少是一个判断,至多则是蕴含该判断的整个实践。

批判性思维也在另一种意义上产出成果。一切可靠的解释(意义的生成)和一切可靠的翻译(意义的保留)都含有批判性思维的成分。正如书评、影评和乐评是关于成果的成果、关于判断的判断,批判性思维就是关于思考的思考,而不是对某个对象的思考。具有批判性的古生物学家会思考过去的生命形态,也会思考人们如何思考过去的生命形态;具有批判性的地质学家除了思考岩石以外,还考虑人们在思考岩石时做出的各种假定。批判性思维以这种方式完善各个学科所产出的最终成果——意义。通过了解批判性思维的过程及其本质特征,就能更好地理解它与判断的关系。我主张**批判性思维是(1) 有利于判断力的思维,(2) 依赖于标准,**[1]**(3) 是自我纠正的,(4) 对语境敏感。**

批判性思维依赖于标准

"批判性"(critical)和"标准"(criteria)这两个词有着紧密的关联,它们词形相近、词源相同。人们对书评人、乐评人和影评人都很熟悉,并常常认为卓越的评论家(critic)是采用了可靠标准的人。

标准和判断之间也有关系,**标准**通常被定义为"在做出判断时使用的规则或原理"。可以说,批判性思维、标准和判断力之间存在着逻辑上的关联。这一关联体现为:批判性思维是可靠的思维,而活动的完成水平要通过标准来评估,没有这些标准就不能定义技能。因此,批判性思维是可靠的思

---

[1] 关于针对标准之性质的有益探讨,参见 Michael Anthony Slote,"The Theory of Important Criteria," *Journal of Philosophy* 63: 8 (April 1966), pp. 221 – 4, and Michael Scriven, "The Logic of Criteria," *Journal of Philosophy* 56 (October 1959), pp. 857 – 68.

维，它既运用标准，又受到标准的评估。

根据"批判性思维依赖于标准"这一说法，批判性思维是有根据的、有结构的、可靠的思维，可以得到辩护、令人信服。为了更好地理解这一点，不妨考虑一下非批判性的思维。非批判性的思维当然意味着松散的、飘忽不定的、任性的、似是而非的、草率的、没有结构的思维。

人们在提出主张或发表看法时，如果不能以某种方式去支撑它，就很容易遭受质疑。因此应该自问："当看法受到抨击时，该求助于什么？""当主张受到挑战时，该援引什么？""当断言不能令人信服时，要引用什么来强化它们？"我们发现，主张和看法必须受到理由的支撑。那么，理由和标准又有什么关联？

标准就是理由，确切地说，标准是理由的一个类型，而且是特别可靠的一类。当我们对事物进行描述性或评价性的整理时（这是两项非常重要的任务），需要运用能够找到的最可靠理由，它们就是分类和评价的标准。标准在专业探究者的共同体中得到了高度的接受和尊重，对这些理由的熟练使用让规范性、描述性和评价性判断获得了客观性。因此，建筑师会通过**实用性**、**安全性**、**美观性**等标准来评价建筑，法官会借助**合法性**、**非法性**等标准来做出判决，批判性思考者依赖于**有效性**、**证据**、**一致性**等标准。实践的任何领域（比如刚才提到的建筑实践、司法实践和认知实践）都需要援引该实践的相关标准。

人们的知识大厦往往是不结实的，因此需要通过更有逻辑的推理去巩固它们。但如果它们的地基是不牢固的，那么再怎么修修补补也无济于事。因此，需要把自己的主张、看法以及其他思考建立在一个尽可能坚实的基础上。

这里扼要列出被援引或诉诸的各类事物，它们代表着特定类型的标准：

- 水平

- 法律、细则、规则、规章、章程、教规、条令、方针、指南
- 戒律、要求、规格、尺度、规定、边界、限制、条件、参数
- 惯例、规范、规律性、统一性、概括
- 原则、假定、预设、定义
- 理想、意图、主旨、目标、目的、直觉、洞察
- 测试、证书、事实证据、实验结果、观察结果
- 方法、流程、政策、措施

所有这些都是合理性机制的一部分,可以作为做出判断的工具。虽然它们分属于不同的类别,看似是静态的、无用的,可一旦被用于探究过程,它们便可以动态地、批判性地发挥作用。

之前已经说过,逻辑可以有效地扩展人们的思维,而标准这样的理由可以为思维提供辩护。当学生能够为自己的看法找出和援引好的理由,这就说明他们的思维水平得到了很大程度的提高。学生需要认识到,一个理由要成为好的理由,就必须与自己的看法**相关**,并且要**更有说服力**(也就是说,更能够让人们承认或假定它是真的)。

中小学和大学是从事探究的核心场所,因此其中采用的流程必须能够得到辩护。在给学生打分时,教师必须提供给出分数的理由,这些理由就是用于得出相关判断的标准。教师不能单凭直觉来判断,也不能使用不必要、不相关的标准。批判性思维是**认知上的问责制**。[1] 当教师公开说明自己所

---

[1] 我认为,强调"认知上的问责制"(感到有义务为所发表的看法提供理由)与强调发展学生的理智自主性之间并无矛盾。如果为学生提供认知技能可以增加学生的能力,那么能力的增加就意味着责任的增加,特别是自己对于自己的责任。有时候,我们不能让别人替我们思考,而必须独立思考。我们必须通过独立思考来学会独立思考;其他人无法指导我们该如何做到这一点,尽管他们可以把我们纳入一个探究共同体,让这件事变得相对容易一些。关键在于,必须鼓励学生为了自己(也就是说,作为通向自主性的一个步骤)而变得理性,不是为了他人(也就是说,受制于社会不断增强的合理化过程)。

采用的标准时,他们也是在鼓励学生这么做。教师以身作则地承担起**理智上的责任**,就是在引导学生为他们自己的思维承担责任,在更宽泛的意义上,也是在引导学生为他们自己的教育承担责任。

当然,这并不意味着人们生活的方方面面都要得到探究。很多人不愿评估所珍视的东西,也不想评价所敬重的人。我们或许可以从这种评价活动中获益,但如果会对亲密关系和隐私造成伤害,那么最好忽略标准。如果有些事情是我们不想公开反思的,那么我们自己就应该划定这里的边界。

元标准和超标准

当人们在各种标准中进行选择时,需要依靠其他标准来完成这件事。有些标准比其他标准更能满足这个目的,因此可以充当所谓的**"元标准"**(metacriteria)。前文指出标准是特别可靠的理由,而好的理由是具有说服力和相关性的,所以**可靠性**、**说服力**和**相关性**是重要的元标准。除此之外,元标准还包括**融贯性**、**精确性**和**一致性**。

有些标准具有很高的普遍性,只要人们进行批判性思维,就必然会预设它们。例如,"知识"的概念预设了"真"这一标准,所以当人们说某个东西是知识时,就同时断言了它在某个意义上是真的。就此而言,认识论、伦理学、美学等哲学领域并不规定它们的标准,恰好相反,是这些标准定义了这些领域。认识论中的判断是关于真假的,伦理学中的判断是关于对错的,美学中的判断则是关于美丑的。**真**、**正确**、**公正**、**善**、**美**——所有这些都是涵盖面极广的范导性理念,应当被视为**超标准**(megacriteria)。同时,它们又是"**意义**"这个至高标准的具体例证。

作为比较基础的标准

标准为比较提供基础。当比较是孤立的、脱离语境的、没有任何基础或标准的(比如"东京比纽约好"),就会令人困惑。或者,当几个相互竞争的标准同样适用(比如有人说"东京比纽约大",我们不知道说话者是指面积还是人口),也会令人困惑。正如看法应该受到理由的支持,比较也应该伴随着标准或出现在具有标准的语境中。

人们有时会即兴地提出一些非正式的标准,比如有人说周二的天气比周一的好,而周三的天气比周一的差。在这个例子中,周一的天气被当作非正式的标准。同样,如果有人说"与狗相比,大象是大的,老鼠是小的",这种情况也用到了非正式的、即兴的标准。甚至比喻也运用了非正式的标准,诸如"学校就像一个军营"和"学校和军营一样严格"这样的开放式明喻和封闭式比喻,都把军营当作衡量学校秩序的非正式标准。

当某些标准被权威或共识确立为比较的基础时,便可以说它们是正式的标准。例如,人们把加仑用作比较液体体积的单位,而官方规定了标准的加仑量器,为平常使用的加仑量器提供了范本。

所以,人们可以通过正式的或非正式的标准来比较事物。柏拉图在《政治家》(*The Statesman*)中还区别了两种比较——一个是把事物互相比较,另一个是把事物与一个理想的要求相比较。[1] 例如,在给试卷评分时,我们可以把一个学生的表现与班上其他学生的表现相比较,也可以把他的表现与满分要求相比较。在棒球比赛中,我们可以把投手的平均成绩互相比较,

---

1 异邦人对年轻的苏格拉底说:"关于伟大与渺小,我们必须设想两种类型和两种标准……在相对的尺度上进行比较的标准仍将延续,但我们必须承认还有一种标准,即与应有的尺度进行比较。["Statesman" 283e, in Edith Hamilton and Huntington Cairns (eds.), *Plato: The Collected Dialogues* (Princeton: N. J.: Princeton University Press, 1961), p.1051]

也可以把他们的表现与完美的表现相比较。[1] **要求**(standard)代表了标准的满足程度。例如,算术合格是毕业的标准,考试成绩不低于60分则是满足该标准的一项要求。

要求的不可或缺性

日常话语经常交替使用"要求"和"标准"这两个词语。不过,要求似乎代表了一类极其广泛的特殊标准。说它广泛,是因为"**要求**"这个概念可以有很多不同的理解方式。上一段谈论的标准是理想的或完美的要求。与此相反,还有作为底线的要求,比如经常听到的呼吁:"不能降低我们的要求!"在另一个意义上,要求是行为的惯例,比如"入乡随俗"就是指导我们行为的惯常要求。此外,由官方给出权威定义的计量单位也可以作为要求。

当然,即使是最可靠的要求(比如计量单位),也有一定的任意性,因为人们可以自由地定义它们。如果愿意,我们可以把"码"缩短几英寸。但事实上,计量单位一旦得到明确的定义,人们就倾向于不去改变它们,这样它们会更加可靠。当概念不清晰时,就会产生任意性。比如说,"成熟"的概念是不清晰的,它缺乏明确的分界点;但是,一旦把投票年龄设定在18岁,就有了一个精确的标准来决定谁有资格投票、谁没资格投票。

标准——尤其是其中的要求——是合理流程的一项最有价值的工具。批判性思维教育的一个必要方面,即让学生能够认识什么是标准、什么是要求,并掌握对其的使用。追求批判性思维意味着不断搜寻更有分量的理由,

---

[1] 关于针对"把事物互相比较和把事物与理想相比较"的当代探讨,参见 Gilbert Ryle, "Perceiving," in *Dilemmas* (New York: Cambridge University Press, 1966), pp. 93-102, and D. W. Hamlyn, *The Theory of Knowledge* (London: Doubleday and Macmillan, 1970), pp. 16-21.

而这会让标准在逻辑推理中发挥重要作用。所以有些教师敦促学生效仿专业人士,基于严格的标准进行思考。[1]

批判性思维是自我纠正的

很多时候,人们并不会批判地思考。我们任由想法浮光掠影地展开,从一个联想到另一个联想,却很少关心这些想法的真实性或有效性,更不关心它们是否会出错。即使是思考自己的思考,仍然可以通过不加批判的方式进行。因此,即使"元认知"是对思考的思考,它也不一定等同于批判性思维。

皮尔士认为,探究的最大特点是旨在发现自己的弱点并纠正自身流程中的错误。因此,探究是**自我纠正的**。[2] 将课堂转变为探究共同体的一项最重要的好处(除了可以改善道德氛围之外)是,共同体的成员开始寻找并纠正彼此的方法与流程。每个参与者只要能够完整地内化共同体的方法,就能够在自己的思考中进行自我纠正。

---

1 Ludwig Wittgenstein, *Philosophical Investigations* (Oxford: Blackwell Publisher, 1953)。特别参见第一部分第 242 段。不用说,维特根斯坦的几乎所有著作都以这样或那样的方式提到了标准问题,例如《论确定性》(*On Certainty*)中的一段评论:"有些命题是免于怀疑的,它们就像让问题和怀疑得以转动起来的铰链一样。"(第 341 段)关于标准的运作方式,最佳的描述莫过于"让判断得以转动起来的铰链"。从柏拉图(他对这个话题一直很感兴趣)开始,人们便不断地反思关于标准的问题。近期的作品则包括厄姆森(Urmson)的《论等级》["On Grading", *Mind* 59 (1950), pp. 145 - 69]和克劳谢-威廉姆斯的《推理的方法与标准》(*Methods and Criteria of Reasoning* (London: Routledge and Kegan Paul, 1957), particularly pp. 26 - 40 and 235 - 62)。厄姆森的文章影响深远,后人受其启发,又做出了一些令人印象深刻的工作,例如布鲁斯·维尔曼(Bruce Vermazen)的《对艺术作品的比较性评价》["Comparing Evaluations of Works of Art," in W. E. Kennick (ed.), *Art and Philosophy*, 2d ed. (New York: St. Martin's, 1979), pp. 707 - 18.]

2 C. S. Peirce, in "Ideals of Conduct," *Collected Papers of Charles Sanders Peirce*, ed. Charles Hartshorne and Paul Weiss (Cambridge, Mass.: Harvard University Press, 1931 - 5), vol. 1。该文讨论了自我纠正的探究、自我批评与自我控制之间的关联。

批判性思维表现出对语境的敏感

严谨的编辑在发表文章前会根据语法和拼写等公认规范来做出大量的修改,不允许文章中出现特立独行的拼写和不规范的语法。但是,编辑对于作者的独特文风会很宽容,因为文风不关乎书写的程式,而关乎内容的语境以及作者个人。同时,对语境敏感的思维要求人们认识到:

1. **例外的或非常规的情况**。例如,人们在考察陈述的真伪时通常不考虑说话者的个人特征,但在法庭审判中,证人的特征是一个相关的考虑因素。

2. **常规推理之外的特殊限制、意外或约束**。例如,非欧几何不接受欧氏几何的某些定理,如平行线永不相交。

3. **整体结构**。把一个评论从语境中单拎出来看,它可能很荒谬,但从整体语境来看,它可能是有效的、恰当的;反之亦然。在这个意义上,批判性思维继承了亚里士多德的洞见——在考察个别情况时,需要根据它们自身的状况,而不是把它们强行纳入普遍的规则和条例中,这就陷入了"普洛克路斯忒斯之床"(Procrustean bed)[1]。"如果事物本身是无定型的,测量它的尺子也是无定型的,比如勒斯比亚建筑师用的铅尺,它不是硬的,而是可以适应石头的形状。判决也要适应具体的事实。"[2]

批判性思维对特殊性和独特性保持敏感。它反对那种不管合适与否都将普遍规则强加于个案的诡辩术。因此,批判性思维与一切刻板印象都是敌对的,又因为刻板印象是带偏见的思维所依赖的机制,所以批判性思维也与所有的偏见都是敌对的。批判性思维和非形式逻辑有着密切的联系,因

---

[1] 相传,普洛克路斯忒斯是古希腊神话中的一个恶棍。他有一长一短两张铁床。每每拦截路人以后,他让矮小的人睡长床,并强行拉长该人的身体,直至与床齐平;又让高大的人睡短床,再用斧子把该人伸出来的腿脚砍掉。跟中文中"削足适履"有相近意义。——译者注

[2] *Nichomachean Ethics*.

为后者所涉及的推断不具有确定的结论,只具有或然的结论,也不强调演绎推理所主张的那种普遍性。非形式逻辑学家致力于找出思维容易出现的谬误,也致力于找出那些非谬误的个案。非形式逻辑学家会研究不同种类的归纳和类比推理,也会思考比喻性语言(比如明喻和隐喻)的逻辑基础。

4. **证据有可能不具有代表性**。比如,在对一个国家进行调查时,只根据少数人构成的区域样本来概括出全体国民的偏好,就是错误的。

5. **有些意义可能无法从一个语境或领域翻译到另一个语境或领域**。有些词语和表达在其他语言中没有精确对应的词语和表达,它们的意义完全取决于其所在的语境。

就**蕴含标准的思考**和**对语境的敏感性**而言,一个合适的例子是要求把某条标准运用于一组虚构情境的练习或作业。以"**公平**"(它本身是对"正义"这个更宽泛标准的一种理解)这一标准为例,公平的一个形态是**轮流**。请看"好奇世界"(*Wondering at the World*)中的一项练习。[1] "好奇世界"是"冬冬和南南"(*Kio and Gus*)的配套教学手册,而后者是一个面向九至十岁儿童的儿童哲学项目。[2]

轮流:摘自"好奇世界"的练习

人们有时会分享。比如,人们分享一起看电影的乐趣。或者,两人分享一块蛋糕,各拿一半。

然而,在其他情况下,同时分享并不那么容易实现。如果两个人骑一匹马,必须有人骑在前面。他们可以轮流骑在前面,但不能同时骑在

---

[1] Matthew Lipman and Ann Margaret Sharp, *Wondering at the World* (Upper Montclair, N. J. : IAPC, 1986), pp. 226 - 99.

[2] Matthew Lipman, *Kio and Gus* (Upper Montclair, N. J. : IAPC, 1982).

前面。孩子们对此非常了解,他们认识到某些流程必须以特定的方式来进行。例如,请学生讨论一下,他们平日里在教室中会"轮流"做哪些事。比如他们轮流擦黑板、上厕所、去衣帽间、分发试卷。在操场上,他们轮流击球,轮流排队打篮球,轮流撑杆跳。

问问学生,他们认为"轮流"和"公平"之间有什么联系。由此产生的讨论应该阐明这样一个事实:公平有时要求大家同时进行某件事情,有时又要求大家轮流进行某件事情。例如,如果今天是一个孩子的生日,要举办一个有纸杯蛋糕的聚会,那么每个孩子至少应该得到一个纸杯蛋糕,这就是同时的公平。后来,如果要玩"给小毛驴钉上尾巴"的游戏,那么为了公平起见,孩子们应该按顺序轮流玩(要是每个人同时被蒙住眼睛,拿着图钉到处戳,这个画面根本让人无法想象)。

练习:对"轮流"的恰当或不恰当阐释

	恰当	不恰当	?

1. 帕姆:"路易丝,我们轮流骑你的自行车吧。我周一、周三、周五骑,你周二、周四、周六骑。"

2. 加里:"伯特,我们轮流带路易丝去看电影吧。我在每个月的第一和第三个星期六带她去,你在第二和第四个星期六带她去。"

3. 杰克:"路易丝,我们轮流洗碗吧。你负责洗,我负责晾。"

4. 克里斯:"路易丝,我们轮流看电视吧。你先看半小时,然后我再看半小时。"

续 表

	恰当	不恰当	?

5. 梅丽莎:"路易丝,我们轮流做作业,你觉得怎么样?今晚我来做我们俩的作业,明天你来做。"

6. 汉克:"路易丝,我不想看到你每天挣扎着去学校,背着那么重的书!今天我来背我们俩的书,明天你来背。"

进行这项练习的学生把**"轮流"**(即**互惠**、**公平**或**正义**)的标准应用到六个具体情况中,通过课堂讨论,区分出哪些情况下轮流是合适的,哪些情况下则比较可疑。探究共同体的这类练习会为课堂上的批判性思维创造条件,是实现该目标的重要途径之一。

标志性的实际推理行为

被要求开展批判性思维教育的教师经常问:"我怎么能知道自己什么时候是在进行批判性思维教学,什么时候不是?"显然,这个问题本身就是对标准的索求。我所提供的定义建立在四个支柱上:**自我纠正、对语境敏感、标准、判断力**。教师可能想知道的是,这四个支柱与哪些课堂行为有关。[1] 以下我们分别考察四个支柱的具体相关行为,教师观察到了这些行为之后,可

---

[1] 有许多工具可以用来评估小学生的思维。尽管似乎没有有效评估儿童判断力的工具,但有一些工具或多或少成功地关注到了儿童的推理,例如《新泽西推理能力测试》(*New Jersey Test of Reasoning Skills*, (Upper Montclair, N. J.: IAPC, 1983))。若要评估教师对学生认知潜力的态度变化,可用的工具似乎只有《认知行为清单》(*Cognitive Behavior Checklist*, (Upper Montclair, N. J.: IAPC, 1990))。

以根据定义辨别出学生是否具备批判性思维?

自我纠正

有关的行为包括:

a. 学生指出对方思考中的错误。

b. 学生承认自己思考中的错误。

c. 学生理顺文本中有歧义的表达。

d. 学生澄清文本中的模糊表达。

e. 学生要求提供理由和标准。

f. 学生认为"把某些事情视为理所当然"是错误的。

g. 学生指出讨论中的不一致之处。

h. 学生指出文本中的错误假定或无效推断。

i. 学生指出形式推理或非形式推理所犯下的谬误。

j. 学生质疑探究流程是否得到了正确的运用。

对语境敏感

有关的行为包括:

a. 学生辨别因文化差异而产生的意义差别。

b. 学生辨别因个人视角差异而产生的意义差别。

c. 学生认识到因语言上、学科上、参照系上的差异而产生的差异。

d. 学生力求确立文本阐释的真实性和可靠性。

e. 学生质疑翻译的准确性。

f. 学生指出语境上的差异如何修改了定义的内涵。

g. 学生注意到因重点的改变而产生的意义变化。

h. 学生认识到因说话人意图或目的的转变而产生的意义变化。

i. 学生注意到当前情况与过去相似的情况之间的差异。

j. 学生寻找具有相似但结果的不同情况之间的差异。

标准

当学生援引：

a. 共同的价值观,如理想、意图、主旨、目标和目的。

b. 惯例,如规范、规律性、统一性、先例或传统。

c. 共同的比较基础,如共同的部分、属性或特征。

d. 规定,如戒律、规格、约束、限制。

e. 视角,包括关注的领域、参照系和观点。

f. 原则,包括假定、预设、理论上或概念上的关系。

g. 规则,包括法律、细则、规章、章程、教规、条令和指示。

h. 要求：决定着在何种程度上才算满足某项标准的标准。

i. 定义：与被定义的词语具有相同意义的标准。

j. 事实：存在的事物,被表述为有根据的断言。

k. 测试：为了获得实证发现而进行的探索或干预。

判断力

当学生寻求：

a. 审辨性的定论。

b. 试验或调查的结论。

c. 决策,如行政人员、管理人员、家长、教师等的决策。

d. 裁决：调查程序的结论。

e. 针对实际或理论问题的解决方案。

f. 分类或归类。

g. 对活动、服务、对象、产品等的评价；评估。

h. 区别,以否定性预测的形式。

i. 联系，以肯定性预测的形式。

j. 有意的制作、言说或行动。

专业教育和判断力的培养

前文在法律和医学领域中寻找批判性思维的范例，原因在于医学和法律都要求把原理（标准）灵活地运用于实践（判断力），对个案的独特性极为敏感（对语境敏感），既不生搬硬套地用原理解释事实，也不削足适履地让事实适应原理，并致力于试验性、假设性、自我纠正的探究流程。法官和医生都强调在实践过程中做出良好判断（此即"理性"）的重要性。在这个意义上，法律和医学说明了批判性思维可以是什么和应该是什么。教育工作者需要设计出恰当的批判性思维课程，并帮助教师认识到他们的实践中有待加强的批判性思维因素。

那么，批判性思维与提高小学、中学、大学教育水平的相关性是什么？为什么这么多的教育工作者都相信批判性思维是教育改革的关键？很大程度上是因为，人们希望学生不只能够思考，还能够运用良好的判断力。对书面文本的可靠解读、条理连贯的写作、对所听内容的清晰理解以及有说服力的论证，这些都体现出了良好的判断力。良好的判断力使人们能够权衡和把握一句话中所陈述、假定、隐含或表明的内容。要想让它发挥作用，就必须依靠熟练的推理技能，以及熟练的探究技能、概念形成技能、沟通与翻译技能。批判性思维之所以能够提高教育水平，是因为它从数量和质量上提高了学生从阅读和感知中获得的、在写作和言辞中表达的意义。

在课程中融入批判性思维有望提高学生的学习能力。一旦认识到这一点，就有必要考虑如何融入才是最佳的方式。同时谨记，如果不教学生以对语境敏感的和自我纠正的方式去使用标准,就等于没教他们批判性思维。

最后,谈一谈在批判性思维中如何使用标准来促进良好的判断力。正如我们所见,批判性思维是带有技能的思维,其中的技能指的是满足相关标准的熟练活动。如果没有这些技能,人们就无法从文本或交谈中获取意义,也无法为交谈或写作赋予意义。而且,思维技能有不同的类别(如归纳、提问和类比推理),它们分别代表着某一类活动,并且适合于相关的标准。如果一个乐器演奏者的演奏水平太低,一场原本精彩的音乐演出就会毁于一旦。同样的道理,在调动和完善批判性思维的思维技能时,不能忽视其中的任何一项,否则会危及整个过程。

因此,不能只让学生练习少量的认知技能,却忽视探究、语言、思维等方面所要求的其他一切技能。不能仅仅锻炼那些自认为有用的技能,而是必须从交流和探究的内容(读、听、说、写和推理)开始,培养各个过程所需要的任何技能。这样做的时候,人们就会意识到,只有哲学能够提供现有课程体系所缺乏的逻辑与认识论标准,[1]它们确保学生能够更负责任地思考。

对于批判性思维而言,个别的技能是不够的,把多个技能编排在一起也是不够的。批判性思维是一项规范性的事务,它同时强调那些将批判性思维与非批判性思维区分开的要求和标准。很多差劲的工作并不是因为工作本身对技能没有要求,而是因为工作者自身的工作标准低,对质量的投入不足或者缺乏判断力。[2]

针对批判性思维的心理学研究通常被视为规范性的研究,这类研究旨

---

[1] 前述内容的更早版本发表于 *Educational Leadership* 16:1 (September 1988), pp. 38 – 43, under the title "Critical Thinking – What Can It Be?"
[2] 马克·塞尔曼[Mark Selman]很好地论述了这一点,参见 "Another Way of Talking about Critical Thinking," *Proceeding of the Forty – third Annual Meeting of the Philosophy of Education Society*, 1987 (Normal, ll, 1988), pp. 169 – 78.

在描述那些"成功思考者"的行为,并将其作为思考的典范推荐给人们,但这类心理学研究的影响有限。如果要在学校教育中坚持实施批判性思维,就必须把教师想要展现的认知工作与认知责任转变为惯例与传统。仅仅让学生掌握启发式流程和算法式流程是不够的,他们还必须掌握良好理由的逻辑、推论的逻辑以及判断的逻辑。

即使我目前为止所提出的支持批判性思维的主张都是正确的,仍有很多其他的地方被省略了,正如证人可以说出真相,但没法说出所有真相。我尤其想说的是,如果想通过学校教育提高学生的思维水平,那就不应该把批判性思维当成唯一需要培养的思维维度,尽管它对于认知水平的提高有着举足轻重的作用,但在批判性思维技能之外,还有创造性思维和关怀性思维。

思维的任何经验性例证都会涉及这三种维度,因为没有什么思考是纯批判的、纯创造的或纯关怀的,卓越的思考在这三个方面都会有卓越的体现。确定创造性思维和关怀性思维的一般特征会比描述批判性思维的一般特征更困难。但毫无疑问的是,创造性思维和关怀性思维补充了批判性思维,从而有助于提高学生整体的思维水平。不培养创造性思维的教育与不培养批判性思维的教育一样,都是十分糟糕的。

最后还有一个问题,即批判性思维在教育中的作用。我已经指出,无论是在小学、中学还是大学,在教授任何课程的同时,都应当鼓励相应学科中的批判性思维。这个看法在社会科学领域中十分常见,几乎没有争议。不过我想补充的是,应该把批判性思维当作一门独立的课程来纳入课程体系。如果没有一门独立的课程来教授批判性思维的一般方面,特定学科的教师就很难向学生表明批判性思维为什么重要。

需要特别强调的是,批判性思维实践中的任何内容都以某种形式存在于哲学的实践中,而哲学中有大量的东西并未体现于批判性思维中,教育工作者最好理解这两者之间的关系。我认为，要让学生参与一门独立的批判性思维课程，最好的方法就是让它成为一门哲学课程。**但这不是大学里的学院哲学，而是强调对话、审辨、判断力和共同体的叙事性哲学。**这种经过重新设计的哲学目前已经存在了二十多年，并一再表明了自身的可行性。如果忽视了它，代之以那些只有零星学术价值的、说得天花乱坠的商业项目，那就太遗憾了。

批判性思维和非形式谬论

作为推理缺陷的谬误

思维很容易受到利用，因此可能会被别人操纵和产生误用。所以自古以来，人们一直试图曝光那些不正当利用其思维的人，寻找很多方法来防范那些骗子，或者防范那些出于无意或无知而误用思维能力的人。谬误则将人们的注意力从人转向事，它的价值在于提醒人们去注意语言背后的陷阱。

这里指的不是形式逻辑谬误，而是非形式谬误。它们不像形式谬误那样违背严格的推理规则。形式推理的结论被认为是确定的和普遍的，而非形式推理的结论通常不具备确定性和普遍性；形式逻辑寻求一种理想的符号语言，而非形式逻辑倾向于处理自然语言中的日常推理。非形式谬误揭示了推理的不当之处，但这并不意味着它们没有真实性或确定性。大多数非形式谬误是在非形式逻辑学科尚不存在的时候被提出来的，隶属于"作为大众实践的批判性思维"这一悠久传统。

价值原则的重要性

刚开始上学的儿童被鼓励做的第一件事就是比较，这是非常正确的。

比较是关系的一个基本范畴,如果不理解关系,学生就很难理解算术关系、历史关系、家庭关系,等等。当然,比较必须有一个**基础**。例如,评判罗马尼亚和保加利亚哪个更大,需要基于面积或人口这样的具体方面来比较。具体而言,这些作为比较基础的就是**标准**,也可称为"**价值原则**"。前文提到,标准能够让人们做出理性的、可靠的判断,它们为交谈中或探究中的比较提供了一致性,从而有助于精确说明那些差异、相似和相同。

相似和差异无疑是存在的。通过做出区分,人们识别出差异,而在没有差异的情况下,无需做出区分。差异客观地存在于世界中,区分则是一项需要训练的技能。区分有时是十分明显的,比如大象和老鼠之间的区分,或者记忆和遗忘之间的区分;有时又非常隐蔽,有待放大或澄清,如两个指纹之间的区分。有些差异依赖于主要特征之间的比较,但这并不总是可行的,所以还要依赖于次要的或其他的特征之间的比较。比如说小鸡的性别鉴定。养鸡场的经营者通常在小鸡破壳后的二十四小时内挑出雄性小鸡,由于小鸡的性别差异很难察觉,性别鉴定人员转而观察小鸡翼尖的颜色,鲜明的颜色差异完全对应于几乎不可见的性别差异。

因此,如果无法根据主要特征来分辨各种思维方式之间的差异,就要寻找更明显的特征。这些特征就其自身而言通常是不充分的,但可能与正在被寻找的差异有着强相关性,就像小鸡翼尖的颜色与其性别有着高度的相关性,这些差异与其说是标准,不如说是具有标准意义的特征。因此,也许可以通过少量的典型价值来识别所谓的"批判性"思维类型,如前文所述,我把这些特征称为**价值原则**。一般而言,依据这些价值原则就足以为批判性思维下一个定义。

这并不违背公认的探究流程。例如,当托马斯·库恩(Thomas Kuhn)描述科学的主要特征时,他用同样适用于科学思维的五个特征:**准确性**、一

致性、**包容性**、**简单性**和**成果性**。[1] 当沃尔夫林（Wölfflin）在对文艺复兴时期和巴洛克时期的绘画风格进行对比时，他实际上是在说明创造性思维在这两种绘画风格之间显著的价值差异。[2] 库恩是科学思维方面的专家，沃尔夫林是欧洲绘画史方面的专家，他们以及其他一些专业人士（比如那些评判舞者、跳水运动员、体操运动员的专家）能够明确说明自己所寻找的典型价值。不过对另一些专业人士而言（比如品酒师、闻香师），这么做就很困难了。

传统的非形式谬误违背了非形式逻辑的基本原则，故而也违背了批判性思维的基本原则，它们就是这里所谓的"价值原则"。通过考察大量的传统谬误，我们可以发现，不恰当的推理违背了五个价值原则：**精确性**、**一致性**、**相关性**、**可接受性**和**充分性**。不过，将最后两个包括在内可能是有问题的，因为它们主要适用于论证的**前提**，而非推理本身。出于这个理由，这里专注于前三个价值原则。保留**精确性**，是为了避免模棱两可和含糊不清的情况；保留**一致性**，是因为它从"思维的规律"中获得了有力的支持；保留**相关性**，是为了避免不相关的干扰项。

不妨快速考察一下这五个价值原则：

精确性。精确性一般有两种：定量的和定性的。定量的精确性通过测量来体现，定性的精确性则往往通过具体的东西来体现。两者都追求精确无误。

一致性。如果一个人断定或相信两个不可能同时为真的命题，就可以说他是不一致的（这就是"无矛盾律"：一个陈述不能既为真又为假，只能是其中一种情况）。此外，一致性规定：一个陈述如果为真，就必定为真（这就是"同一律"：每个事物只是它所是的东西，而不是其他的东西）。

---

1 Thomas S. Kuhn, "Objectivity, Value Judgment, and Theory Choice," *The Essential Tension* (1979), Chicago: University of Chicago Press, pp. 320 - 2.
2 Heinrich Wölfflin, *Principles of Art History* (New York: Dover, 1950).

相关性。论证的前提必须与结论有联系,才能支持结论。两个陈述之间的联系越多,二者的真实性也就越相关。"如果一个陈述的真实性有利于另一个陈述,那么它就与另一个陈述是正相关的。也就是说,如果它为真,我们就有理由认为另一个陈述也为真。如果一个陈述的真实性不利于另一个陈述的真实性,那么它就与另一个陈述是负相关的。"[1]

可接受性。戈维尔(Govier)认为,当你在接受(也就是**相信**)一个论证的前提时,如果没有违背关于证据或确定性的标准,那么前提就是**可接受的**。如果出现了下面的情况,那么论证的前提就是**不可接受的**:

1. 已知一个或多个前提为假。
2. 几个前提在一起导致了矛盾。
3. 至少有一个前提依赖于错误的或极具争议的假定。
4. 至少有一个前提对于一个尚未相信结论的人来说是不可信的。
5. 前提比结论更不确定。[2]

充分性。"一个论证的前提可能是相关的和精确的。单独来看,它们可能是可接受的。然而,它们在一起可能是不充分的,因为它们没有充分提供各种类型的相关证据,并忽视了相反证据的存在或可能性。一个很好的例子是'以偏概全'谬误。"[3]

这些都是关键术语,它们不仅指导和规定人们在探究中对评价性术语的使用,还指导和规定着与关键术语同等重要的其他价值术语的使用。**精确性**、**一致性**和**相关性**决定了探究者如何使用概念、做出判断、进行区分。人们对这些关键术语的理解影响到整个探究机制。人们一旦把握到莫扎特

---

[1] Trudy Govier, *A Practical Study of Argument*, 2d ed. (Belmont, Calif.: Wadsworth, 1988).
[2] Trudy Govier, *A Practical Study of Argument*, 2d ed. (Belmont, Calif.: Wadsworth, 1988).
[3] Ralph H. Johnson and J. Anthony Blair, *Logical Self-Defense* (New York: McGraw-Hill, 1994).

音乐的某个关键特征,就会从这个角度来聆听并理解莫扎特的音乐;一旦把握到了维特根斯坦的精确性、康德的一致性、笛卡尔的相关性,也会基于这些特征来理解他们的思想。这些价值独一无二、极富创意,所以不只是批判性思维的价值,还是创造性思维和关怀性思维的价值。

此外,这些关键概念不仅塑造和影响其所有适用的概念,还代表着与这五个关键术语同义或近似的价值术语群。比如精确性就代表着其他许多名词,如"准确性""精准性""正确性""明确性"和"严谨性"。

表10.1考察了一些谬误及其内容,并指出了每个谬误所违背的原则。不过,有些谬误在某些特定的情形下并不构成谬误,要注意辨别这些情形。例如,"诉诸人身"谬误一般指的是针对对方的人身而非观点,但也有例外的情形,比如在法庭上,法官可以允许相关证人出庭为当事人的品格作证,这时的证词就针对对方的人身。

表10.1

谬误的名称	内容	思维错误	被违背的价值原则
诉诸人身	攻击对方,而非攻击对方的论点。(例如,"你对一个女人/孩子有什么指望?")	不相关	相关性
模棱两可	使用一个在特定语境内可能有几种意义的词语,人们无法判定究竟是哪一种。	含糊不清	精确性
诉诸不当权威	诉诸一个未经证实的权威,而该权威要么无力管辖,要么在有关问题上不可信。(因为:一个领域的权威不一定是另一个领域的权威;在专家有分歧的方面,我们需要自己成为专家;有些专家优于其他专家。)	不相关	相关性/可接受性

续　表

谬误的名称	内　　容	思维错误	被违背的价值原则
诉诸恐惧	使用威胁、而非使用论证来获得认同。	使用暴力，而非使用推理	相关性
诉诸不当做法	以惯例或传统作为行动的依据。（因为：某个行动不属于这样的惯例/传统，或并不存在这样的惯例/传统。）	不完备的或不相关的证据	相关性和/或充分性
错误类比	当两个事物被认为相似，适用于一个事物的结论可能也适用于另一个事物。但是，如果被比较的方面不相似，这个类比就是错误的，不支持这个结论。	没根据的假定	可接受性
构成性谬误	声称对整体而言为真的东西对部分而言也为真。	不必然得出	相关性
违背定义规则	用同义词来定义词语。	含糊的、不准确的词语	相关性
分解性谬误	声称对部分而言为真的东西对整体而言也为真。	不必然得出	相关性
窃取论点	假定或理所当然地认为一个人试图证明的事情是正确的。	循环推理	可接受性
可疑的假定	采用可以被质疑的假定，或采用缺失前提的假定。	没根据的假定	可接受性
偷换概念	词语在同一个语境内多次出现，但意义发生了改变，导致模棱两可。	意义改变	一致性
罪恶关联	以未经证实的负面关联作为攻击论证者的依据。	没根据的假定	可接受性
草率结论	用不充分的相关证据来提出论证，并忽视了相反证据的存在。	草率归纳	充分性
自相矛盾	断言两个不可能同时为真的命题，或用相互矛盾的理由来支持一个结论。	不一致	一致性

续表

谬误的名称	内容	思维错误	被违背的价值原则
不当推论	给出不相关的理由，导致论证无效。	不相关	相关性
转移焦点	引出不相干的或欺骗性的议题，遮蔽了论证的焦点。	不相关	相关性
稻草人	错误地将一个观点归于对手，然后批评这个观点，而对手实际上并不持有这个观点。攻击一个比实际观点更弱的观点。	歪曲观点	相关性
后此谬误	仅仅因为一件事发生在另一件事之前，就想当然地认为前者是后者的原因。	匆忙认定两个事件之间存在因果关系	充分性
用错误为错误开脱	仅仅以过去的类似行动没有受到指责或批评为由，为某个行动开脱。	因类比/不一致性导致的错误论证	可接受性/一致性
含糊不清	论证中至少有一个前提是非常不确定的，几乎没有意义，导致前提变得无用。	词语的定义缺少分界点	可接受性/精确性

使用有效性来建立对理性的要求

探究驱动型社会的范导性理念是什么？至少有两个，第一个关乎社会的政治品质，或者说关乎社会的流程；第二个关乎个体公民的品质。前者是民主，后者是理性。

当存在纠纷但缺乏相应的法律原则时，各方都会敦促当事人寻求理性的解决方案。在法官的指导下，陪审团一旦确定了一套"抵挡得了理性的怀疑"的流程，就会通过这个流程来做出裁决。对于处于权威地位或负有行政职责的人来说，理性是得到一致赞同的价值，是最终诉诸的**标准**。虽然这个标准可能很含糊，但似乎别无他法，只能通过阐明必须得到满足的相关**要求**

来让它变得清晰。

要判定标准是否得到满足，就需要一些分界点，这些分界点其实就是**要求**。要求是确实存在的，并且众所周知。不过，这不是说这些要求得到了普遍的赞同，它们总是有待进一步的考虑，不断接受审视，以明确在何种情况下可以运用它们。因此，它们与"对语境敏感""自我纠正"这些价值原则是相容的。我心目中的一些要求被称为"非形式谬误"（它们仅仅在与形式逻辑形成对比的意义上是"非形式的"）。它们指出了错误的思维究竟错在何处。非形式谬误的重要性与其说在于它们是谬误，不如说在于它们从反面指出了正确的推理何以是正确的。

非形式谬误关注特定的逻辑活动是否恰当。该不该判断某个推理是恰当的、公正的？在什么情况下允许模棱两可、含糊其辞，在什么情况下不允许？

如果要判定关于推理好坏的标准是否得到满足，就不能违反非形式谬误，并以此作为要求。一般而言，这些标准包括精确性、相关性、一致性、充分性和可接受性，它们引导人们做出理性的判断。批判性思维以理性为目标，这意味着这种思维不仅满足合理性（即它是一种由规则和标准支配的思维），还承认自身的流程是可错的，坚持自我纠正的实践，关注语境上的差异，追求公正（即它既尊重自己的权利，也尊重他人的权利）。故而，只有培养多维度的思维才能实现理性。

有效性列表

要尽可能不武断地描述"理性"这一概念，借用"非形式谬误"（更好的说法是基本的"非形式有效性"）以及总括它们的价值原则可以帮助人们正确地认识"理性"。例如，应该找机会向孩子们解释，大多数自相矛盾是不可取的，并且可以通过大量的例子来说明这一点。比如它让人不得不与自己争辩,它破坏了自己为未来制定的任何计划,它摧毁了人们彼此可能达成的任何协议。因此,与其说避免不一致性是由于它违反了逻辑原理(所谓的"思维规律"),不如说是因为它会导致不可取的后果。

谬误是不当行为或错误行为的例子,我们还应当找出这些谬误所对应的逻辑上正确的做法(可以称它们为"有效性"),这让它们显得没那么消极。有效性的列表体现出对可靠的批判性思维流程的坚持,人们不能否定它们,否则就会自相矛盾。我们需要建立一张关于有效性的表格,就像需要规定议会秩序的规则或关于公平比赛的纲领一样。当然,关于这些有效性的具体表述可能存在争议,正如《权利法案》具有根本性的宪法意义,但它的具体表述在很多情况下是有争议的。

因此,儿童最好学习有效性列表(以及相应的各种谬误),从而了解自己的理智权利包括什么,是什么促成了理智上的公平比赛,以及当批判性思维活动遭到阻碍时可以求助于什么。通过学习有效性列表(以及违背它的方式),儿童仿佛具有了一扇盾牌来帮助自己抵御各种非形式谬误。形式逻辑为人们提供了关于合理推断的要求,而有效性列表(表 10.2)提供了关于理性的一系列重要要求。

表 10.2

有效性列表	
谬误的传统名称	相应的基本有效性的名称
诉诸人身	攻击论证,而非攻击对手
模棱两可	语境上的一致性
诉诸不当权威	诉诸恰当权威
诉诸恐惧	诉诸勇气

续 表

谬误的传统名称	相应的基本有效性的名称
诉诸不当做法	诉诸恰当做法
错误类比	可靠类比
构成性谬误	正确的整体—部分推理
违背定义规则	遵守定义规则
分解性谬误	正确的部分—整体推理
窃取论点	非循环推理
可疑的假定	可接受的假定
偷换概念	意义一致
罪恶关联	恰当的人身关联
草率结论	充分的相关证据
自相矛盾	一致性
不当推论	诉诸相关理由
转移焦点	紧扣主题
稻草人	专注于对手的实际立场
后此谬误	坚持要求关于因果关系的证据
用错误为错误开脱	以恰当的证据、而非以类似的错误判断作为判断的基础
含糊不清	推理中的精确性

价值原则的练习在批判性思维教育中的作用

价值原则基本概括了理性思维的相关要求,但这并不意味着仅靠学习价值原则就能掌握批判性思维。不过,要想推进批判性思维,熟练掌握这些价值原则是必要的。要掌握这些原则,需要在探究的环境中开展专门的练习并进行具体的讨论。这样的练习可以推动学生更精准地比较心灵活动和

心灵状态,从而加强学生的理性思维。下面是一些例子:

练习:识别心灵活动的相似性和差异性
要求:精确性

第一部分:以下几对心灵活动、心灵状态或言语行为当中是否存在差异?差异是什么?

1. (a) 约翰**承认**(admitted)了盗窃行为。

    (b) 约翰**坦白**(confessed)了盗窃行为。

2. (a) 丹尼斯**知道**(knows)法语。

    (b) 丹尼斯**理解**(understands)法语。

3. (a) 埃德加**知道**(knows)冬天已经过去了。

    (b) 埃德加**相信**(believes)冬天已经过去了。

4. (a) 塔尼娅已经**断言**(asserted)她对这个国家的忠诚。

    (b) 塔尼娅已经**确认**(affirmed)她对这个国家的忠诚。

5. (a) 弗雷德**宣称**(declared)他是清白的。

    (b) 弗雷德**主张**(maintained)他是清白的。

6. (a) 天气预报员**预报**(forecast)明天会下雨。

    (b) 天气预报员**预测**(predicted)明天会下雨。

7. (a) 她**立誓**(vowed)说她再也不坐潜水艇了。

    (b) 她**咒骂**(swore)说她再也不会乘坐潜水艇了。

8. (a) 他们声称他们为候选人**背书**(endorse)。

    (b) 他们声称他们为候选人**作证**(vouch)。

9. (a) 我们**期待**(anticipate)今天晚上会有很多人。

(b) 我们**预期**(expect)今天晚上会有很多人。

10. (a) 他们整晚都在就减税问题进行**商议**(deliberation)。

(b) 他们整晚都在就减税问题进行**对话**(dialogue)。

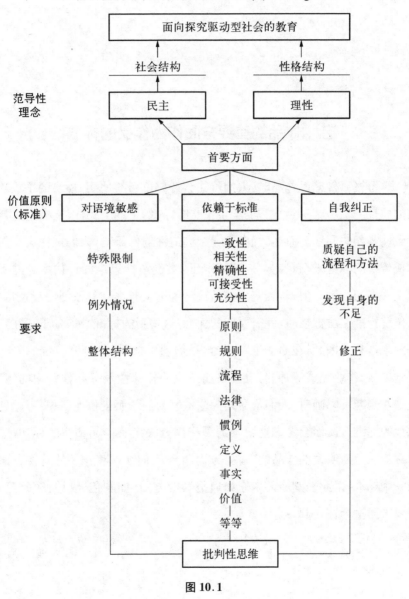

图 10.1

第十一章　创造性思维教育

艺术作品的首要方面作为作品的标准

当考察一件艺术作品时,人们可能会考虑色彩的使用、描绘的手法或线条的质量。当考察一篇优秀的学生论文时,人们可能会关注该文的融贯性、一致性等相关问题。总之,当考察一个创造性的例子时,人们往往会用熟悉的或传统的标准来衡量它。一般情况下,对创造性思维的评估本身并不要求发明新的标准。但是,当艺术作品或学生论文非常具有原创性与独特性,而传统标准无法把握时,就需要新的标准,这些新的标准必须基于正在判断的对象本身。因此,在给学生评分时,我们通常会采用某些传统的标准,如课堂参与、作业完成等,同时也会关注学生的特殊性及其在作业中的体现。正如在判断一幅画时,人们不会因为艺术家的创新而责备他(只要考虑到特殊性的标准),反而会考虑这幅画的哪些部分决定了作品整体的成功,这就是乔治·尤斯所说的作品的"首要方面"。[1] 人们往往将作品的首要方面视为一个标准,以此来判断艺术家如何把其他方面(如颜色、纹理、线条等)与首要方面融合在一起。

1　Ralph H. Johnson and J. Anthony Blair, *Logical Self-Defense* (1994), New York: McGraw-Hill, pp. 81-9.

传统的标准可以用来评估艺术家赋予自身的任务,但只有从作品本身中提取出某个新的标准(即作品的首要方面),才能评定作品的其他方面有没有很好地衬托出首要方面。

批判性视角下的创造性思维

博物馆馆长在策划展览时,需要准确地和精确地思考作品的空间需要、照明条件、储存设施、安全措施、宣传安排等。即使其中有些画是由精神病人创作的,馆长对展览的思考也必须是一致的、融贯的、理性的。此外,他还需要预估艺术评论家的看法,例如展出时间是否恰当,作品的历史影响,展出的画作与画家生平的关系,作品的时间顺序,等等。这些都是必须考虑的因素,其中大部分涉及批判性思维,但也有一些涉及更主观的因素,比如馆长的鉴赏力、作品中有待发掘的意义以及展览可能对艺术界造成的影响。尽管馆长主要关心的是作品如何显著地表达了艺术家的感受与情绪,但他在处理这些议题时,需要通过推理得出判断,认识到自己的假定,进行自我纠正,并尽可能地考虑到语境,此时,他的策划就很好地体现出了批判性思维。

馆长在看待作品时也可能运用创造性思维的标准或范畴,还可能采用临时提出的新标准,或以新的方式运用关于创造性的传统标准,这是对创造性思维的创造性思考。下面将考虑一些对于创造性思维的批判性与创造性描述:

a. **原创性**。创造性思维没有明确的先例。当然,只凭原创性并不足以确立创造性思维的优势,一些创造性思考可能具有高度的原创性,却显得很古怪或很不合理。因此,我们需要通过多个标准来看待创造性思维。

b. **成果性**。一般会带来成功结果的思维。这是一个在很大程度上依赖于后果论的价值概念。

c. **想象力**。想象就是设想一个可能的世界，设想这个世界的细节或抵达这个世界的旅程。构建出另一个既容纳自己、又容纳他人的世界，这并非易事。重要的是，在探索可能性领域的同时必须尽可能地保留对事实世界的感受，而在探索真实世界的同时又必须保持想象力。

d. **独立性**。创造性思考者是那些"独立思考"的人，他们不会人云亦云。当其他人打算放弃反思时，独立思考者则倾向于质疑。独立思考者在回答问题时，不会给出刻板的、轻率的答案，而是在透彻地研究问题之后再给出答案。

e. **试验**。创造性思维是由假设（而非规则）引导的思维。假设不需要很成熟，它们可能是初步的。创造性思维要求不断地尝试或试验（它也要求寻找稳固的支撑，而拥有稳固支撑的创造性思维可以充当证明）。

f. **整体性**。在创造性思维中，整体所涌现出来的特征决定着对部分的选择。因此，作品总是由部分——整体关系和手段——目的关系交织而成，这些关系为作品提供了独特的意义。需要注意，"整体"并不直接等同于"首要方面"。

g. **体现**。创造性思维不仅体现着思考对象，还体现着思考者。对一棵树的创造性思考既可以呈现这棵树的特征，也可以呈现思考者的特征。创造性思维通过关于这棵树的感知经验来体现思考者。

h. **自我超越**。创造性思维努力超越先前的水平。每一位艺术家都意识到，后来的作品都是对之前作品的回应，一旦不努力超越先前的成就，作品质量就可能很低劣。

i. **惊讶**。原创性的意义在于它的后果。原创性令人耳目一新，深感惊讶。理论性思维寻求理解，创造性思维则反抗理解，从而产生惊异。

j. **衍生性**。创造性思维不仅能激发他人的满足、快乐、喜悦和欢愉，在某些情况下还能激发他人的创造性（然而，在这一点上要保持谨慎，因为它有时也会抑制他人的创造性）。教师如果想鼓励学生独立思考，就要设法创造有疑问的环境，让学生自己通过全面的思考来成为独立的创造性思考者。

k. **启发性**。善于启发的人想要给这个世界带来最好的东西。这样的人类似于助产士，他们让理智的成果降生于世，比如教师可以启发学生进行思考与表达。

l. **创造力**。可以把想法看作针对问题的一个可能解决方案，而有创造力的思想可以接纳许多问题，并针对这些问题提出许多解决方案，这样的思想即使未能带来成功的结果，也可以说是有创造力的。很多方案可以被认为有创造力，但只有满足了其他标准才能被认为是创造性的。有创造力或许是创造性的一个必要条件，但不是充分条件。

以上列出了十二条描述，不过这个数字并不绝对，可以更多或更少。这些条目既是对创造性思维中的价值的总结，也是对更特殊、更具体的价值的统称。

新颖性、问题性和可理解性

谈论创造性，对于心理学家、哲学家来说都是极大的挑战。哲学始于惊异，但惊异始于何处？可能始于发现，每当人们重新发现自然时，惊异就会产生。正是世界的奇妙使人们感到惊异，而惊异又激发人们去进行探究。一旦我们不得不去解释自己的发现时，怀疑就会笼罩我们的心头，直到探究建立起一定的平衡。但大自然并不是困惑的唯一来源，人性也令人感到困惑,特别是其中非理性的方面,再就是人性中创造性的方面。创造性深深地扎根于大自然,扎根于大自然界自身的变异与扩张之中。同时,它深深地扎根于人性,除了在人们的发现和发明活动中起到关键作用以外,它还在人类繁衍中起到作用。但如何看待**创造性思维**——超越思维的思维?

艺术创作是创造性思维的体现,每件作品都有着独一无二的编码,是对关系、样式、秩序的重新辨别或编织,给人们带来前所未见的东西。创造性思维让人们思考应该如何去说那些值得说的言辞、造那些值得造的器物、做那些值得做的事情,因此,创造性思维具有**问题性**(problematicity)。此外,它还具有**新颖性**(freshness)和**可理解性**(intelligibility)的特征。

艺术和教育在人类生活中扮演什么角色?一种观点认为,教育为我们提供知识,从而告诉我们**世界是什么**,艺术为我们提供标准和价值,从而告诉我们**世界可以是什么**。对此,我们严肃地点点头。他们已经说出了足够多的东西,让我们察觉到他们对艺术和创造性所做的假定。他们似乎在说,世界本身是一处几乎不可理解的地方,所以人们关于世界的经验是有疑问的,这些经验推动人们去理解。人们通过科学的和艺术的探究,让自己的经验、继而让世界变得可理解。

从这些观点中可以推断出:艺术是为了解决问题,而创造性思维是这一过程的推动力。怀疑让我们把信念悬置起来,而创造性的思想重新构造出有疑问的情境,提出解决问题的其他假设,考虑可能的后果,组织实验,直到情境的问题性暂时得到克服,并出现一套新的、可靠的信念。

每个艺术家的作品都蕴含着独特的判断,而创造性思维(不同于针对创造性本身的心理倾向)是其中的最小元素,它体现着做出判断的人,评估着这个人的世界,它甚至比艺术家的签名更能代表艺术家的个性。创造性思维直接显露于艺术作品中,从而展示出艺术家的自我。它是理解作品的钥匙，人们只有掌握了这把钥匙，才能解锁整个作品。但它是一把独一无二的钥匙，人们需要研究如何使用它。

扩展性思维

需要对蕴含性思维（implicative thinking）和扩展性思维（ampliative thinking）做出区分。前者体现为演绎法，虽推动了人们的思想，但没有将思想进一步扩大。后者以归纳法、类比和隐喻为例，代表着认知上的突破，它超越既定的东西，并在这个过程中迫使人们的思维去超越既定的状态。扩展性思维在不断的演化中增长，并非固定不变。扩展性思维不仅扩展了人们的思维，还扩展了人们进行思维扩展的能力。

概括就是一种扩展，它们超越既定的信息，从一组具有类似特征和共同点的例子中推断出一切具有这些特征的例子都具有这个共同点。因此，概括预设了证据的**齐一性**。假设是扩展性思维的代表，它基于非常**多样化**的一系列证据（一些看似不相关的事实、推断、概括、原理等），对高度复杂的事态进行解释或预测，从而超越既定的信息。

类比推理预设了大自然中的事物可以展现出一定的**相称性**（proportionality），最佳的例子是关系的相似性（而非关系项的相似性）。我们可以说A和B之间的关系"就像"C和D之间的关系。基于这种理解，如果已知A、B和C，就可以超越现有的信息，即认为D之于C就像B之于A。

相称性（除非是严格的比例）以相似性为基础，因此关乎判断力。因此，如果想提高学生这方面的判断力，就需要大量的练习，以此来对类比进行评价。这就是为什么柏拉图认为音乐和数学对教育至关重要——因为它们是相称性的体系。这也是为什么亚里士多德坚持认为，相较于严格的相等（比如在等式中),判断力更依赖近似的相等。

隐喻性思维(乃至一般意义上的比喻性话语)是扩展性的,它把范畴或图式混合在一起。从字面的或通常的角度来看,这种混合似乎十分轻率,但从中却产生了一种新鲜活泼的思想融合,这比常规的思维方式要丰富得多。因此,隐喻性思维是对不相容者的综合,它把两个原本不相容的东西并置在一起,却给人们带来了更深远的视野。隐喻性思维从它所连接的各个范畴来看都必然为假(所谓"范畴错误"[1]),但它对人们的生活是非常重要的。

反抗性思维

有人认为,创造性思考者反抗规则和标准。不可否认,这种情况经常发生。例如,对于罗马式风格的建筑师而言,新哥特式风格的建筑师似乎是为了打破规则而打破规则,一些传统的标准被抛弃,另一些则被引入,但当一切都确定下来并得到接受之后,哥特式风格的建筑师也许不比前辈更具反抗性。

人们反抗规则并不意味着他们一定知道规则,因为对规则的违背可能是出于无知,而不是出于反抗本身,但思考艺术反抗和艺术创造之间的关系是有益的。考虑一下打比赛的方式。即使是在大量细节已被严格规定的比赛中,运动员和教练也会为运动的创造性做准备,但这并不意味着要蓄意破坏比赛的规则(在这种公共场合中,这是很愚蠢的行为,即使成功了也不会被视为创造性的举动)。他们在战术和策略、打法和表现等方面进行创造性

---

[1] 参见 Nelson Goodman, *Languages of Art* (Indianapolis, Ind. : Bobbs‐Merrill, 1968), p. 73: "事实上,一个隐喻可以被视为一个精心设计的范畴错误——或者说,一场幸福的、充满活力的二婚(哪怕涉嫌重婚)。"

的准备,在运动过程中以极具专业性的方式展现出来,让观众们意识到自己见证了一场绝妙的表演,从而感受到了创造性。因此,如果一个队伍的教练试图违反的不是规则,而是选手或观众的刻板经验,那么可以认为他是创造性的。许多教练乐于换上那些常常表现"惊艳"的球员,他们的超绝表现把美与效果结合在一起了。

启发性思维

启发性思维也可以提供关于创造性思维的线索。这类思维的代表人物是声乐指导、管弦乐队指挥、绘画教师、写作教师等,他们**关怀性地**思考学生的创造性思维。启发性思维是理智上的助产术,试图从对象那里引导出尽可能好的思维。虽然"启发性思维"通常和其他类型的关怀性思维被归在一起,但它实际上跨越了关怀性和创造性思维之间的界线,因为启发性思维的实践者需要对创造性过程有深入的理解和真诚的认同,就像助产士共情母亲和孩子,声乐指导共情歌手和歌曲。

声乐指导尽力帮助歌手进入一首歌曲(在歌曲的创作者不是歌手本人的情况下),而写作指导尽力帮助写作者完成一篇尚未成形的故事。这两种情况是存在差别的。在第一种情况下,指导老师除了与歌手共情,还需要与歌曲的创作者共情;在第二种情况下,指导老师只需要与写作者共情。

有人提出反对意见,认为助产士、护士和医生在操作过程中必须抑制自己的共情或厌恶。他们会说,这些人不应该与患者共情,而要保持分析和抽离的态度,保持一种批判性的、而非关怀性的思考。这个反对意见是站不住脚的,当医务人员在进行工作时,他们的情感反应虽然受到了一定的抑制,但仍然隐蔽地存在着,足以确保医生对患者的关心与担忧。

对关怀性思维的抑制（至少是一定程度的抑制）使我们意识到：批判性和创造性思维也可能遭受类似的抑制。护士从事标准的医疗流程，就必须禁止自己以富有创意的方式改变这个流程，这在一定程度上抑制了创造性思维。另一方面，一位建筑师受委托去建造一幢极具表现力和装饰性的建筑，他原本有些刻板的想法就必须受到抑制。因此需要注意的是，各种类型的思维在某一项目中的角色大小必须由情境来决定，而不能由思考者随心所欲地来决定。

创造性和关怀性思维

相较于单独地思考思维的每个维度，思考各个思维维度之间的关系能够揭示更多。创造性思维和关怀性思维之间的关系非常重要。例如，某个艺术家具有反社会倾向，可以说这个艺术家具有创造性但不具有关怀性。然而，如果他只是偏好某个社会群体，这并不意味着他不具有关怀性，他的画作可能仅仅面向他所偏好的那些人。

一个极具创造性的人往往具有强烈的情感，同时从事着创造性思维和批判性思维。比如，从梵高写给弟弟的书信中可以看出，他天性中具有强烈的关怀倾向，这种倾向帮助他改进自己的写作风格，就像他天性中所具有的强烈的创造倾向一样。梵高的书信显示出他的文学批评能力，体现为无数细腻真挚的艺术判断。出于这个原因，梅耶·夏皮罗（Meyer Schapiro）认为梵高的书信**在文学上**可以媲美十九世纪的俄国小说。[1] 假如梵高不那么关心他的弟弟提奥（Theo），两人的通信就不会有那么高的文学质量，就像

1　Meyer Schapiro, *Vincent Van Gogh* (New York: Abradale Press, 1994).

假如他不那么欣赏普罗旺斯乡野中的颜色与形状,他的画作就不会有那么高的艺术质量。

在教育语境内同样可以看到关怀性思维和创造性思维之间的持久关系。一个不太关心季节变换的学生可能会把树叶涂成暗色,而另一个更关心季节变换、因此更敏锐的学生可能会看到树叶是金色、绿色、棕色、红色的……因此,在这个具体的案例中,关怀生成了更精确的感知和更多彩的描绘。

创造性和批判性思维

皮尔士说过,一旦先前所依赖的信念受到怀疑的侵蚀和消解,人们便会依靠探究去获得信念。怀疑使人们意识到自己正处于一个有疑问的情境中,需要通过探究来找到迷雾中的方向。批判性思考者的情况正是如此。但对于创造性思考者来说,情况几乎是相反的。

在创造性思维中,对常规信念的怀疑反而成了一种令人舒适的状态,当事情变得过于令人舒适时,问题就消失了,而创造性思考者便深感痛苦。这些痛苦持续存在,直到新的怀疑出现,带来新的有疑问的情境。抛弃旧的问题(之前批判性思维的产物),代之以新的问题,其中充满了更加新颖而丰富的怀疑——此即创造性思维。所以探究也需要创造性思维。

回顾一下批判性思考者和创造性思考者之间的差异和依赖。单纯的批判性思考者在某种程度上是保守的,因为他们找到一个无需思考的信念之后便会心满意足。而创造性思考者在本质上是怀疑的、激进的,最让创造性思考者感到快乐的事莫过于无拘无束地活动,仿佛闯入瓷器店的"公牛",把所有物件都砸得粉碎。

我一直强调创造性思维会激发问题性，从这个主张中可以得出什么？我认为问题性和探究之间存在着一种关系——一者激起并产生另一者，正如挫折感和攻击性之间经常存在着一种因果关系。因此，创造性思维会推动人们从事欣赏和批评（分别是关怀性思维和批判性思维的形式）。所以，创造性思维非常有助于学生在学习情境中提升思维。

创造性思想过程中的认知招式

任何技术工具都要求一套相关的招式。例如，开汽车涉及到踩下和松开油门或刹车、转动方向盘、打开和关闭开关等一系列的招式。这一系列规定好的招式是由司机来操作的，他们实现了那些理论上的招式。

心灵行为也类似。在被实施之前，它们只是理论的或虚拟的存在，而在实施的过程中得到实现。高尔夫球教练所推荐的挥杆弧度由挥杆的球员来实现，而进行决策的思考者正在实现一个做决策或做决定的招式。因此，每一个心灵行为都实现一个心灵的招式，每一个思维技能都实现一个思维的招式，心灵的关联活动使得心灵行为之间的联系成为可能。换句话说，任何特定的思考者就如同众多路径的所在地，这些路径纵横交错于一片已经熟悉的领域，并提示着那些尚未实现的联系。由于无知或偏见，某些联系被认为是无法实现的，但对于那些富有创造力的头脑来说，它们却恰恰是突破口。

所有的招式都是复杂的，创造性思维的认知招式也是如此。它们能够被无限地分解成更小的招式，不存在原子性的招式。

探究共同体中的创造性和对话

探究共同体是一个从事多维度思维的审辨式社群。这意味着它进行着审议的活动,而不是闲聊或交谈。审议是受到逻辑约束的对话,不过其逻辑结构并不妨碍它们的创造性活动。

以琼为例,在听课时,她通常是旁观者。授课教师的博学给她留下了深刻的印象,她很少因为讲授的内容而感到困惑,所以她想不到提问题,更别说发表评论或形成观点了。但现在她参加一个研讨会,教师只是帮助学生对话,虽然有时会停下来询问学生(询问他们把什么视为理所当然的)。随着对话的深入,琼意识到自己以前只看到了某些议题的一个方面,但它们还有另一个方面。对话仍在深入,琼很快意识到这些议题还有更多的方面。她俯身向前,专心聆听,突然蹦出一句评论,让自己和其他人都感到很惊讶。虽然这句评论可能作出了重要的贡献,也可能只作出了微小的贡献。但当琼回家时,她还想着自己所做的评论,有什么方法可以改进这一评论。她发觉做出评论是非常美妙的,那时她被带进了对话,克服了平时的沉默和局促,而且以第一人称来表达观点。她还注意到,当自己说话的时候,其他人全神贯注地倾听,对于一个之前从未有过这种经历的人来说,这着实令人陶醉。她表达出自己的想法,其他人对之思考。她在回家的路上想着这件事,试图弄明白是什么如此深刻地触动了她。她重温自己说的东西,并细细品味,甚至责备自己没有把这个观点说得更犀利。至于它是如何发生的,她只知道是这个情境把她的话引了出来,她在这个情境中说出自己想说的东西,并意识到这很重要。为此,她必须教自己如何说话,仿佛这是她第一次说话。

审辨式探究共同体提供了一种有利于唤起批判性、关怀性和创造性思维的环境，当这些思维被唤醒之后，又会反过来推进共同体及其成员的目标。这非常不同于强调知识的教室环境。当然，这不是说讲课是一种低级或过时的教学模式，讲课同样可以很成功，可以是一件艺术作品，可以从单一视角深入揭示主题（基于多个视角的讨论则做不到这一点）。但是，尽管讲课可以很迷人，它却把听众变成了被动的崇拜者，而非主动的探究者，它经常抑制、而非鼓励创造性，甚至也会抑制批判性思维。讲课剥夺了学生获取理智成果的手段，而不是把它们交给学生，让他们自己去获取成果。

创造性和独立思考

不应该把创造性视为无中生有的过程。相反，它是把既定的东西转变为迥然不同的东西——不是从礼帽中变出兔子的魔术，而是从劣材中造出精品的艺术。

苏格拉底和康德都严厉地批评那些让别人替自己思考的人，他们背叛了自身的创造性。人们应该独立思考，也应该帮助别人独立思考。吉尔伯特·赖尔在《思维与自主学习》（*Thinking and Self-Teaching*）一文中对优秀的教师做出如下描述：[1]

1. 他们不重复自己的言论；当他们必须讲述同样的事情时，会采取不同的方式。

2. 他们期望学生应用他们所教的东西来做一些事情："应用它们，重新

---

[1] "Thinking and Self-Teaching," in Konstantin Kolenda (ed.), *Symposium on Gilbert Ryle*, Rice University Studies 58: 3 (Summer 1972), as reprinted in *Thinking: The Journal of Philosophy for Children* 1: 3-4 (n.d.), pp. 18-23.

表述它们，推进它们，从中得出结论，把它们与以前的课程结合起来，等等。"

3. 他们不是告诉、而是**展示**自己想完成的事情，然后让学生以类似的方式行动或说话。

4. 他们用问题刺激学生，然后询问答案。

5. 他们让学生反复练习，如换位法和三段论。

6. 他们带领学生踏上一条不太熟悉的路，然后让学生自己走完最后一段路。

7. 他们举出明显错误的解决方案，期待学生指出其中的错误之处或改进方式。

8. 他们把学生的注意力引向类似的、但更容易的问题，并让学生把它们当作扶手。

9. 他们把复杂的问题分解成更简单的成分，然后让学生去解决更简单的问题并把解决方案重新组合起来。

10. 当学生找到一个解决方案时，他们给学生布置一些延伸的或类似的问题。

在说明优秀教师应该如何对待学生之后，赖尔接着主张，当我们试图独立思考时，上面这些描述也应该成为我们对待自己的方式——不是在教师和学习者这两个角色之间来回切换，而是自己去完成优秀教师想让我们去完成的事情。

赖尔说，在思考的时候，我们试图补偿"现在没人在教我们"这一事实，所以把教师可能加给我们的各类任务加给自己。赖尔不认为"被教"和"思考"是等同的，但他坚持认为二者有着重要的关联。

需要特别强调的是，赖尔一开始就确定了师生对话所特有的探究流程或探索活动。他继而主张，在独立的审议活动中，同样运用了这样的流程。

可以说,它能帮助我们建立一种与自己的对话,独立思考就是对话性的,而且独立思考是创造性思维的最佳范例。所以赖尔的这个建议在任何研讨班、排练厅、工作室、咨询会或实验室中(在这些地方,教师促使学生"变得有创造性")都是有效的。

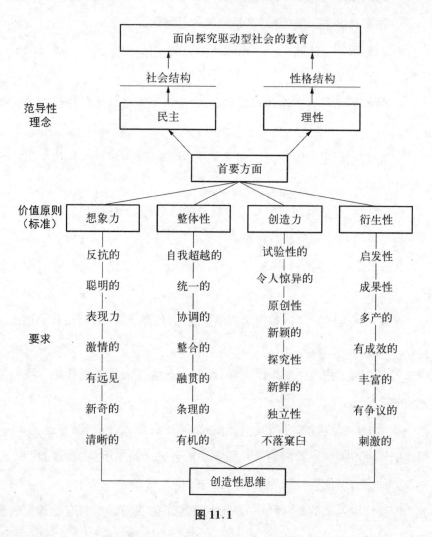

图 11.1

我们需要验证这一点：个人的创造性思维确实类似于优秀的教师与学生之间的对话交流（即赖尔所描述的那些活动）。这是鼓励未来的艺术家变得有创造性的方法吗？未来的医生和物理学家呢？未来的诗人、律师和生物学家呢？当一个人掌握了一门手艺，如果他能够以某种方式超越这门手艺（使之成为一门艺术），就体现出独立思考的进步。掌握一门手艺就是要了解别人如何思考和做出过怎样的思考，但掌握一门艺术就是要与这些人进行对话，时而抵挡、时而拓展、时而拒绝、时而修正他们的思考，直到发现我们自己制作、言说或行动的方式，亦即发现自己的创造性。

赖尔提到的探索技术和探究流程是探究共同体的特征之一。学生所内化的正是这些技术和流程，从而将共同体有条不紊的审议过程转化为个体有条不紊的审辨和思考。

第十二章　关怀性思维教育

情感在思维中的地位

莎士比亚的十四行诗被视为伟大的作品，也是多维度思维的典范，体现出批判性、创造性和关怀性思维的平衡。例如，在一首十四行诗的开头，莎士比亚提出一个批判性的问题，即自己应该如何开头——用什么样的明喻："我可否把你比作一个夏日？"他的修辞是高度创新的，每首十四行诗中都包含极具想象力的隐喻。他的喜爱和倾慕推动他去斟酌语词和意象，以便更好地描绘对象。同样，爱洛依丝（Heloise）致阿贝拉尔（Abelard）的情书也处于伟大文学之列，这些书信将批判性、创造性思维与弥漫于书信的深情爱意融为一体。

我们认为思维是批判性思维、创造性思维和关怀性思维三重维度的相互结合，这一观点面临的最大争议来源于情感。人们一般认为批判性思维与推理、论证、演绎、归纳、形式、结构和构成等密切相关，却没有看到自己的思想同时在被情感深刻地塑造和引导，情感为思想提供框架、比例以及一系列不同的角度。没有情感，思维就会变得平淡无奇。

关怀就是专注于人们所尊重的事物，欣赏其优点，珍视其价值。关怀性思维包含了双重含义：一方面，它意味着热切地思考某个对象；另一方面，它也关心思考所采取的方式。例如,一个人用充满爱意的笔触给对象写情书,同时又对书信本身感到关切。

关怀性思维是对重要事项的关心

吉尔伯特·赖尔反驳了下述谬误——思维是由某个非思维的原因造成的。比如,在分析人们对于某个荒谬事件的反应时,有人就认为他们首先不带感情地观察事件,继而突然爆发出感受和笑声,却不认为这个事件本身从一开始就很好笑,他们的笑声已经表达了恰当的理解。根据赖尔的观点,人们在分析时只需要说"他们觉得这件事很滑稽":

> 焦虑的母亲不会先冷漠地考虑自己孩子生病的事实,然后才产生焦虑的感受,再把双手拧在一起。相反,她焦虑地思考,焦虑到一刻不停地想着自己的孩子,几乎想不到其他的事情,除非这些事情与她孩子的危险有关联、受到这种危险的影响。[1]

赖尔的这篇论文发表至今已有三十多年了,但人们还是会常常犯下他所斥责的认识论错误。有人会说:"因为她关心自己的儿子,所以才照料他。"有人会说:"不。因为她照料他,所以才关心他。"正如人们嘲笑一件事是因为事情本身荒谬可笑,母亲照料自己的儿子是因为他很重要,而她的照料就是对"他很重要"的判断。具有伦理性质的事物如何产生于不具伦理性质的事物?具有审美性质的事物如何产生于不具审美性质的事

---

1 Gilbert Ryle, "A Rational Animal," in *Dilemmas*, p. 182.

物?人们常常争论这些问题,却完全无视了从赖尔那里得出的推论,即不具伦理/审美性质的事物只是"神话"而已,其衍生自完全过时的认识论观念。他们总想知道具有审美性质的音乐如何产生于"单纯的声音",具有审美性质的绘画如何产生于"单纯的颜料",却忘记了(如果曾经知道的话)单纯的声音和单纯的颜料已经承载了审美性质。创造不是从完全不具审美性质的事物中萃取出具有审美性质的事物,而是将一种审美性质转化为另一种审美性质。同样,教育也不是将一个不理性的孩子塑造成一个理性的成年人,而是把孩子的冲动转变为理性。目前所谓的教育往往抑制了孩子有益的哲学冲动,偏好哲学的孩子因此成了不偏好哲学的成年人。

回到赖尔的观点——人们因笑话好笑而笑,因场景滑稽而笑,因事件荒谬而笑,等等。同样,人们关心那些重要的事情,它们的重要程度取决于人们关心的程度。宝石本身并不比普通的石头更珍贵,决定其有多珍贵的是人们的关心,即人们对其优点的仔细分辨。

一种关怀很容易变成另一种关怀。比如甲仔细阅读了乙的论文,对于甲而言,一开始阅读可能是因为他喜欢乙这个人,继续阅读是因为他要履行编辑的职责,完成阅读是因为他发现这篇论文真的很精彩。关怀的每一种形式都为他的阅读提供了一个理由,甲的同一个行动拥有三个不同的理由。作为理由,每一种关怀都表明了"自己为什么在阅读这篇论文",所以关怀也是思考,尽管人们第一眼可能把它当成"单纯的感受"。

关怀性思维的某些类型

我一直强调,关怀不只是思维的一个因果条件,而是思维本身的一个模式、一个维度或一个方面。[1] 当关怀在执行认知操作(比如搜寻不同的选项、发现或发明关系、建立联系、衡量差异)时,它就是一种思维。关怀的主要特点之一在于：当区别和排序变得招人反感并因此不再有用时,关怀就会忽略它们。例如,当父母认识到"做人"这件事不应该被划分为三六九等时,他们就不会给自己的孩子划分等级；他们也会认识到,存在着显著的视角差异,事物在不同的视角中有着不同的分量。因此,那些心存关怀之人会努力在**本体论意义上的平等**(认为一切存在者都立足于相同的基础)、**程度上的视角差异**、**感知上的细微差别**(源自情感上的偏好)之间求取平衡。

虽然可以将批判性思维的标准组合在一起,以此为批判性思维下定义,但不能以相同的方式为关怀性思维下定义,只能借由它的若干类型来展示它。以下是关怀性思维的一些类型,这些类型并非互不重叠,也没有穷尽关怀性思维的整个领域,但它们非常重要,需要投以关注。

欣赏性思维

约翰·杜威指出,人们必须区分珍视和评估、推崇和估计、重视和评价。[2] 重视是指欣赏、珍惜、珍重,评价是指计算价值。珍视和评估之间以及其他类似词语之间的区别,是程度上的区别：任何珍视都至少包含初步的评估,任何评估也至少包含初步的珍视。

人们在珍视、赏识、珍惜、欣赏时,就是基于某个事物所维持的关系而重视它。例如,你重视别人送你的礼物,是因为这个礼物是赠送者出于对我们

---

[1] 这一节的内容最初发表于"Caring as Thinking" in *Inquiry: Critical Thinking across the Disciplines*, vol. 15, no. 1 (autumn 1995), pp. 1-13.

[2] John Dewey, "Theory of Valuation," *International Encyclopedia of Unified Science* (Chicago: University of Chicago Press, 1939), p. 5. 杜威认为,"珍视"(prizing)是指"把……看得很贵重",而"评估"(appraising)是指"把价值赋予……"。珍视明确以**个人**为转移,并带有"情感的方面"。而在评估中,理智的方面是最重要的。

的感情而赠送的。礼物在我们和赠送者的态度、倾向、情感之间建立了关联，因此值得我们的重视。

欣赏一件艺术作品，就是观察作品各个部分之间的关系，以及各个部分与首要部分之间的关系，从而获得乐趣。欣赏电影的摄影，就是享受摄影机为观众提供的各种图像之间的关系，以及摄影工作与电影的表演、导演、配乐等方面的关系。同样，觉得一张脸很有趣或很漂亮，就是欣赏面部各部位之间以及各部位内部的关系。如果被追问，人们总能举出这些关系，把它们视为欣赏的理由。

欣赏就是关注重要的东西，这种观点看似循环，却讲出了实质的东西：重要的东西之所以重要，恰恰是因为我们关注它们。自然界中的事物既不优于、也不劣于其他事物，但当人们从特定的视角对它们进行比较和对比时，就出现了相似性和差异性。就其本身而言，一片湖泊既不优于、也不劣于一片海洋，一座小山既不优于、也不劣于一座大山。只有在特定的语境内，人们才会从关系的角度（因此从欣赏的角度）去经验它们，才会赋予它们区别。正是在这个意义上，策展人照料艺术作品，医生照料健康，牧师照料灵魂——这些人都抱有关怀，因为他们关注对自己重要的东西，而且他们这样做不是"单纯的情感"表达，而是具备真正的认知价值。[1]

情感性思维

情感性思维击碎了理性与情感的二分法。它不假定情感只会扰乱理

---

[1] 哈利·弗兰克福特（Harry Frankfort）写道："某个事物确实不重要，这何以可能？只能是因为这个事物所造成的影响本身并不重要。因此，在分析'重要性'这一概念时，显然必须考虑一个限制性条款——仅当某个事物所造成的影响是重要的，它才是重要的。"[*The Importance of What We Care About* (New York: Cambridge University Press, 1988), p. 82.]不过，我对弗兰克福特的下述论点持保留态度，即关怀与私人事务有关，而与人际事务、亦即道德事务无关。

性,而是把情感本身设想为判断的形式,或者更宽泛地说,将情感作为思维的形式。玛莎·努斯鲍姆(Martha Nussbaum)写道:

> 情感是一种思想。和任何思想一样,它也可能出错。亚里士多德和卢梭也会坚持认为人可能有错误的情感,比如对名利的过分关心……不得不承认,如果没有情感,就没有完整的判断……这意味着,要想表征某些类型的真理,就必须表征情感。这也意味着,要想向读者传达某些真理,就必须用文字来唤起读者的情感。[1]

这又一次强调:至少有些情感不只是判断所引起的生理反应,它们本身就是判断。一个人读到某个陌生人所遭受的莫大侮辱,他的愤慨就是对这桩耻辱事件的判断。因此,如果人们认为只有严格的思维形式(如演绎)才是思维的唯一方式,那么旨在提高思维的种种计划就很难落实。思维教育的途径必须包括情感性思维,这不仅因为人们倾向于民主多元主义,还因为只有当理智的各种类型都受到重视时,单一的思维类型才能得到发展。

考虑一下这个例子。你看到一个无辜的孩子遭受虐待,你义愤填膺。你的愤慨可以算作思维吗?当然算。你在愤慨时察觉到虐待无辜者是不对的,还察觉到自己的愤慨是有根据的。愤慨不太可能是由某个孤立的原因造成的,它需要一个理由,即便这个理由可能不够强或不够好,但它是理由而不是原因,而且它是**愤慨本身的一部分**。

你看到某个无辜的人正在遭受伤害,并且意识到这种行为是不恰当的,因此产生了愤慨。在特定的语境内,不恰当的东西是缺乏依据、缺乏理由

---

[1] M. Nussbaum, "Emotions as Judgments of Value," *Yale J. of Criticism* 5, no. 2. (1992), pp. 209-10.

的。你觉得虐待是不恰当的,自己的愤慨是恰当的。恰当性跟融贯性和相关性一样,也是重要的认知标准。

情感性思维对于道德教育具有至关重要的作用,决不应该被低估。行动常常直接出自情感,怀着恨意的人会做出破坏行为,抱着爱意的人会做出友好行为。因此,我们如果能控制那些反社会的情感,往往就能减少那些反社会的行为。

行动性思维

前文刚刚说过情感是认知性的,既然如此,行动自然也是认知性的。存在着身体语言,比如面部表情。即使某一个行动没有公认的含义,它在合适的语境内也会获得某种含义。

人们在讨论"关怀"时发现,这个词既有"关心、关爱"之义,也有"照料、照顾"之义,两者的界线很模糊。要区别这些含义,可以把前者归为情感性思维,把后者归为行动性思维。在当下的语境中,我用"行动性思维"一词来描述这样一类行动——即这些行动同时也作为思维的方式。

例如,有一种类型的行动性思维,是对所珍视的东西加以保存,就像存放各种珍宝的博物馆一样。有人试图保存自己的容貌或青春,采取各种措施来减少时间的冲刷。另一些人则试图保存抽象的价值,比如逻辑学家在论证的结论中保存前提的真,翻译家在不同的语言之间保存语句的意义。

还有一种类型的行动性思维,它可以借由专业的活动(如运动)来说明。例如在棒球比赛中,一些方面受到规则的严格约束,另一些方面则是开放的、受到标准的引导。有些情境只要求纯粹机械的行为,比如在三振出局后离开本垒。其他情境则要求创造性的判断,比如尝试三垒打。我们称这些活动是认知性的,因为它们就像大多数专业行为一样,其中渗透着判断。

这要求人们以新的方式来看待"判断"的概念。布赫勒认为,每一个判断都体现了做出判断的人,并评估了这个人的世界。[1] 一个人抛出棒球,抛出方式既体现了这个人,也考虑到了风速、捕手的准备情况、击球手的熟练程度等因素。一切行动都是对其所处环境的考验。

因此,既有词语组成的语言,也有行动组成的语言;词语的意义存在于词语与包含词语的句子之间的关系中,行动的意义则存在于行动与包含行动的计划以及场景之间的关系中,存在于行动与其后果之间的关系中,以及存在于语境内部的关系中。

规范性思维

规范性思维把关于"是"的思考与关于"应该"的思考紧密结合在一起。在某种程度上,这涉及到家庭和学校中的道德培养。人们要求儿童在渴望的同时思考自己应当渴望什么,从而在实际渴望的对象与值得渴望的对象之间建立关联。值得渴望什么是对实践加以反思的一个产物,从长远来看,针对**"实际做了什么"**的探究应该为**"应该做些什么"**提供指导。

规范与实际的这种结合强化了行动与关怀的反思性成分。如果一个心存关怀之人总惦记着理想的关怀之举,他对这个理想的反思就会融入对现实的关注,成为其中的一部分。规范性因素本身就是认知性的,与关怀的紧密结合会进一步强化关怀的认知地位。

那些能够反思自我的人,既要思考自己想成为什么样的人,又要思考自己应该成为什么样的人。那些能够如实地思考世界的人,既要思考自己想生活在什么样的世界,又要思考自己应该生活在什么样的世界。这些事项

---

[1] 迈克尔·刘易斯(Michael Lewis)与琳达·米歇尔森(Linda Michalson)发展了这个"赋格"理论,参见 *Children's Emotions and Moods* (New York: Plenum Press, 1983), pp. 87–93.

可能会占据他们人生中的大部分时间,但这是非常值得的。

同情性思维

"同情"一词有很多含义,但就当前而言,它只涉及当人们置身于他人的处境、经验到他人的情感时所发生的事情,所以具有重要的伦理意义。同情是关怀的一种方式,它让人们跳出自己的感受、视角和眼界,想象自己拥有另一个人的感觉、视角和眼界。正如马克·约翰逊(Mark Johnson)所言:"我们不需要担心同情的想象是一种私人的、个人的或完全主观的活动。相反,正是通过这种活动,我们才能居住在一个共同的世界——一个由共享的姿态、行动、感知、经验、意义、符号和叙事构成的世界。"[1]感受有助于人们理解自身的处境,所以不难看出,获得他人的感受会让人们更好地理解他人。在彼此的互动中,如果各方只领会到语言的或认知的因素,无法进行情感交流,那么相互理解也就无法实现。

人们有时会把道德想象视为虚构游戏,但这是错误的。道德想象十分重要,它让道德的严肃性成为可能。不把自己放在别人的位置上,道德就成了装模作样的游戏。同情并不要求我们必须接受别人的判断,我们还是要自己做出判断。但同情能让我们拥有更好的理由,做出更坚实的判断。

我一直强调,若要推动思维教育,就必须把关怀性思维融入批判性思维和创造性思维。这么做主要有两个理由:(1)关怀有充分的资格成为一项认知活动,尽管它通常由难以分辨的心灵活动组成(关怀一般表现为筛选、过滤、衡量、权衡等心灵活动,它们不像推断、定义那样是可以明确分辨的),但认知并非只局限于那些高度明晰的行为,非明晰的行为也同样至关重要。

1　Mark Johnson, *Moral Imagination* (Chicago: University of Chicago Press, 1993), p. 201.

(2) 没有关怀,思维就缺失了价值成分。如果思维不包含重视或评价的环节,它就会冷漠地、满不在乎地对待思维的内容,而这意味着思维没有真正地投入于探究。在尝试为关怀性思维辩护时,我绝不是要贬低批判性和创造性思维,正如在为应用性思维辩护时,我也不是要贬低理论性思维。但许

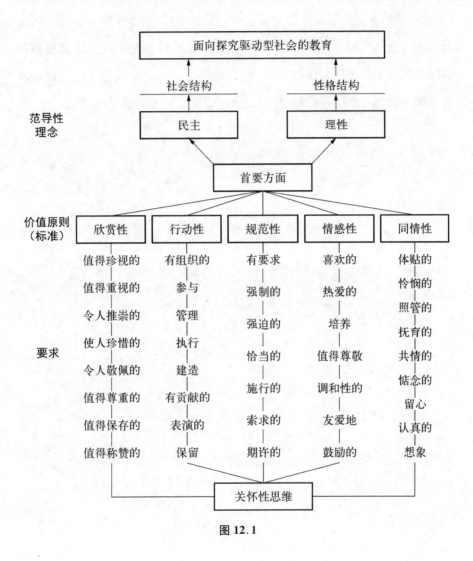

图 12.1

多人仍然对理性主义/非理性主义的二元论深信不疑,而在二元对立的框架内很难真正培养出人们的理性。

有观点认为,人们先是要做出选择和决定,然后才产生了情感,继而才做出判断。我对此表示怀疑。事实上,无论一个思维是要导出判断、还是回避判断,情感在这一过程中都起着非常重要的作用,以至于很难把二者区分开。事实上,它们很可能是没办法区分的。在这种情况下,甚至**"情感就是选择""情感就是决定""情感就是判断"**这种说法就完全成立了。当这种思维类型涉及到重要的事情时,我们完全可以把它称为"关怀性思维"。

第十三章 提高判断力

为更好的判断力而教学

一般认为,精湛的判断力是原则或实践的结果。基于原则的判断是那些受到要求、标准、理由引导的判断。因此,要教学生做出基于原则的判断,关键在于让他们掌握那些引导判断的原则和道理。另一方面,基于实践的判断是经验的产物。通过从经验中获益,学生会越来越好地做出判断,从而逐步达到精湛的水平。

两种方法都能达到目的。理论领域强调对原则的掌握,工艺和艺术领域强调实践经验,专业和技术领域同时强调两者。显然,这两种方法都是必要的。问题是:它们对于在教育情境内培养判断力而言是否充分?

在讨论这个问题之前,还有一个问题。许多教育工作者都想问这个问题,其推理大致如下:"为什么要花这么多时间来讨论判断力?判断力不是一项公认的教育责任。儿童来到学校是为了学习知识,他们对这些知识运用得好还是不好,这取决于他们自己。我们的确忽视了推理方面的教学,但我们不需要为没教给儿童判断而道歉。迄今没有人为我们展示过如何在学校中做这件事,估计以后也没有。"

家长往往接受学校的这个论证,尽管会有一些抱怨。一旦察觉到孩子的判断力很差，家长很可能认为是自己、而不是学校没做好。儿童表现得冲动、任性、对他人有偏见，人们会说这些弱点是性格缺陷，是家庭教育造成的，而不是学校教育的责任。这种解释让父母很沮丧。他们可能会默默接受这样的指责，但要想解决这些问题，还是得求助于学校。不管愿不愿意，学校已经成了另一个家，判断力的培养则是家庭和学校必须共同承担的任务。

一些家长认为，只要更有效地把传统价值观灌输给儿童，就可以提高儿童的判断力。但其他人摇摇头说："也许吧，但问题的关键在于判断力的运用，这才是我们必须做得更好的地方。我们的年轻人必须学会区分真实与虚假、深刻与肤浅、有理与无理。他们必须懂得这个世界并不总是那么是非分明。如果学校能够教儿童更好地行使判断力，他们就能抵御那些用偏见煽动他们、用教条操纵他们的人。他们会因此成为更好的生产者和消费者、更好的公民以及更好的父母。所以，为什么不通过教育来提高判断力呢？"

对许多人来说，这个问题像是一句抱怨。但是，儿童所面临的问题——理解世界，做出关于世界的判断，继而相应地行动——是非常严肃的。有人"坚定地"反驳说："学校从来没有教过判断，也不打算开始做这件事"。这不禁让人想起贝特兰·罗素（Bertrand Russell）的嘲讽："我很坚定，你很固执，他死脑筋。"不管愿不愿意，我们都必须为更好的判断力而教学。现在最好弄清楚该怎么做。

批判性、创造性和关怀性的判断力

推理能力的提高必然促成儿童做出更好的判断吗，我们不应该贸然做这样的假定，就像不能假定更好的判断必然带来更好的行动。我们现在面对的是可能性,不是必然性。

我们想让学生变得理性,理性又是推理能力和判断能力相结合的结果。但推理能力和判断能力之间的关系非常复杂,二者彼此渗透,所以至少有一部分判断能力会影响到所有的推理活动,至少有一部分推理能力会影响到所有的判断活动。或者,正如桑塔耶那所言:所有的判断都以推理为内核,所有的推理都以判断为自然的结果。

创造性、关怀性和批判性的判断力共同发挥作用,才使人们把握到事物。举一个例子,针对三、四年级学生做一个评估类比的练习,要求学生对一系列比喻性的表达进行排名或打分。这些类比既有浅显的也有深刻的,代表了在创造性上有争议的一系列判断,学生要给出自己的评价性判断(这些判断是这个练习的关键)及其理由。其中一些类比涉及到伦理、审美和情感的价值,它们的内容包含着关于价值和情感的部分。以下是一些条目:

1. 思想之于思想者,正如鞋子之于鞋匠。
2. 咯咯之于笑,正如呜咽之于哭。
3. 词语之于故事,正如种子之于花坛。
4. 价值之于价格,正如质量之于尺寸。
5. 观念之于儿童,正如记忆之于成人。
6. 把成绩单拿回家,就像从伤口上撕下创可贴。
7. 在披萨饼上放酸菜,就像在奶昔里放炒面。
8. 逗乐之于嘲笑,正如爱抚之于抓挠。
9. 试图用考试来教别人东西,就像试图用压力表来给自行车轮胎打气。
10. 尊重之于好邻居,正如爱之于好朋友。

九到十岁的学生喜欢借此机会去评估修辞,他们还会自己创造出大量新颖的类比、隐喻和明喻。因此，必须引导他们学会理性地运用这种创造力。如果过度发挥，则只会产生大批缺乏方向感或责任感的创新，并且导致批判性判断力的萎缩。

批判性思维趋向于构建算法，从而通过算法来取代判断，创造性思维则趋向于提出启发法，这样一来，对于创造性思维来说，最重要的是成功的结果、而不是获得成功的手段。在极端情况下，算法代表着不涉及判断的推理，启发法代表着不涉及推理的判断。

学校如果要同时培养学生的推理能力和判断能力，就必须认可三项重要的教学措施。首先，当学生遇到令自己困惑的异常事件时，应该鼓励他们去发现这些事件所遵循的原理。例如，石蕊试纸在浸入某种未知液体之后变红了，学生对这一事实感到困惑。然后他们了解到，当且仅当浸入酸中，石蕊试纸才会发生这样的变化。学生以后再看到石蕊试纸发生变化时就不会觉得异常，这种变化自然而然地遵循着他们现在所掌握的一般原理。

第二项教学措施：鼓励学生保持惊异，从而激发创造力。令人惊异的事实为新的发现和进一步的惊异提供了契机。如果说批判性思维倾向于消除惊异，方式是把令人困惑的事件视为自然而然的事情，那么创造性思维则倾向于扩大惊异，方式是把令人惊异的事件视为一连串惊异的序曲。就如同儿童打开俄罗斯套娃，发现里面套着一个更小的娃娃，而这个更小的娃娃里面也套着娃娃。

第三项教学措施：鼓励学生根据情境进行思考，并让他们意识到批判性判断和创造性判断所携带的隐性价值和显性价值，从而激发他们对重要事物进行价值性思考。例如，如果一个小孩子在贝壳中发现了一只寄居蟹，这可能促使他去认识许多其他种类的贝壳和其他种类的螃蟹。

如果要概括批判性判断力与创造性判断力之间的区别，最好考虑一下它们通常所要回答的问题。批判性思考者主要回答的是:"问题究竟是什么?"。创造性思考者主要回答的是:"既然已经创造出这个令人惊异的东西,那它所要回答的问题是什么?"这两个领域都包含着关怀的因素。因此,批判性思考者通过问题来寻找答案,这些答案会表明如何结束探究。创造性思考者通过答案来寻找问题,这些问题将延续探究。并且两者都想保留重要的事情,因此都关心重要的问题。想提高学生的判断力,教师必须鼓励这三种思维形态以及它们的结合。

普遍和特殊的结合

如果问一群大学生,当他们听到"逻辑推理"和"逻辑判断"这样的短语时,会想到哪些例子,他们可能举出下面的例子:

1. 所有的希腊人都是人。

   所有的人都会死。

   因此,所有的希腊人都会死。

2. 是人就会死。

   苏格拉底是人。

   因此,苏格拉底会死。

这些都是形式判断和形式推理。形式判断只是判断的一个类型,还有无数其他的类型。形式推理也只是推理的一个类型,还有其他类型的推理,比如部分—整体推理和手段—目的推理。事实上,每当人们对自己的知识进行操作,企图对它们进行扩展、捍卫或协调,都是在进行推理。

在我看来,如果想提高教育中的推理能力和判断能力,就必须更宽泛地理解推理,更多元地理解判断——创造性、关怀性和批判性的判断,特殊的和普遍的判断。我明确主张构建课堂探究共同体,让参与者首先反思那些本身就很有趣的材料(比如构思丰富的故事),然后尝试自己构建这样的故事。这满足了学生的双重欲望:他们既希望为了理解而进行分析,又希望像读物中的思考者那样思考,从而成为像他们那样的人。批判性思考者专注于问题的解决,因为他关心那些受问题困扰的人,故而努力寻找能够解决问题的方案,而创造性思考者则倾向于寻找富有想象力的解决方案。

人们一直坚持认为,应该在语言和文学的语境内教阅读和写作,这种主张没什么不对。而我主张,如果想在培养创造性和关怀性的同时发展分析性,如果想在关注特殊性的同时强调普遍性,那么就必须在人文学科的语境内——特别是在语言和哲学的语境内——教阅读和写作,以及推理、口语和听力。

哲学的核心是一系列概念,这些概念在所有人文学科中都得到了体现或例示,但正是在哲学中,它们被分析、讨论、解释和澄清。哲学中的许多概念代表着极其重要、极其普遍的人类价值,如真理、意义、集体等。可以这么认为,哲学是人类价值中可生成概念的、可传授的那部分,正如工艺是艺术中可生成概念的、可传授的那部分。如果没有哲学,这些概念所代表的行为往往就得不到表述和谈论。人们阅读荷马,认为阿伽门农是正义的。但什么是正义?只有哲学讨论能够提供一个对话式的探究过程,从而恰当地处理这个问题。

对于刚才提到的这类概念,可以先以文学的形式给出具体的描述,然后再进行抽象的、形式的讨论和分析。如果想让学生正视普遍和特殊之间的关系,就必须让他们既考察特殊的友谊,又考察一般性的友谊。类似地,不能让他们满足于特殊的例子或具体的真理,必须让他们继续推进,去思考是否存在普遍的或"大写的"真理。

小学阶段的哲学提供了一个平台,供儿童在反思自身行为的同时反思自身的价值观。基于这些反思,儿童开始懂得如何拒绝那些不符合他们标准的价值观,保留那些符合他们标准的价值观。哲学提供了一个对价值观进行考察的平台,这或许是哲学之前被排除在小学课堂之外的一个主要原因,也是哲学现在回归小学课堂的一个主要原因。以"宽容"这一价值为例,如果一个群体在社会中处于威权的地位,其他群体就会恳求它宽容,在这种情况下,宽容被视为一种明确的美德。但是,如果社会中没有任何群体处于优势的地位(比如在一个多元主义的社会中),一个群体若声称自己会宽容其他群体,就变得居高临下或装腔作势了。正是由于这个原因,作为一种价值的宽容已经过时了,不像在约翰·洛克和斯宾诺莎的时代,当时宽容是一种至关重要的价值。学生必须能够讨论并认识到语境的差异,正如他们必须能够自问:什么时候忠诚变成了盲目的狂热,什么时候温和只是冷漠的代名词。如果不鼓励儿童仔细考察判断所依据的价值,就很难提高他们的判断力。

判断的三个层次

一个孩子来看病,告诉医生他被马蜂蜇了。医生可能会做出几个判断,如(1)马蜂和蚊子的蜇伤很不一样;(2)这个蜇伤是由蚊子造成的;(3)医生的专业意见是这个蜇伤只需要表面处理。

要想在教育的语境内提高学生的判断力,教育工作者就得认识到这三个判断代表着三个不同的层次,它们在教学/学习的过程中以及在儿童以后的生活中发挥着不同的作用(我的目的不是提出一个关于判断的一般等级结构,而只是表明功能上的一些区别,这些区别对于教学过程是有用的)。

在刚才的例子中,医生观察被蜇伤的孩子。第一个是差异判断,第二个是因果判断,第三个是专业判断。这些判断类型的背后是一套更宽泛的划分。在差异判断所属的层次中,还包括相似判断和同一判断;在因果判断所属的层次中,还包括类比判断、假设判断等许多类型;在专业判断所属的层次中,还包括社会判断、审美判断、伦理判断、技术判断等许多类型。我把这三个层次称为**通用判断**、**中介判断**和**最终判断**。需要注意的是,这并不意味着某些判断比其他判断更基础,而是想表明:为了在学校环境中提高判断力,这三个层次都是需要的。

日常话语中提到的判断一般指的是伦理、社会、政治、审美等判断,它们是最终判断,是直接运用于生活情境的判断。人们通常认为关于相似性、差异性和同一性的判断是高度抽象的,与生活情境相距甚远。但事实上,这种比较和对比总是相关于生活中的各种决定,只是容易被忽略。人们在做出决定或解决问题的过程中,往往需要一些其他的判断来作为中介,只不过这些被作为中介的判断常常被人忽略。

所以,在让学生练习做出最终判断的同时,需要让他们进行通用判断和中介判断的训练,这样可以强化对最终判断的掌握。正是借由通用判断,人们才有可能建立联系或做出区分,从而使普遍化和个别化成为可能。虽然通用判断十分重要,但它们在大多数情况下都过于形式,并不直接影响我们的最终判断。某些情境是极其微妙、极其复杂的,人们在做出伦理、审美、专业判断时必须考虑其他许多因素。例如,人们可能认为所有的谋杀都属于违反道德、应受法律制裁的行为,理由在于谋杀与这类行为有许多共同点。但"有共同点"并不意味着"属于一个范畴",后者是成员资格判断。而且,即使引入了后一种判断,人们还是不能断定 X 对 Y 做的事情是错误的。除了成员资格的问题,还有相关性的问题、工具性的问题、推论的问题,等等。如果问"可这是谋杀还是自卫?",相关性的问题就会浮现出来。如果问"Y 的死亡是 X 的行为造成的吗?",工具性的问题就会浮现出来。如果要从"所有的谋杀都是错误的"和"X 的行为是谋杀"这两个前提得出"X 的行为是错误的"这一结论,推论的问题就是不可避免的。

因此,我的主张是:在准备一套旨在提高儿童推理能力和判断能力的课程时,应当不断进行通用判断和中介判断的训练。这不是说不让儿童去做最终判断,而是说那些接受过通用判断和中介判断(这些判断表达了差异、相似、同一、因果、相互依赖等关系……)训练的儿童,能够做出更明智的最终判断。

接下来我将扼要描述每一个层次的判断,它们非常复杂,论述它们的书已经有很多。至于最终判断的领域,它的涵盖面实在太广了,在此就不做详细描述。要想直观地把握这些不同判断类型之间的关系,可以把它们看成车轮,大量的辐条连接着外缘和轮毂。甚至可以把这个车轮看成圆锥体,最终判断位于顶端,通用判断位于底部。

通用判断

同一性判断。相似性不断增加,便越来越接近同一性。因此,同一性是相似性的极限状态。在自然语言中,同一性由"等于"或"与……相同"这样的短语来表达。所有的数学等式都将同一性原则视为理所当然。人们在表述重言式、定义甚至同义词的时候也是如此。当然,两个事物是否相同一,以及一个事物是否与自身相同一,这些问题在哲学中仍有争议。

差异性判断。这一判断类型也被称为"区别",它包含了各个方面的辨别——感知上的辨别(观察即是一种辨别)、概念上的辨别和逻辑上的辨别。区别是对于非相似性或差异性的判断。与成员资格判断(即对于包含或排斥的判断)相结合时,它们倾向于生成"没有 S 是 P"或"有些 S 不是 P"这样的直言命题。表达关系时,它们会用"不像""不同于""与……不同"这样的短语,也会用更明确的比较形式,如"比……更快乐""比……更长"或"不如……安全"。

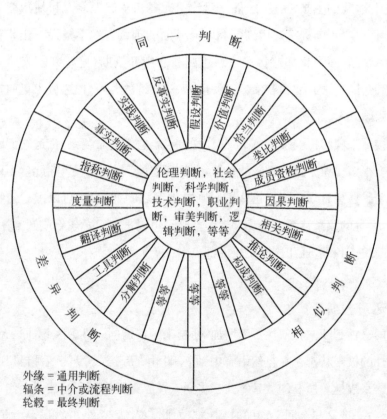

图 13.1 判断之轮

相似性判断。 关于简单、原始的相似性的判断。若与成员资格判断相结合，它们有助于做出"所有的 S 都是 P"和"有些 S 是 P"这样的直言命题。通常由"像""类似于""相似于"这样的短语来表达。

中介或流程判断

构成性判断。断言某个事物是否是其他事物的一部分，通常由"属于……""包含于……""是……的组成部分"这样的短语来表达。推理错误时，这些部分—整体判断会生成所谓的构成性谬误，例如"由于五官俊美，所以面庞英俊"这一案例中的问题不在于面庞是否由五官构成，而在于人们能否只凭借五官的性质就逻辑地推断出面庞的性质。

推论判断。人们通过推理来协调、捍卫或扩展自己的知识，而对知识的扩展在很大程度上依赖于推论。如果从已知到未知的过程具有保真性，这种推论就是**演绎**；如果不具有保真性，这种推论就是**归纳**。演绎推论受规则支配，而归纳推论最多受规则引导。推论判断经常由"由此可得"和"这意味着"之类的措辞来表达。

相关性判断。"相关性"是一个模糊但极为有用的概念。人们经常在不相关的事情上浪费了大量的精力，这个概念能够帮助人们认识到这一点。许多"非形式谬误"都是"相关谬误"。相关性判断涉及到对象之间有多少联系以及这些联系的重要性。

因果性判断。既包括对因果关系的简单陈述（如"石头打破了窗户"），也包括全面的因果解释体系。对因果过程的判断可以由大量的动词来表达，例如"产生""创造""生成""影响""作用于"等。

成员资格判断。这些是分类判断，其陈述通常是：某一个事物或集合是另一个集合的成员（显然，成员资格判断与构成性判断非常相似）。成员资格判断以区分性的标准为指导，这些标准又充当着一般性的定义。每当人们举出某个家庭或某个班级当中的例子时,就是在做出成员资格判断,如"玛丽是个女孩"和"玛丽是沃森家的一员"。

类比判断。这类判断很多也很重要。有精确的类比,如比例("三比五等于六比十");也有不精确的类比,如"大拇指之于手,正如大脚趾之于脚"。根据这样的例子,可以认为类比的基础是同一判断(3/5 = 3/5)或相似判断。在每一个探究领域,类比判断都是极其重要的一类,它是归纳推论的核心。人们从一些相似的案例中观察到某个特征,继而推断一个即将发生的相似案例也具备这个特征,这就是类比推理。对于纯粹的发明(无论是艺术的、科学的还是技术的)而言,类比判断非常有用。

恰当性判断。既包括对"何谓合适"的确定,也包括对"何谓公平"的确定。指导人们做出这类判断的不是特定的规则或标准,而是探究的整个语境,人们通过分寸感、鉴赏力或感受力把它揭示出来。当人们努力让自己的行为符合语境时,就是在做恰当性判断。当有人被批评为"缺乏眼力"时,这往往指的是他没能做好这类判断。

价值判断。当人们基于诸如原创性、真实性、完善性、一致性这样的标准,对事物在价值方面形成对比(如"更好""更美""更可爱""更高尚""更精良"),由此产生的表达就是价值判断。如果人们基于其他标准来判断同样的事物,由此产生的表达可能是事实判断、成员资格判断等。对于价值判断活动及其标准的研究就是评价研究。

假设判断。这些不是对可能事件本身的判断,而是对可能事件所导致后果的判断。所以,"明天可能下雨"不是一个假设判断,但"如果明天下雨,农民会很高兴"则是假设判断。以"如果……那么……"为形式的假设判断是受制于明确条件的断言,也可以被称为"条件判断"。

反事实判断。假设判断表述了在某些条件下会出现什么样的后果,反事实判断则启发我们思考在相反的情况下会发生什么。例如,"假如纳粹赢得了第二次世界大战,他们将统治世界一千年",这就是一个反事实判断。在提出科学规律时,反事实判断尤为重要,因为它们表明:即使情况并不像现在这样,科学规律依然占据支配地位。假如水星上有居民,我们可以基于现有的科学规律,算出他们在水星上承受的引力。

实践判断。 在做出实践判断时,人们遵循着在某个活动、领域、学科内得到公认的标准流程。决定收割农作物是农民的实践判断,决定起诉犯罪嫌疑人是检察官的实践判断,决定在某个日子布道是神职人员的实践判断。实践判断不是机械的,而是以惯例、先例、习俗和传统为指导,人们在做这些判断时虽然也具有自主性,但其范围受到了严格限制。有时候,实践判断和恰当性判断互为补充并共同发挥作用;另一些时候,二者可以相互替代。人们可能背离既定的实践,试图根据情况本身的特点来处理它;也可能否认情况的独特性,继续按照处理类似情况的方式来处理它。

事实判断。 人们可以基于足够的证据来做出事实判断,确认某件事情是真的。这很复杂,因为它至少要求人们不仅对**"什么算得上证据"**(不同于单纯的证词)有清晰的认识,还能够对**"什么时候这个证据是充分的"**有明确的判断。一旦主张某件事情是事实,就需要有足够的证据来证明这个主张。

指称判断。 许多同一性判断或相似性判断是进行比较的结果,通过比较得出被比较的对象之间的**对应关系**或**相关关系**。此外还有一种比较,它试图揭示出事物(例如符号)之间的指称关系或代表关系。这两种比较之间存在着交集,例如一张日本地图对应于日本又代表着日本,但"日本"这个词仅仅代表着日本。

度量判断。 很多时候,人们根据容易观察到的差异来做出区分,比如冷与热、夜与昼的区分。为了在差异中精确地区分出程度或等级,人们规定了一系列的温度,或者把一个晚上的时间切分成时、分、秒。这些程度或等级充当着单位,把量叠加在事物的质上。正是对世界的量化使得关于度量和比例的判断成为可能。

翻译判断。推论判断在论证的结论中保留了前提的**真**,翻译判断则在语境的转换中保留了特定的**意义**。例如,对于一个说明性的段落,动画和图表都能传达其意义。"猫在桌子上"保留了"Le chat est sur Le table"(法语)的意义。有些翻译判断受到规则的严格支配,比如当把自然语言中的句子转化为逻辑形式的陈述时,就要遵守逻辑的规则。意义就像资本一样是一种交换价值,而翻译判断关注在意义体系中发生的这种交换是否可靠。

工具判断。这些判断支配着让手段适应目的的调节和让目的适应手段的调节。这种调节有时被赋予非常崇高的地位,且被视为合理性的一个必要组成部分。工具判断可以被视为一些定论或决定,它们凸显出那些让经验得以圆满或终止的方面。

分解性判断。我对中介判断这一层次的考察开始于构成性判断,结束于它的对应物——分解性判断。在做出分解性判断时,人们关注各个部分是否也具有整体的某个属性,并对此做出判断。如果假定整体的某个属性必定是各个部分的属性,就犯了分解性谬误。芝加哥是一个多风的城市,但这不意味着这个城市的居民也是多风的。血液是红色的,但这不意味着构成血液的微粒在显微镜下也是红色的。水是湿的,但这不意味着构成水的氢和氧也是湿的。

那些犯了构成性谬误和分解性谬误的人固然做出了荒谬的推理,可是,如果有人假定拥有审美属性的事物必定是由非审美的成分构成的,或假定拥有道德属性的事物必定是由非道德的元素构建的,他们也同样做出了荒谬的推理。不可靠的构成性判断和分解性判断的范围很广,非常常见。

在中介判断这一层次,可能还有其他许多类型,我不打算一一列出。我在此仅想表明：如果期待学生在将来的工作领域中拥有更强的判断力，这些判断类型就拥有巨大的价值，会帮助他们做好准备。但是，如果认为某种形式的最终判断（如伦理判断）可以通过以下两种方式来提高——（1）只思考原则，不进行练习，（2）只进行伦理判断的练习，不进行通用判断或中介判断的练习——那么我们的期待必然会落空。

最终判断

把通用判断和中介判断运用于某个特定的情境，就做出了最终判断。这里是专家知识和专业素养的所在，它们是最敏锐的判断类型，例如医生从事手术、议会决定开战、出版商出版一本重要著作。在这里，情感最有助于提供指导、重点或视角。在这里，各种心灵活动蜂拥而至，时而维持、时而干扰决定的做出。在这里，语境或认知环境必须得到承认和重视。在这里，理由受到筛选，从而发现那些最站得住脚的理由。在这里，不同的论证被调动起来，以便追求更具说服力和吸引力的论证。

最终判断十分重要，很多人因自己做出的最终判断而受人推崇，尤其是作为专业人士的教师。每时每刻，教师都必须做出与前一年不完全相同的决定，几乎没有算法可循。然而，教师又被赋予了重大的责任——按照更大的共同体所赞同的方式去培养学生群体。教师做出的最终判断是影响其声誉的重要因素，这就要求师范院校高度重视提高未来教师的判断能力。

教育环境中作为摆轮的判断力

历史可以被描述为一部斗争史，也可以被视为一部调和史。事实上情况更加复杂，哪怕在战斗者内部，往往也会出现分裂，一部分人主张进行调和,另一部分人强调继续斗争。冲突与调和之间的平衡会被个体所内化,故而无论他们被拽往多少个方向,判断力都在他们内部发挥着作用,一再导向整体、匀称和公平。

每当有相互冲突的情感、相互冲突的目的或相互冲突的论证出现时,就需要使用判断力。每当对身体需求和心灵需求进行取舍时,或对批判性思维、创造性思维或关怀性思维进行权衡时,就要用到判断力。当我们在人生中起起伏伏、跌跌撞撞地前进时,就要诉诸判断力以求取平衡。判断力就像回转仪的摆轮一样,帮助我们保持稳定。缺少判断力的人生也可能是璀璨的,但很可能是短暂的;多一些判断力,人们就多一些获得成功的把握。

判断力的作用不只是帮助人们保持稳定。当人们觉得生活前景暗淡无光时,更好的判断力能够促使我们得出积极的结论,推动情况向好的方向发展。在这种情况下,判断力扮演着"改变者"的角色——一种不安分的力量,以某种方式打破平衡,从而为建立新的平衡扫清道路。在精神生活中,哲学判断力经常扮演这种角色。

判断力在生活中当然很重要,在专业领域中更是至关重要。正是基于这个原因,对专业人员的培训要以锻炼专业判断力为中心。要想培养面向未来的律师和医生,就要提供大量的诸如模拟法庭、实习等模拟实践,而且培训者要为学生做很多示范,医生指导新的医生、律师指导新的律师。对于这些领域来说,专业素养和判断力非常紧密地联系在一起,几乎成了同义词。

然而,当前对教师的培养——无论是在师范院校的培训中,还是在教师本身的日常工作中,还是在儿童(最终受到这些培训影响的人)的生活中——并没有把判断力置于中心地位。教师的工作总是受到轻视,被看作是一连串的提问、回答和命令,一连串的奖励和惩罚,一连串的哄骗和诱引。

如果我们将发展判断力看作是儿童教育的关键支点，师范院校必定会把培养判断力当作教师培训的核心。这又有助于让教师的专业地位得到认可，不像现在，人们只是在口头上承认教师的专业地位，而实际上并没有。

当然，这并不是说内容方面的教学没有用，也不是说当前的教育正在把孩子变成"白痴专家"。我想表达的是，现在的教育过分强调学生对信息的获取，这是不充分的，我认为教育还应该同时锻炼学生的思维和判断力。

目前，已有很多人认识到了当前教育中的问题，但他们所提出的改善措施往往只流于表面，例如重新设计教案（通过对教案进行改变，希望以此鼓励批判性的反思、提高学科内和学科间的判断力）。这些措施也没错。但是，如果不允许学生直接考察自己的要求、标准、概念和价值观（它们对于评估自己正在谈论和思考的东西而言是必不可少的），这些灌输知识的措施必然是笨拙的、草率的乃至徒劳的。仅仅鼓励不同看法、公开讨论和辩论，并不能顺利地提高思维。只有当学生获得了探究的工具、推理的方法和原则、概念分析的训练、批判性读写的经验、创造性描述和叙事的机会、论证和解释的机会以及共同体的环境（人们在此可以公开地、顺利地交换彼此的观念与知识），思维才能顺利地提高。这些教育条件为培养良好的判断力提供了一个牢固的基础。

不让儿童获得做判断的观念、理由、标准，却期望他们能很好地做判断，就如同不给他们空气，却期望他们不会窒息。为了让儿童获得这些理智工具，我们只能借由一系列的哲学课程，它们经过重新设计以便于儿童使用。如果儿童没有机会去比较某个事物为真或为善的理由，那么在要求他们判断哪些陈述为真或为假、哪些事物为善或为恶时，又能期望他们说些什么呢？

哲学完全可以成为中小学课程体系的必修部分。目前这种情况并不多见,因为现行的课程体系太过臃肿,将所有"局外人"都阻挡在外。所以需要对现行的课程体系进行适当的精简,让哲学摘下面具,无需像现在这样伪装成语言艺术、阅读、社会研究等课程。

人们有时会说哲学对于儿童太难了,但这似乎只是委婉地在说:教老师去教儿童哲学,这实在太麻烦了。尽管如此,师范院校还是应该认识到:提高判断力是儿童教育的核心,必须培养教师去完成这一任务。

判断是对人的体现

如果有什么可以体现出**人的风格**,那么显然是这个人的判断。可以把判断比作人格的**最小单元**,甚至可以认为判断宽泛地体现了一个人的人格。

当然,不是每个人都认同"人把自己放进了自己的判断"这种说法。对西蒙娜·薇依(Simone Weil)来说,个性是一种诅咒和折磨,她说:"真和美是不带个性的……如果孩子做错一道算数题,这个错误就带有他个性的印记。如果他做得完全正确,他的个性就完全不在其中了……完美是不带个性的。个性是一个人当中属于错误和罪恶的部分。"[1] 如果遵循这个推理,那么结论显然是:只有坏的判断是对人的体现。看起来,薇依是在表明:普遍的理想是完美的、不带个性的,因此它们与表现出个性的任何东西都是不相容的。但这并不成立。文艺复兴与它试图重现的古典世界都颂扬了普遍和个体的统一。正确的判断和错误的判断一样体现出我们是谁。个例可以和类型一样完美,部分可以和整体一样完美,特殊可以和普遍一样完美。这些

---

[1] From *Selected Essays*, 1934–1943, translated from the French by Sir Richard Rees, published by Oxford University Press, pp. 10–11, 22–34. Reprinted by permission of A. D. Peters & Co. Ltd.

都可以作为理由来支持下述观念：先前所有的判断共同形成了一个复合的图像，新的判断又不断添加到这个图像上。树木的横截面显示出每年仅仅多了一个圆圈，但人不一样，**人是累积性的存在者**，当任何增加的部分进入到整个自我，这会导致其他部分的重构，各个部分重新调整彼此的关系，与此同时，这些新增加的部分本身也在发生改变，以此适应新的环境。

如果想致力于重新规划教育，就应当非常认真地对待"判断是对人的体现"这一观点。如果自由正如杜威所设想的那样，既包括在不同的选项中进行选择的自由，也包括对定下来的选项加以执行的自由，那么对第一种自由（或可称为"判断性自由"）的强化必然要求人们能够阐明各个选项。所以教育者需要承担这个重任，帮助学生找到他们可以选择的选项，帮助他们发现实现目标的必要手段，并让他们看到目标实现后可能出现的结果。可以肯定的是，人的自由所要求的东西远远不止判断力的解放，但是，判断力的解放对于更大范围的自由而言是至关重要的。

教师的职业应该专注于这一任务：怎么才能最好地培养学生的判断力（不同于法官，后者的职业专注于下述判断：如何看待别人过去做出的判断）。所以说，教师的职业具有十分重要的前瞻性，这份职业虽然看起来有些沉闷乏味，但因其前瞻性而变得充实和自由。